U0105106

古典文獻研究輯刊

四編

潘美月・杜潔祥 主編

第 7 冊

陳振孫之子學及其《直齋書錄解題》子錄考證(下)

何廣棪 著

國家圖書館出版品預行編目資料

陳振孫之子學及其《直齋書錄解題》子錄考證（下）／何廣棪
著 — 初版 — 台北縣永和市：花木蘭文化出版社，2007〔民
96〕
目 24+208 面：19×26 公分（古典文獻研究輯刊 四編：第 7 冊）
ISBN：978-986-6831-23-2（全套精裝）
ISBN：978-986-6831-00-3（精裝）
1.（宋）陳振孫 – 學術思想 – 哲學　2. 藏書目錄 – 中國 –（南宋）
（1127-1279）3. 哲學 – 目錄 – 研究與考訂
018.8524　　　　　　　　　　　　　　　　　　96004421

ISBN - 9866831003

9 789866 831003

古典文獻研究輯刊
四 編 第七 冊　　　　　　ISBN：978-986-6831-00-3

陳振孫之子學及其《直齋書錄解題》子錄考證（下）

作　　者　何廣棪
主　　編　潘美月　杜潔祥
企劃出版　北京大學文化資源研究中心
出　　版　花木蘭文化出版社
發 行 所　花木蘭文化出版社
發 行 人　高小娟
聯絡地址　台北縣永和市中正路五九五號七樓之三
　　　　　電話：02-2923-1455／傳真：02-2923-1452
電子信箱　sut81518@ms59.hinet.net
初　　版　2007 年 3 月
定　　價　四編 30 冊（精裝）新台幣 46,500 元　　　
版權所有·請勿翻印

陳振孫之子學及其《直齋書錄解題》子錄考證(下)

何廣棪　著

中　冊

九、小說家類

十一、釋氏類

十三、曆象類

十四、陰陽家類

十五、卜筮類

醫書類 <small>廣棪案：盧校本作卷四十三〈醫書類〉。校注曰：「有元本。」</small>

黃帝內經素問二十四卷

《黃帝內經素問》二十四卷，黃帝與岐伯問答。《三墳》之書無傳，尚矣，此固出於後世依託，要是醫書之祖也。唐太僕令王砅注，<small>館臣案：砅原本作冰，今據《文獻通攷》改正。</small>自號啟元子。案：〈漢志〉但有《黃帝內》、《外經》，至〈隋志〉乃有《素問》之名，又有全元起《素問注》八卷。

<small>廣棪案：《漢書》卷三十〈藝文志〉第十〈方技略·醫經〉著錄：「《黃帝內經》十八卷、《外經》三十七卷。」《隋書》卷三十四〈志〉第二十九〈經籍〉三〈子·醫方〉著錄：「《黃帝素問》九卷。梁八卷。」又著錄：「《黃帝素問》八卷，全元起注。」《新唐書》卷五十九〈志〉第四十九〈藝文〉三〈明堂經脈類〉著錄：「王冰注《黃帝素問》二十四卷、《釋文》一卷。冰號啓元子。」王冰即王砅。至《郡齋讀書志》卷第十五〈醫書類〉亦著錄：「《黃帝素問》二十四卷。右昔人謂《素問》者，以素書黃帝之問，猶言『素書』也。唐王砅注，砅謂：『〈漢·藝文志〉有《黃帝內經》十八卷，《素問》即其經之九卷，兼《靈樞》九卷，迺其數焉。』先是第七亡逸，砅時始獲，乃詮次注釋，凡八十一篇，分二十四卷。今又亡〈刺法〉、〈本論〉二篇。砅自號啓玄子。醫經傳於世者多矣，原百病之起痛者，本乎黃帝；辨百藥之味性者，本乎神農；湯液則稱伊尹。三人皆聖人也，憫世疾苦，親著書以垂後，而世之君子不察，乃以爲賤技，恥於習之。由此故，今稱醫者多庸人，治之常失理，可生而死者甚眾。激者至云：『有病不治，猶得中醫。』豈其然乎？故予錄醫頗詳。〈隋志〉以此書爲首，令從之。」同書同卷同類又著錄：「《天元玉策》二十卷。右啓玄子撰，即王砅也。書推五運六氣之變。唐《人物志》云：『砅仕至太僕令，年八十餘，以壽終。』」均可資參證。</small>

嘉祐中，光祿卿林億、國子博士高保衡承詔校定、補注，亦頗采元起之說，附見其中，其爲篇八十有一。

<small>案：林億，《宋史》無傳。《宋詩紀事小傳補正》卷一載：「林億，官職方員外郎，《政和證類》、〈本草序〉。朝奉郎守太常少卿，充祕閣校理。《備急千金方》署銜。</small>

嘉祐二年置校正醫書局，與掌禹錫、蘇頌等並爲校正醫書官。《麟臺故事》。與高保衡、孫奇等同校《素問》，《脈經》、《千金方》等書。熙寧中，累官朝散大夫，守光祿卿，直祕閣，判登聞檢院上護軍。《外臺秘要》。」可供參證。高保衡，《宋史》無傳。《宋史》卷四百八十三〈列傳〉第二百四十二〈世家〉六〈荊南高氏〉載：「（建隆四年）三月，詔鞍轡庫使翟光裔齎官告、旌節賜（高）繼沖，并存問參佐官吏等；又以保融兄弟、諸父江陵少卿，右衛都將保節爲司農少卿，合州刺史從翊爲右衛將軍，衙將保遜爲左監門衛將軍，巴州刺史保衡爲歸州刺史，知峽州事保膺爲本州刺史，衙將從誢爲右衛率府率，從謙爲左司禦率府率。」是則保衡任國子博士前，曾先後出任巴州刺史及歸州刺史。

王砅者，寶應中人也。

案：寶應僅一年（762），唐肅宗年號。《全唐文》卷四百三十三有王冰〈黃帝內經素問序〉，文末署「時大唐寶應元年歲次壬寅序」，又有王冰小傳，曰：「冰，寶應中，官京兆府參軍，金部員外郎。」

難經二卷

《難經》二卷，館臣案：《文獻通攷》作五卷。 廣棪案：盧校注：「《通攷》（此條）依晁〈志〉。」渤海秦越人撰，濟陽丁德用補注。〈漢志〉亦但有《扁鵲內》、《外經》而已。〈隋志〉始有《難經》，〈唐志〉遂題云秦越人，廣棪案：《通考》此句作「〈唐志〉遂屬之越人」，盧本同。皆不可考。

廣棪案：《漢書》卷三十〈藝文志〉第十〈方技略・醫經〉著錄：「《扁鵲內經》九卷，《外經》十二卷。」《隋書》卷三十四〈志〉第二十九〈經籍〉三〈子・醫方〉著錄：「《黃帝八十一難》二卷，梁有《黃帝眾難經》一卷，呂博望注，亡。」《新唐書》卷五十九〈志〉第四十九〈藝文〉三〈明堂經脈類〉著錄：「秦越人《黃帝八十一難經》二卷。」今人張舜徽《漢書藝文志通釋》七〈方技略〉（一）〈醫經〉「《扁鵲內經》九卷、《外經》十卷」條曰：「按：扁鵲爲戰國初期名醫。《史記》有〈傳〉，稱其爲勃海郡人。姓秦氏，名越人。爲醫或在齊，或在趙，在趙者名扁鵲。治病以診脈爲名，而洞見五臟癥結，遂以精醫名天下。一說扁鵲爲黃帝時良醫名，世以秦越人醫術與古之扁鵲相類，因以其名名之。見《史記・扁鵲傳・索隱》。至於《難經》八十一章，不見於〈漢志〉；〈隋〉、〈唐志〉始著錄《難經》二卷。其曰《難經》者，謂經文有疑，各設問答以釋其難義也。

一說其文辨析精微，詞致簡遠，讀者不能遽曉，故以《難經》目之。舊題秦越人撰，後世多疑其偽。胡應麟《四部正譌》獨謂『醫方等錄，文字古奧，語致玄妙，蓋周秦之際，上士哲人之作』。其論較爲平允。至謂『班〈志〉有《扁鵲內經》九卷、《外經》十二卷，或即今《難經》也』。則猶存疑之辭耳。」是則此書稱《難經》及〈新唐志〉謂此書秦越人撰，似猶可考也。

德用者，乃嘉祐中人也。〈序〉言太醫令呂廣重編此《經》，而楊元操復爲之注，覽者難明，故爲補之，且間爲之圖。八十一難，分爲十三篇，而首篇爲〈診候〉，最詳，凡二十四難。蓋脈學自扁鵲始也。「難」，當作去聲讀。

　　案：《郡齋讀書志》卷第十五〈醫書類〉著錄：「《呂楊注八十一難經》五卷。右秦越人撰，吳呂廣注，唐楊玄操演。越人生於渤海，家於盧，受桑君祕術，洞明醫道，世以其與黃帝時扁鵲相類，乃號之爲『扁鵲』。采《黃帝內經》精要之說，凡八十一章。以其理趣深遠，非易了，故名《難經》。玄操編次爲十三類。」觀是，則前引張舜徽說，固多采用《郡齋讀書志》。同書同卷同類又著錄：「《丁德用注難經》五卷。右皇朝丁德用注。以楊玄操所演甚失大義，因改正之。經文隱奧者，繪爲圖。德用，濟陽人，嘉祐末其書始成。」可資參證。至此書卷數，《祕書省續編到四庫闕書目》卷二〈子類·醫書〉著錄：「丁德用《補註難經》三卷。輝按：陳《錄》同。晁〈志〉作五卷。」疑此書應作二卷，《郡齋讀書志》蓋承上《呂楊注八十一難經》五卷而誤。又德用之祖藉，孫猛《郡齋讀書志校證》考之曰：「按公武謂德用濟陽人，《書錄解題》卷十二亦云：『濟陽丁德用補註。』然丹波元胤《醫籍考》卷七〈醫經〉七引日大永間僧幻雲《史記扁倉列傳附標》云：『（丁德用）《補註》五卷，嘉祐七年壬寅□丹戊申日洛陽丁德用序』，與晁、陳云濟陽人者相異，錄以備考。大永，乃日本戰國時代後柏原年號，凡八年（1521－1527），值明嘉靖初。」疑「洛陽」乃「濟陽」，因字形相近致訛也。

脈訣機要三卷

《脈訣機要》三卷，晉太醫令高平王叔和撰。通真子注并序，_{廣棪案：盧校本「注」下無「并序」二字。}不著名氏。熙寧以後人也。

　　廣棪案：《宋史》卷二百七〈志〉第一百六十〈藝文〉六〈醫書類〉著錄：「王叔和《脈經》十卷、《脈訣機要》三卷。」與《解題》同。叔和，《晉書》無傳。

《郡齋讀書志》卷十五〈醫書類〉著錄：「《王叔和脈經》十卷。右晉王叔和撰。按唐甘伯宗《名醫傳》曰：『叔和，西晉高平人，性度沈靜，博通經方，精意診處，尤好著述。』」可知梗概。同卷同類又著錄：「《脈訣》一卷。右題曰王叔和撰。皆歌訣鄙淺之言，後人依託者，然最行於世。」疑其書即《脈訣機要》。《郡齋讀書志校證》曰：「劉元賓有《補註王叔和脈訣》三卷，今尚存。元賓，宋熙寧、元祐時人。」疑通眞子，劉元賓號。

脈要新括一卷

《脈要新括》一卷，館臣案：《宋史·藝文志》作二卷。通眞子撰。以叔和《脈訣》有詭脆鄙俗處，疑非叔和作，以其不類故也。乃作歌百篇，案經為注。

廣棪案：《宋史》卷二百七〈志〉第一百六十〈藝文〉六〈醫書類〉著錄：「通眞子《續注脈賦》一卷、《脈要新括》二卷。」此書有〈自序〉曰：「余嘗註王叔和《脈訣》，如其間五藏歌後，又歌曰等編，及入式語數處，詞語鄙俗，文理不通，疑非叔和之作，而後人增之。嘗欲削其不類者，補以己之所爲，庶有以合乎岐黃《內經》、越人《難經》之本旨。因循未果就。或者謂余曰：『君爲《傷寒括要》六十篇傳於世，頗開醫者之耳目，蓋更取醫書切用者，纂而述之，顧不美歟？』余聞其言而有契於心，因閒暇吟成百篇，下爲之註腳。辭語雖俚，理則該博，使學者讀之，如手舉大綱，眾目從而張矣，所謂兩得之也。名之曰《補註脈要祕括》，覽者或不我誚。試取叔和脈法，合而觀之，則塤箎迭和，互相發明，其於醫學，豈小補哉！宋熙寧九年。廬陵通眞子自序。」足資參證。是此書又名《補註脈要祕括》。焦竑《國史經籍志》卷四下〈醫家·經論〉著錄：「《脈要秘括》二卷，劉元賓。」即指《脈要新括》。是此書應作二卷，而劉元賓，江西廬陵人。

又自言嘗為《傷寒括要》六十篇，其書未之見。

案：此直齋殆據《脈要新括》通眞子之〈自序〉而言。《傷寒括要》一書，直齋未之見，惟其書尚存。日人丹波元胤編《中國醫籍考》卷二十九〈方論〉七「《傷寒括要》二卷」條云：「存。……按劉元賓自號通眞子。是書以仲景舊論，裁爲詩括。又以剩義爲註，註中有所發明。朱氏《活人書》多襲其語，詩凡一百一十二篇，七言四句。末附藥方三十九道，收在于朝鮮國人所編《醫方類聚》中，較之其所自言，數實倍之。先子曰：『意子儀始作六十篇，後又補之者。鄭漁仲

見其初集，故稱一卷。』弟堅從《類聚》中錄出，釐爲二卷，今仍著錄于此。」
是其證。

傷寒論十卷

《傷寒論》十卷，漢長沙太守南陽張機仲景撰。建安中人。其文辭簡古奧雅。
又名《傷寒卒病論》，凡一百一十二方。古今治傷寒者，未有能出其外也。

　　廣校案：《郡齋讀書志》卷第十五〈醫書類〉著錄：「《仲景傷寒論》十卷。右漢
　　張仲景述，晉王叔和撰次。按《名醫錄》云：『仲景，南陽人，名機；仲景，其
　　字也。舉孝廉，官至長沙太守。有宗族二百餘口。建安紀年以來，未及十稔，
　　死者三之二，而傷寒居其七，乃著論二十二篇，證外合三百九十七法，一百一
　　十二方。』善醫者或云：『仲景著《傷寒論》，誠不刊之典，然有大人之病，而
　　無嬰孺之患；有北方之藥，而無南方之治；此其所闕者。蓋陳、蔡以南，不可
　　用柴胡、白虎二湯治傷寒。』其言極有理。」足資參證。

金匱要略三卷

《金匱要略》三卷，館臣案：《文獻通攷》作《金匱玉函經》八卷。張仲景撰，王叔
和集，林億等校正。此書王洙於館閣蠹簡中得之，曰《金匱玉函要略方》。上
卷論傷寒，中論雜病，下載其方，并療婦人，乃錄而傳之。今書以逐方次於
證候之下，以便檢用。所論傷寒，文多節略，故但取〈雜病〉以下，止〈服
食禁忌〉二十五篇、二百六十二方，而仍其舊名。

　　廣校案：《郡齋讀書志》卷第十五〈醫書類〉著錄：「《金匱玉函經》八卷。右漢
　　張仲景撰，晉王叔和集。設答問雜病形證脈理，參以療治之方。仁宗朝，王洙
　　得於館中，用之甚效。合二百六十二方。」《中國醫籍考》卷三十八〈方論〉十
　　六「《金匱要略方》」條引鄧珍〈序〉曰：「聖人設醫道以濟天枉，俾天下萬世人
　　盡天年。博施濟眾，仁不可加矣。其繼聖開學，造極精妙，著于時，名于後者。
　　和、緩、扁、倉之外，亦不多見，信斯道之難明也與！長沙太守張仲景以穎特
　　之資，徑造閫奧，於是採摭群書，作《傷寒卒病論方》，合十卷，以淑後學。遵
　　而用之，困甦廢起，莫不應效若神，迹其功在天下，猶水、火、穀、粟然。是
　　其書可有，而不可無者也。惜乎後之傳者，止得十卷，而六卷則亡之。宋翰林
　　學士王洙偶得《雜病方》三卷於蠹簡中，名曰《金匱方論》，即其書也。豐城之

劍，不終埋沒，何其幸耶！林億等奉旨校正，並板行于世。今之傳者，復失三卷，豈非世無和氏，而至寶妄倫荊石與？僕幼嗜醫書，旁索群隱，乃獲于旴之丘氏，遂得與前十卷，表裏相資，學之者動免掣肘。嗚呼！張茂先嘗言：『神物終當有合。』是書也，安知不有所待，而合顯於今也。故不敢祕，特勒諸梓，與四方共之。由是張氏之學不遺，軒、岐之道昭著，林林總總，壽域同躋。豈曰小補之哉！後王元庚辰樵川玉佩鄧珍敬序。」又引俞橋曰：「宋學士王洙得是書於蠹簡，林億等雖校理重刻，元、金以來世寡經見。諸家或載金匱方治，多於他書中得之耳。不然，何未有一人能語其顛末者。嗟予小子，幸獲伏讀，敢不寶惜。」又引徐鎔曰：「謹按《文獻通考》二百二十二卷中《金匱玉函經》八卷』條下晁氏曰：『漢張仲景撰，晉王叔和集。設問答雜病形證脈理，參以療治之方。仁宗朝，王洙得於館中，用之甚效，合二百六十二方。』據此并前林〈序〉云依舊名曰《金匱方論》，則王洙館中所得名曰《金匱玉函要略方》，係五代時改名耳。所以《通考》只云《金匱玉函經》也。是《金匱玉函經》，元時已無矣。夫《金匱玉函經》八卷，東漢張仲景祖書名也。《金匱方論》三卷、《傷寒論》十卷，似西晉王叔和選集撰次後俗傳書名也。若《金匱玉函要略方》，五代及宋相沿書名也。今單名《金匱要略》，而去其『玉函』二字，愈遠而愈失其真矣。」均足資參證。

中藏經一卷

《中藏經》一卷，漢譙郡華陀元化撰。其〈序〉稱應靈洞主少室山鄧處中，自言為華先生外孫。莫可考也。

廣棪案：《宋史》卷二百七〈志〉第一百六十〈藝文〉六〈醫書類〉著錄：「《黃氏中藏經》一卷，靈寶洞主探微真人撰。」恐與此非同一書。此書鄧處中〈序〉曰：「華先生諱佗，字元化。性好恬淡，喜味方書。多遊名山幽洞，往往有所遇。一日，因酒息于公宜山古洞前，忽聞人論療病之法，先生訝其異，潛過洞竊聽。須臾，有人云：『華生在邇，術可付焉。』復有一人曰：『道生性貪，不憫生靈，安得付也。』先生不覺愈駭，躍入洞，見三老人，衣木皮，頂草冠。先生躬趨左右而拜曰：『適聞賢者論方術，遂乃忘歸，況濟人之道，素所好為。所恨者，未遇一法可以施驗，徒自不足耳。願賢者少察愚誠，乞與開悟，終身不負恩。』首坐先生云：『術亦不惜，恐異日與子為累。若無高下，無貧富，無貴賤，不務財賄，不憚勞苦，矜老恤幼為急，然後可脫子禍。』先生再拜謝曰：『賢聖之語，

一一不敢忘，俱能從之。』二老笑指東洞云：『石床上有一書函，子自取之，速出吾居，勿示俗流，宜秘密之。』先生時得書，回首已不見老人。先生懼怯離洞，忽然不見，雲奔雨瀉，石洞摧揭。既覽其方論，多奇怪，從茲施治，效無不存神。先生未六旬，果爲魏所戮，老人之言，預有斯驗。余迺先生外孫也，因弔先生寢室，夢先生引余坐語：『《中藏經》，眞活人法也。子可取之，勿傳非人。』余覺驚怖不定，遂討先生舊物，獲石函一具，開之，得書一帙，迺《中藏經》也。予性拙於用，復授次子思，因以志其實。甲寅秋九月序。』」足資參證。阮元《揅經室外集》卷四〈四庫未收書提要〉著錄：「《中藏經》三卷，漢華陀撰。分上、中、下三卷。《隋書·經籍志》載《華陀方》十卷。〈唐〉、〈宋藝文志〉並載《華陀藥方》一卷。鄭樵《通志·藝文略》同。〈宋志〉又載《黃氏中藏經》一卷，注云『靈寶洞探微撰』，與此別爲一書無疑矣。是編今吳中有趙孟頫手寫本，分上、中，下三卷。〈隋志〉列有華陀《觀形察色并三部脈經》，蓋即是書之中卷也。其書文義古奧，似是六朝人手筆，非後世所能假託。」《四庫未收書提要》著錄卷數與《解題》不同，仍足供參考。

巢氏病源論五十卷

《巢氏病源論》五十卷，館臣案：《文獻通攷》作《巢氏病源候論》五卷。　廣桉案：盧校注：「〈唐〉、〈宋志〉作《巢氏諸病源候論》五十卷。晁〈志〉五卷，似誤。」隋太醫博士巢元方等撰。大業六年也。惟論病證，不載方藥。今案《千金方》諸論，多本此書，業醫者可以參考。

廣桉案：《新唐書》卷五十九〈志〉第四十九〈藝文〉三〈醫術類〉著錄：「《巢氏諸病源候論》五十卷。巢元方。」即此書。《郡齋讀書志》卷第十五〈醫書類〉著錄：「《巢氏病源候論》五卷。右隋巢元方等撰。元方大業中被命與諸醫共論眾病所起之源，皇朝舊制，監局用此書課試醫生。昭陵時，詔校正刊刻頒行，宋綬爲〈序〉。」據是則晁〈志〉之「五卷」乃「五十卷」之誤。《中國醫籍考》卷四十一〈方論〉十九「《巢氏元方諸病源候論》」條引郎瑛曰：「《巢氏病源》一書，論證論理，可謂意到而辭暢者矣。予嘗惜其當時元方不附方藥，使再具之，體用俱全，是書眞不可及也。《七修類稿》。」又引朱彝尊〈跋〉曰：「右《諸病源候論》五十卷，隋太醫博士巢元方奉敕與諸醫共論疢疾所起之源，及九候之要。大業六年書成，進于朝。論凡一千七百二十篇，言之詳矣。〈隋〉、〈唐經籍志〉不著于錄，而〈宋志〉有之。蓋太平興國中命王懷隱、王祐、陳昭遇等

進《聖惠方》，每部取元方之論冠其首。神宗以之課試醫士，是編始大顯於時。《書錄解題》謂『《千金方》諸論多本此書』。考宋制，醫以《巢氏論》與《千金翼》同目爲小經，而《千金方》不與。然則今所傳孫眞人書，殆未足深信矣。《曝書亭集》。」均足資參證。考《四庫全書總目》卷一百三〈子部〉十三〈醫家類〉一著錄：「《巢氏諸病源候論》五十卷，浙江巡撫採進本。隋大業中，太醫博士巢元方等奉詔撰。……陳振孫《書錄解題》稱『王燾《外臺秘要》諸論，多本此書』，信然。」惟《解題》明言孫思邈《千金方》諸論多本此書，而非《外臺秘要》，紀氏所言殊無的放矢，蓋專憑記憶而疏於檢書致誤耶？

聖濟經十卷

《聖濟經》十卷，政和御製。辟廱學生昭武吳禔注。

廣棪案：《郡齋讀書志》第十五卷〈醫書類〉著錄：「《聖濟經》十卷。右徽宗皇帝御製。因黃帝《內經》，采天人之賾，原性命之理，明營衛之清濁，究七八之盛衰，辨逆順之盈虛，爲書十篇，凡四十二章。」《玉海》卷第六十三〈藝文·藝術〉「政和《聖濟經》」條載：「《書目》：『《聖濟經》十卷，政和中御製并序。〈體眞〉、〈原化〉、〈慈幼〉、〈達道〉、〈正紀〉、〈食頤〉、〈守機〉、〈藥理〉、〈審劑〉，凡十篇。〈陰陽適平〉、〈精神內守〉而次，凡四十二章。』一本云：『政和八年五月壬辰，頒御製《聖濟經》，以廣黃帝之傳。其篇五十，其章四十有二。』明孫能傳《內閣藏書目錄》卷六〈技藝部〉著錄：「《聖濟經解義》一冊，宋徽宗著，太學生吳禔解釋醫書也。」《中國醫籍考》卷四十七〈方論〉二十五「吳氏禔註《聖濟經》」條引呂復曰：「《聖濟經》十卷，宋徽宗所作。大要祖述〈內〉、《素》，而引援《六經》，旁及老氏之言，以闡軒、岐遺旨。政和間，頒是經于兩學。辟廱生吳禔爲之解義。若〈達道〉、〈正紀〉等篇，皆足以裨益治道，啓迪眾工。餘如〈孕元〉、〈立本〉、〈制字〉、〈命物〉二三章，釋諸字義，失於穿鑿。良由不攷六書之過，瑕瑜具存，固無害於美玉也。」均可參證。

醫門玉髓一卷

《醫門玉髓》一卷，不知作者。皆為歌訣，論五藏廣棪案：《文獻通攷》作「臟」。六腑相傳之理。

廣棪案：《宋史》卷二百六〈志〉第一百五十九〈藝文〉五〈五行類〉著錄：「王

齊《醫門玉髓課同》一卷。」與此恐非同一書。《中國醫籍考》卷十六〈藏象〉
著錄：「亡名氏《醫門玉髓》，《書錄解題》一卷，佚。」則與此同。

醫經正本書一卷

《醫經正本書》一卷，知進賢縣沙隨程迥可久撰。專論傷寒無傳染，以救薄
俗骨肉相棄絕之敝。<small>廣梭案：「敝」應作「弊」。</small>

　　廣梭案：《宋史》卷二百七〈志〉卷一百六十〈藝文〉六〈醫書類〉著錄：「程
　　迥《醫經正本書》一卷。」《中國醫籍考》卷三十一〈方論〉九著錄：「程氏迥
　　《醫經正本書》，《書錄解題》一卷，佚。」迥字可久，應天府寧陵人。家于沙
　　隨，靖康之亂，徙紹興之餘姚。孝宗隆興間（1163-1164）改知隆興府進賢縣，
　　此書應撰於此時。迥，《宋史》卷四百三十七〈列傳〉第一百九十六〈儒林〉
　　七有傳。其〈傳〉曰：「迥嘗授經學於崑山王葆、嘉禾聞人茂德、嚴陵喻樗。所著
　　有《古易考》、《古易章句》、《古占法》、《易傳外編》、《春秋傳顯微例目》、《論
　　語傳》、《孟子章句》、《文史評》、《經史說諸論辨》、《太玄補贊》、《戶口田制貢
　　賦書》、《乾道振濟錄》、《醫經正本書》、《條具乾道新書》、《度量權三器圖義》、
　　《四聲韻》、《淳熙雜志》、《南齋小集》。」所載正有此書。

醫說十卷

《醫說》十卷，新安張杲季明撰。<small>館臣案：《文獻通攷》「杲」作「景」。</small>

　　廣梭案：《宋史藝文志補・子部・醫方類》著錄：「張景《醫說》十卷。」《四庫
　　全書總目》卷一百三〈子部〉十三〈醫家類〉一著錄：「《醫說》十卷，<small>浙江巡
　　撫採進本。</small>宋張杲撰。杲字季明，新安人。其伯祖張擴嘗受業於龐安時，以醫
　　名京、洛間。羅願《鄂州小集》有〈擴傳〉，敘其治驗甚詳。此書前有淳熙己酉
　　羅願〈序〉，亦稱擴授其弟子發，子發授其子彥仁。杲，彥仁子也，承其家學，
　　亦喜談醫。嘗欲集古來醫案，勒為一書。初期滿一千事，猝不易足。因先採掇
　　諸書，據其見聞所及為是編，凡分四十七門。前七門總敘古來名醫、醫書及鍼
　　灸、診視之類。次分〈雜證〉二十八門。次〈雜論〉六門。次〈婦人〉、〈小兒〉
　　二門。次〈瘡〉及〈五絕〉、〈痺疝〉三門，而以〈醫功〉、〈報應〉終焉。其間
　　雜採說部，頗涉神怪。又既載天靈蓋不可用，乃復收『陳藏器本草人肉』一條，
　　亦為駁雜。然取材既富，奇疾險證，頗足以資觸發，而古之專門禁方，亦往往

在焉。蓋三世之醫，淵源有自，固與道聽塗說者殊矣。」足資參考。季明應名
杲，不名景。

食治通說一卷

《食治通說》一卷，東嘉婁居中撰。臨安藥肆「金藥臼」者，廣校案：盧校本
「者」下有「也」字，似衍。有子登第，以恩得初品官。趙忠定丞相跋其後，書
凡六篇。館臣案：《文獻通攷》作十六篇。大要以為食治則身治，此上工醫未病之
一術也。

　　廣校案：《宋史》卷二百七〈志〉第一百六十〈藝文〉六〈醫書類〉著錄：「婁居
　　中《食治通說》一卷。」即此書。居中，《宋史》無傳。《文獻通考》卷二百二十
　　三〈經籍考〉五十〈子醫家〉「《食治通說》一卷」條下引趙丞相〈序〉略曰：「君
　　自幼業醫，至是歷八十一寒暑矣。錢唐行都多貴人，君未嘗出謁，卿相王侯之家
　　屢迎之，不可致，每旦肩輿至藥肆，群兒已四集，悲啼叫號，囂然滿室。君皆調
　　護委曲，坐良久，徐起，枚視之，一以至之先後為序。輒為言：『兒本無疾，愛
　　之者害之也。如言兒下利時，此為脾虛，乳食過傷所致。惟苦節其乳食，微以參
　　木藥溫其胃即愈矣。而愛之者曰：「兒數利，氣且乏，非強食莫補其所喪。」於
　　是胃虛，不能攝化，重以金石，而兒殆矣。胡不以身喻之，方吾曹盛壯時，日食
　　二升米飯，幾不滿欲。一日意中微不佳，則粒米不堪向口，何況兒乎！』予每視
　　君持藥欲授時，必諄諄為人開說，口幾欲破，又為紙囊貯藥，各著其說於上，使
　　歸而勿忘焉。」足資參證。忠定，趙汝愚謚。《宋史》卷三百九十二〈列傳〉第
　　一百五十一有傳。惟汝愚所撰乃〈序〉，非〈跋〉也，《解題》誤。

治病須知一卷

《治病須知》一卷，不知名氏。事論外證，以用藥之次第，為不能脈者設也。
　　廣校案：《中國醫籍考》卷四十八〈方論〉二十六著錄：「亡名氏《治病須知》，
　　《書錄解題》一卷，佚。」

五運指掌賦圖一卷

《五運指掌賦圖》一卷，葉玠撰。

廣校案：《中國醫籍考》卷八十〈運氣〉著錄：「葉氏論《五運指掌賦圖》,《書錄解題》一卷,佚。」葉玠,無可考。

大觀本草三十一卷

《大觀本草》三十一卷,唐慎微撰。不知何人。仁和縣尉艾晟作〈序〉,名曰《經史證類本草》。案：《本草》之名,始見《漢書·平帝紀》、〈樓護傳〉,舊經止一卷,藥三百六十五種。陶隱居增《名醫別錄》,亦三百六十五種,因注釋為七卷。唐顯慶又增一百十四種,廣為二十卷,謂之《唐本草》。開寶中又益一百三十三種。蜀孟昶又嘗增益,謂之《蜀本草》。及嘉祐中掌禹錫、林億等重加校正,更為補注,以朱墨書為之別,凡新、舊藥一千八十二種,蓋亦備矣。今慎微頗復有所增益,而以墨蓋其名物之上,然亦殊不多也。

廣校案：此書艾晟〈序〉曰：「昔人有云：天地間物,無非天地間用。信哉其言也。觀《本草》所載,自玉石、草木、蟲魚、果蔬,以至殘衣、破革,飛塵、聚垢,皆有可用以愈疾者。而神農舊經止於三卷,藥數百種而已。梁陶隱居因而倍之,唐蘇恭、李勣之徒又從而廣焉,其書為稍備。逮及本朝開寶、嘉祐之間,嘗詔儒臣論撰,收拾采撴。至於前人之所棄,與夫有名而未用、已用而未載者,悉取而著於篇。其藥之增多,遂至千有餘種,庶乎無遺也。而世之醫師方家,下至田父里嫗,猶時有以單方異品效見奇捷,而前書不載,世所未知者,類蓋非一。故慎微因其見聞之所逮,博采而備載之。於《本草》、《圖經》之外,又得藥數百種,益以諸家方書,與夫經子、傳記,佛書、道藏,凡該明乎物品功用者,附於本藥之左。其為書三十一卷,《目錄》一卷,六十餘萬言。名曰《經史證類備急本草》。察其為力亦勤矣,而其書不傳,世罕言焉。集賢孫公得其本而善之,邦計之暇,命官校正,募工鏤板,以廣其傳,蓋仁者之用心也。夫病未必能殺人,藥之殺人多矣。而世之醫者,不復究知根性之溫涼、功用之緩急,妄意增減,用以治病。不幸而危殆者,時蓋有之,茲何異操矛而刺人於衽席之上哉！儻能研思於此,因書以究其說,即圖以驗其物,與審方以求其效,則不待七十毒而後知藥,三折臂而後知醫矣。然則是書之傳,其利於世也顧不博哉！慎微姓唐,不知為何許人。傳其書,失其邑里族氏,故不及載云。大觀二年十月朔,通仕郎、行杭州仁和縣尉、管勾學事艾晟序。」是《解題》此書作三十一卷者,是連《目錄》一卷也。《郡齋讀書志》卷第十五〈醫書類〉著錄：「《證類本草》三十二卷。右皇朝唐慎微纂。合兩《本草》第一書,且集書傳所記單

方附之本條，殊爲詳博。」《文獻通考》卷二百二十二〈經籍考〉四十九〈子醫家〉「《大觀本草》三十一卷」條引石林葉氏曰：「神農《本草》初但三卷，所載甚略，議者考其記出產郡名，以爲東漢人所作。梁陶隱居始增修爲七卷。然陶氏不至東北，其論證多謬語。唐顯慶中，蘇恭請重修，於是命長孫無忌等廣定，遂爲二十卷，亦未盡也。自是僞蜀韓保昇與術家，各自補緝辯證者不一。開寶中別加詳定。嘉祐初復詔掌祕監禹錫、蘇魏公諸人再論次，遂大備。蓋《神農本草》外，雜取他書，凡十六家云。」《中國醫籍考》卷十〈本草〉二著錄：「唐氏慎微《大觀經史證類備急本草》，〈藝文略〉作《證類本草》，《讀書附志》同。《書錄》作《大觀本草》。〈宋志〉三十二卷，存。」下引趙與峕曰：「唐慎微，蜀州晉原人。世爲醫，深於經方，一時知名。元祐間師李端伯，招之居成都，嘗著《經史證類備急本草》三十二卷，盛行於世。而艾晟序其書，謂慎微不知何許人，故爲表出。蜀今爲崇慶府。《賓退錄》。」是趙與峕以慎微爲蜀人，哲宗時撰此書。又引李時珍曰：「宋徽宗大觀二年，蜀醫唐慎微取《嘉祐補註本草》及《圖經本草》合爲一書，復拾《唐本草》、《陳藏器本草》、《孟銑食療本草》舊本所遺者五百餘種，附入各部，並增五種。仍采《雷公炮炙》及《唐本食療》、《陳藏器》諸說收未盡者，附于各條之後。又采古今單方，並經史百家之書，上之朝廷。改名《大觀本草》。慎微貌寢陋，而學該博，使諸家《本草》及各藥單方，垂之千古不致淪沒者，皆其功也。」則李時珍以此書撰成於大觀二年，蓋據艾晟〈序〉署年也。日人波元胤則謂：「按先子曰：『金皇統三年，宇文虛中〈跋〉云：「元祐間，虛中爲兒童時，先人感風毒之疾，慎微療之。」乃爲哲宗時人明矣。李東璧以爲大觀三年所著，誤也。艾晟〈序〉稱不知何許人。若是同時，其言如此乎？今《證類》首卷載林希〈序〉，此艾晟所附，非慎微之舊也。《本事方》裁剪草治吐血瘰癧方，曰鄉人艾孚先嘗說此事，渠後作《大觀本草》，亦收入集中。孚先當是晟字。』」是丹波元胤之尊翁亦以慎微爲哲宗時人，不以艾、李之說爲當也。

本草衍義十卷

《本草衍義》十卷，館臣案：《文獻通考》作《本草廣義》二十卷。通直郎寇宗奭撰。援引辨證，頗可觀采。

廣棪案：《郡齋讀書志》卷第十五〈醫書類〉著錄：「《本草廣義》二十卷。右皇朝寇宗奭編。以《本草》二部，著撰之人或執用己私，失於商榷。并考諸家之

說，參之事實，覈其情理，證其脫誤，以成此書。」《中國醫籍考》卷十一〈本草〉三著錄：「寇氏宗奭《本草衍義》，《讀書後志》作《廣義》。〈藝文略〉三十卷，《書錄解題》作十卷。存。」下引趙希弁曰：「《本草廣義》二十卷。右皇朝寇宗奭編。以《本草》二部，著撰之人或執用己私，失於商榷。併考諸家之說，參之事實，覈其情理，證其脫誤，以成其書。」下引李時珍曰：「《本草衍義》，宋政和中，醫官通直郎寇宗奭撰。以《補註》及《圖經》二書，參考事實，覈其情理，援引辨證，發明良多。東垣、丹溪諸公亦尊信之。但以蘭花爲蘭草，卷丹爲百合，是其誤也。書凡三卷。平陽張魏卿以其說分附各條之下，合爲一書。」足資參證。

紹興校定本草二十二卷

《紹興校定本草》二十二卷，醫官王繼先等奉詔撰。紹興二十九年上之，刻板修內司。每藥爲數語辨說，淺俚無高論。

　　廣校案：《玉海》卷第六十三〈藝文‧藝術〉「嘉祐紹興《校定本草圖》」條載：「紹興二十七年八月十五日，王繼先上《校定大觀證類本草》三十二卷、《釋音》一卷，詔秘省修潤，付胄監鏤板行之。《大觀經史證類本草》，唐慎微撰。」《中國醫籍考》卷十〈本草〉二著錄：「王氏繼先《紹興校定經史證類備急本草》，《書錄解題》二十二卷，《玉海》三十二卷。闕。」下引張仲文曰：「紹興間，醫官王繼先以顯仁太后初御慈寧宮，春秋高，每違豫，服其藥隨愈，賴是優游東朝，享康寧之福幾二十稔，克副高宗事親之孝，繼先之功也。故恩禮特異，官至正任承宣。已而繼先恃寵席勢福自己，所爲有不可於眾，而舉朝阿附之不暇，至有稱門生者。後太后上仙，繼先自是眷遇日衰，竟黜福州以卒。《白獺髓》。」此書有〈序〉，末署「紹興二十九年二月上進」，與《解題》所載同；疑《玉海》謂「紹興二十七年八月十五日王繼先上《校定大觀證類本草》三十二卷」，其所記年月及卷數有誤也。

本草節要三卷、明堂鍼灸經二卷、膏肓灸法二卷

《本草節要》三卷、《明堂鍼灸經》二卷、《膏肓灸法》二卷，廣校案：盧校本此目分立爲三條，前兩條後各空一行。《明堂鍼灸經》二卷條，盧校注：「〈宋志〉有吳復珪《小兒明堂鍼灸經》二卷，未知即此否？」清源莊綽季裕集。

廣枚案:《中國醫籍考》卷十一〈本草〉三著錄:「莊氏季裕《本草節要》,《書錄解題》三卷,佚。」同書卷二十一《明堂經脈》一著錄:「《明堂鍼灸經》,《書錄解題》二卷,佚。」又著錄:「莊氏綽《膏肓腧穴灸法》,〈宋志〉一卷,《書錄解題》作二卷。存。」其下附莊綽〈跋〉曰:「余自許昌遭芋狄之難,憂勞難危,衝冒寒暑,避地東下。丁未八月抵渭濱,感痎瘧。既至琴川,爲醫妄治,榮衛衰耗。明年春末,尙苦腫,腹脹,氣促不能食,而大便利,身足重痿,杖而後起。得陳了翁家,專爲灸膏肓腧穴。自丁亥至癸巳,積三百壯灸之。次日即胸中氣平,腫脹俱損,利止而食進。甲午,已能肩輿出謁,後再報之,仍得百壯。自是疾證浸減,以至康寧。特新舊間見此殊切,灸者數人,宿痾皆除。孫眞人謂:『若能用心方便,求得其穴而灸之,無疾不愈。』信不虛也。因考醫經同異,參以諸家之說,及所親試。自〈量寸〉以至〈補養之法〉,分爲十篇。一繪身指屈伸坐立之像,圖於逐篇之後,令覽之者易解,而無徒冤之失。亦使眞人求穴,濟眾之仁,蓋廣於天下也。建炎二年二月十二日,朝奉郎、前南道都總管同幹辦公事、賜緋魚袋莊綽記。」綽,《宋史》無傳。《宋人傳記資料索引》載:「莊綽,字季裕,清源人,公岳子。嘗官於順昌、灃州等處,建炎間知鄂州。綽學有淵源,多識軼聞舊事。所著《雞肋編》,後人推爲與《齊東野語》相埒。又有《杜集援證》、《灸膏肓法》、《筮法新儀》等書。」可略知其生平。

肘後百一方三卷

《肘後百一方》三卷,晉葛洪撰。梁陶隱居增補。本名《肘後救卒方》,率多易得之藥,凡八十六首,陶併七首,加二十二首,共爲一百一首。取佛書「人有四大,一大輒有一百一病」之義名之。

廣枚案:《新唐書》卷五十九〈志〉第四十九〈藝文〉三〈醫術類〉著錄:「葛洪《肘後救卒方》六卷。」又:「陶弘景《補肘後救卒備急方》六卷。」與《解題》著錄者實同一書,而分卷有所不同。《宋史》卷二百七〈志〉第一百六十〈藝文〉六〈醫書類〉著錄:「葛洪《肘後備急百一方》三卷。」則與此同。《中國醫籍考》卷四十〈方論〉十八著錄:「陶氏弘景《補闕肘後百一方》,〈新唐志〉作《補肘後救卒備急方》。《七錄》九卷,〈新唐志〉作六卷。《書錄解題》作三卷。《本朝現在書目》有葛氏《肘後方》三卷,陶弘景撰;又有《肘後百方》九卷。佚。」此書有弘景〈自序〉,曰:「太歲庚辰,隱居云:余宅身幽嶺,迄將十載,雖每植德施功,多止一時之設,可以傳方遠裔者,莫過於撰述。見葛氏《肘後救卒》,

殊足申一隅之思。夫生人所爲大患，莫急於疾。疾而不治，猶救火而不以水也。今輩掖左右，藥師易尋；郊郭之外，已似難值。況窮村迥野，遙山絕浦，其間枉夭，安可勝言。方術之書，卷軸徒煩，極濟殊寡。欲就披覽，迷惑多端，抱朴此制，貴爲深益。然尚闕漏未盡，輒更採集補闕，凡一百一首，以朱書甄別，爲《肘後百一方》，於雜病單治，略爲周遍矣。應璩昔爲〈百一詩〉，以箴規心行，今余撰此，蓋欲衛輔我躬。且佛經云：『人用四大成身，一大輒有一百一病。』是故深宜自想，上自道人，下達眾庶，莫不各加繕寫，而究括之。」《解題》所述，殆據陶〈序〉驪括。

千金方三十卷

《千金方》三十卷，唐處士京兆孫思邈撰。自爲之〈序〉，名曰《千金備急要方》。以爲人命至重，有貴千金，一方濟之，德踰於此。其前類例數十條，林億等新纂。

廣棪案：《新唐書》卷五十九〈志〉第四十九〈藝文〉三〈醫術類〉著錄：「孫思邈《千金方》三十卷。」《郡齋讀書記》卷第十五〈醫書類〉著錄：「《千金方》三十卷。右唐孫思邈撰。思邈博通經傳，洞明醫術，著用藥之方、診脈之訣、針灸之穴、禁忌之法，以至導引養生之要，無不周悉。後世或能窺其一二，未有不爲名醫者。然議者頗恨其獨不及傷寒之數云。」此書思邈有〈自序〉，〈自序〉曰：「夫清濁剖判，上下攸分。三才肇基，五行俶落。萬物淳朴，無得而稱。燧人氏出，觀斗極以定方名，始有火化。伏羲氏作，因之而畫八卦，立庖廚。滋味既興，痾瘵萌起。大聖神農氏愍黎元之多疾，遂嘗百藥以救療之，猶未盡善。黃帝受命，創制九鍼，與方士岐伯、雷公之倫，備論經脈，旁通問難，詳究義理，以爲經論，故後世可得依而暢焉。春秋之際，良醫和緩。六國之時，則有扁鵲。漢有倉公、仲景，魏有華佗，並皆探賾索隱，窮幽洞微。用藥不過二三，灸炷不逾七八，而疾無不愈者。晉、宋以來，雖復名醫間出，然治十不愈五六，良由今人嗜慾泰甚，立心不常，淫於縱逸，有闕攝養所致耳。余緬尋聖人設教，欲使家家自學，人人自曉。君親有疾不能療之者，非忠孝也。末俗小人多行詭詐，傍倚聖教，而爲欺紿。遂令朝野士庶咸恥醫術之名，多教子弟誦短文，搆小冊，以求出身之道，醫治之術闕而弗論，吁可怪也。嗟乎！深乖聖賢之本意。幼遭風冷，屢造醫門，湯藥之資，罄盡家產。所以青衿之歲，高尚茲典；白首之年，未嘗釋卷。至於切脈診候，採藥合和，服餌節度，將息避

愼。一事長於己者，不遠千里伏膺取決。至於弱冠，頗覺有悟。是以親鄰中外
有疾厄者，多所濟益。在身之患，斷絕醫門。故知方藥、〈本草〉，不可不學。
吾見諸方，部帙浩博，忽遇倉卒，求檢至難。比得方訖，疾已不救矣。嗚呼！
痛夭枉之幽厄，惜墮學之昏愚。乃博採群經，刪裁繁重，務在簡易，以爲《備
急千金要方》一部，凡三十卷。雖不能究盡病源，但使留意於斯者，思過半矣。
以爲人命至重，有貴千金；一方濟之，德踰於此，故以爲名也。未可傳於士族，
庶以貽厥私門。張仲景曰：『當今居世之士，曾不留神醫藥，精究方術。上以療
君親之疾，下以救貧賤之厄，中以保身長全，以養其生。而但競逐榮勢，企踵
權豪，孜孜汲汲，惟名利是務。崇飾其末，而忽棄其本。欲華其表，而悴其內。
皮之不存，毛將安傅。進不能愛人知物，退不能愛躬知己，卒遇邪風之氣，嬰
非常之疾，患及禍至，而後震慄。身居厄地，蒙蒙昧昧，惷若遊魂，降志屈節，
欽望巫祝，告窮歸天，束手受敗，齎百年之壽命，將至貴之重器，委付庸醫，
恣其所措。咄嗟暗嗚，厥身已斃，神明消滅，變爲異物，幽潛重泉，徒爲涕泣。
痛夫！舉世昏迷，莫能覺悟，自育若是，何榮勢之云哉！』則此之謂也。」《解
題》所述，蓋據思邈〈自序〉也。林億等新纂此書，亦有〈序〉，曰：「昔神農
遍嘗百藥，以辨五苦六辛之味，逮伊尹而湯液之劑備。黃帝欲創九鍼，以治三
陰三陽之疾，得岐伯而砭艾之法精。大聖人有意於拯民之瘼，必持賢明博通之
臣，或爲之先，或爲之後，然後聖人之所爲，得行於永久也。醫家之務，經是
二聖二賢，而能事畢矣。後之留意於方術者，苟知藥而不知灸，未足以盡治療
之體；知灸而不知針，未足以極表裏之變。如能兼是聖賢之蘊者，其名醫之良
乎！有唐眞人孫思邈者，乃其人也。以上智之材，抱康時之志。當太宗治平之
際，思所以佐迺后庇民之事。以謂上醫之道，眞聖人之政，而王官之一守也。
而乃祖述農、黃之旨，發明岐、摯之學。經掇扁鵲之《難》，方採倉公之禁。仲
景《黃素》，元化《綠帙》，葛仙翁之《必效》，胡居士之《經驗》。張苗之《藥
對》，叔和之《脈法》。皇甫謐之《三部》，陶隱居之《百一》。自餘郭玉、范汪、
僧垣、阮炳，上極文字之初，下訖有隋之世。或經或方，無不探摭。集諸家之
所秘要，去眾說之所未至，成書一部，總三十卷，目錄一通，臟腑之論、針灸
之法、脈證之辨、食治之宜。始婦人而次嬰孺，先腳氣而後中風。傷寒、癰疽，
消渴、水腫。七竅之痾、五石之毒、備急之方、養性之術。總篇二百三十二門，
合方論五千三百首，莫不十全可驗，四種兼包。厚德過於千金，遺法傳於百代。
使二聖二賢之美，後不墜于地，而世之人得以階近而至遠。上識於三皇之奧者，
眞人善述之功也。然以俗尚險怪，我道純正，不可述剒腹易心之異。世務徑省，

我書浩博，不可道聽塗說而知。是以學寡其人，寖以紛靡，賢不繼世，簡編斷缺。不知者以異端見黜，好之者以闕疑輟功。恭惟我朝以好生爲德，以廣愛爲仁。迺詔儒臣，正是墜學。臣等術謝多通，職專典校。於是請內府之秘書，探道藏之別錄。公私眾本，搜訪幾遍，得以正其紕繆，補其遺佚。文之重複者削之，事有不倫者緝之。編次類聚，期月功至。綱領雖有所立，文義猶或疑阻，是用端本以正末。如《素問》、《九墟》、《靈樞》、《甲乙》、《太素》、《巢源》，諸家本草，前古脈書，《金匱玉函》、《肘後備急》，謝士秦《刪繁方》、劉涓子《鬼遺論》之類，事關所出，無不研核。尚有所闕，而又泝流以討源。如《五鑒經》、《千金翼》、《崔氏纂要》、《延年秘錄》、《正元廣利》、《外臺秘要》、《兵部手集》、《夢得傳信》之類。凡所派別，無不考理，互相質正，反覆稽參。然後遺文疑義，煥然悉明。書雖是舊，用之惟新。可以濟函靈，俾明聖好生之治；可以傳不朽，副主上廣愛之心。非徒爲太平之文致，實可佐皇極之錫福。校讎既成，繕寫伊始，恭以上進，庶備親覽。太子右贊善大夫臣高保衡、尚書都官員外郎臣孫奇、尚書司封郎中充秘閣校理臣林億、尚書工部侍郎兼侍講臣錢象先謹上。」是則此書，乃高保衡、孫奇、林億、錢象先四人新纂也。思邈，《舊唐書》卷一百九十一〈列傳〉第一百四十一〈方伎〉、《新唐書》卷一百九十六〈列傳〉第一百二十一〈隱逸〉有傳。《舊唐書》本傳謂：「孫思邈，京兆華原人。」又謂思邈「自注《老子》、《莊子》，撰《千金方》三十卷，行於代」。其中正有此書。

千金翼方三十卷

《千金翼方》三十卷，孫思邈撰《千金方》既成，恐其或遺也，又為此以翼之。亦自為〈序〉。其末兼及禁術，用之亦多驗。

　　廣棪案：《新唐書》卷五十九〈志〉第四十九〈藝文〉三〈醫術類〉著錄：「孫思邈《千金方》三十卷，又《千金髓方》二十卷、《千金翼方》三十卷。」《郡齋讀書志》卷第十五〈醫書類〉著錄：「《千金翼方》三十卷。右唐孫思邈撰。思邈著《千金方》，復掇集遺軼，以羽翼其書，成一家之學。林億等謂首之以〈藥錄〉，次之以〈婦人〉、〈傷寒〉、〈小兒〉、〈養性〉、〈辟穀〉、〈退居〉、〈補益〉、〈雜病〉、〈瘡癰〉、〈色脈〉、〈針灸〉，而〈禁經〉終焉者，皆有指意云。」足資參證。思邈〈自序〉曰：「原夫神醫祕術，至蹟參於道樞；寶餌凝靈，宏功浹於眞畛。知關籥玄牝，駐歷之功已深；彎策天機，全生之德爲大。稽炎、農於紀籙，資太一而反營魂；鏡軒、后於遺編，事岐伯而宣藥力。故能嘗味之績，鬱騰天壤；

診體之教,播在神寰。醫道由是濫觴,時義肇基于此。亦有志其大者,高密問
紫文之術;先其遠者,伯陽流玉冊之經。擬斯壽於乾坤,豈伊難老;儔厥齡於
龜鶴,詎可躅痾。茲迺大道之眞以持身,抑斯之謂也。若其業濟含靈,命懸茲
乎?則有越人徹視於腑臟,秦和洞達於膏肓,仲景候色而驗眉,元化剖腸而湔
胃;斯皆方軌疊迹,思韞入神之妙;極變探幽,精超絕代之巧。晉、宋方伎,
既其無繼。齊、梁醫術,曾何足云。若夫醫道之爲言,實惟意也。固以神存心
手之際,意析毫芒之裏。當其情之所得,口不能言;數之所在,言不能踰。然
則三部九候,迺經絡之樞機;氣少神餘,亦鍼刺之鈞軸。況乎良醫貴察聲色,
神工則深究萌芽。心考錙銖,安假懸衡之驗;敏同機駭,曾無挂髮之淹。非天
下之至精,其孰能與於此。是故先王鏤之于玉板,往聖藏之以金匱,豈不以營
壘至道,括囊其賾者歟?余幼智蔑聞,老成無已,才非公幹,凤嬰流疾;德異
士安,早纏疚瘵。所以志學之歲,馳百金而徇經方;耄及之年,竟三餘而勤藥
餌。酌華公之《綠帙》,異術同窺;採葛生之《玉函》,奇方畢綜。每以生者兩
儀之大德,人者五行之秀氣。氣化則人育,伊人稟氣而存;德合則生成,是生
曰德而立。既知生不再於我,人處物爲靈。可幸蘊靈心闕,頤我性源者,由檢
押神秘,幽求今古。撰方一部,號曰《千金》。可以濟物攝生,可以窮微盡性。
猶恐岱山臨月,必昧秋毫之端;雷霆在耳,或遺玉石之響。所以更撰《翼方》
三十卷,共成一家之學。譬輗軏之相濟,運轉無涯;等羽翼之交飛,搏播不測。
矧夫〈易〉道深矣,孔宣繫《十翼》之辭;玄文奧矣,陸績增《玄翼》之說。
或沿斯義,述此方名矣。貽厥子孫,永爲家訓。雖未能譬言中庶,比潤上池;
亦足以慕遠測深,稽門叩鍵者哉!儻經目於君子,庶知余之所志焉。」可悉思
邈撰作此書之旨。

外臺秘要方四十卷

《外臺秘要方》十卷,唐鄴郡太守王燾撰。館臣案:原本作「壽」,今據《文獻通
考》改正。自爲〈序〉,天寶十一載也。其書博采諸家方論,如《肘後》、《千
金》,世尚多有之;至於《小品》,深師崔氏、許仁則、張文仲之類,今無傳
者,猶間見於此書。大廣枝案:盧校本「大」作「云」。如依盧本則「云」字當屬上讀。
凡醫書之行於世,皆仁廟朝所校定也。按《會要》:「嘉祐二年,置校正醫書
局于編修院,以直集賢院掌禹錫、林億校理,張洞校勘,蘇頌等並爲校正。
後又命孫奇、高保衡、孫兆同校正。每一書畢,即奏上,億等皆爲之〈序〉,

下國子監板行。并補注〈本草〉，修《圖經》、《千金翼方》、《金匱要略》、《傷寒論》，悉從摹印。天下皆知學古方書。」嗚呼！聖朝仁民之意溥矣。館臣案：「補注〈本草〉」以下數句原本有脫誤，今據《文獻通考》校補。 廣棪案：盧校注：「《通考》無『嗚呼』句。」。又云：「元本語意甚完，似勝《通考》。」

廣棪案：《郡齋讀書志》卷第十五〈醫書類〉著錄：「《外臺秘要方》四十卷。右唐王燾撰。燾在臺閣二十年，久知弘文館，得古方書數千百卷，因述諸病證候，附以方藥、符禁、灼灸之法，凡一千一百四門。天寶中，出守房陵及大寧郡，故以『外臺』名其書。孫兆以燾謂『鍼能殺生人，不能起死人，取灸而不取針』，譏其為醫之蔽。予獨以其言為然。」《玉海》卷第六十三〈藝文・藝術〉「天聖校定《內經》、《素問》」條載：「嘉祐二年八月辛酉，置校正醫書局於編修院，命掌禹錫等五人，從韓琦之言也。琦言《靈樞》、《太素》、《甲乙經》、《廣濟》、《千金》、《外臺秘要方》之類多訛舛，〈本草〉編載尚有所亡，於是選官校正。」《四庫全書總目》卷一百三〈子部〉十三〈醫家類〉一著錄：「《外臺秘要》四十卷，通行本。唐王燾撰。燾，郿人王珪孫也。《唐書》附見〈珪傳〉。稱其性至孝，為徐州司馬，母有疾，彌年不廢帶，視絮湯劑。案視二字未詳，然《玉海》所引亦同，是宋本已然，姑仍其舊。數從高醫游，遂窮其術。因以所學作《外臺秘要》，討繹精明，世寶焉。歷給事中、鄴郡太守。〈藝文志〉載《外臺秘要》四十卷，又《外臺要略》十卷。今〈要略〉久佚，惟《秘要》尚傳。此本為宋治平四年孫兆等所校，明程衍道所重刻。前有天寶十一載燾〈自序〉，又有皇祐二年內降箚子及兆校上〈序〉。其卷首乃題林億等名。考《書錄解題》引《宋會要》，稱：『嘉祐二年置校正醫書局於編修院，以直集賢院掌禹錫、林億校理，張洞校勘、蘇頌等並為校正。後又命孫奇、高保衡、孫兆同校正。每一書畢，即奏上，億等皆為之〈序〉。』則卷首題林億名，乃統以一局之長，故有等字也。燾居館閣二十餘年，多見宏文館圖籍方書。其作是編，則成於守鄴時。其結銜稱持節鄴郡諸軍事，兼守刺史，故曰『外臺』。案《猗覺寮雜記》曰：『外臺見唐〈高元裕傳〉，故事：三司監院官帶御史者，號外臺。《書錄解題》作《外臺秘要方》，〈自序〉亦同。《唐書》及孫兆〈序〉中皆無方字，蓋相沿省其文耳。書分一千一百四門，皆先論而後方。其論多以《巢氏病源》為主，每條下必詳註原書在某卷。世傳引書註卷第，有李涪《刊誤》及程大昌《演繁露》，而不知例創於燾，可以見其詳確。其方多古來專門秘授之遺，陳振孫南宋末已稱所引《小品》，深師崔氏、許仁則、張文仲之類，今無傳者，猶閒見於此書。今去振孫四五百年，古書益多散佚，惟賴燾此編以存，彌可寶貴矣。其中閒及禁術，

蓋《千金翼方》已有此例。唐小說載賈耽以千年梳治蟲瘕爲異聞，其方乃出於此書第十二卷中。宋小說載以念珠取誤吞漁鉤爲奇技，其方乃在今八卷中。又唐制臘日賜口脂面藥，今不知爲何物，其方亦具在三十一卷中。皆足以資博物。三十七卷、三十八卷皆〈乳石論〉。《世說》載何晏稱服五石散，令人神情開朗。《玉臺新詠》有〈姬人怨服散詩〉，蓋江左以來，用爲服食之術，今無所用。又二十八卷載貓鬼野道方，與《巢氏病源》同。亦南北朝時鬼病，唐以後絕不復聞，然存之亦足資考訂也。衍道刻此書，頗有校正，惟不甚解唐以前語與後世多異。如〈痢門〉稱療痢稍較，衍道註曰：『較字疑誤。』考唐人方言，以稍可爲校，故薛能〈黃蜀葵詩〉有『記得玉人春病校』句。馮班校《才調集》辨之甚明。衍道知其有誤，而不如較爲校誤，猶爲未審。然大致多所訂定，故今亦並存焉。」均足資參證。王燾此書〈自序〉曰：「昔者農、皇之治天下也，嘗百藥，立九候，以正陰陽之變。診以救性命之昏札，俾厥土宇，用能康寧，廣矣哉！洎周之王，亦有卿，格于醫道，掌其政令，聚毒藥以供其事焉。歲終稽考，而制其食，十全爲上，失四下之。我國家率由茲典，動取厥中，置醫學，頒良方，亦所以極元氣之和也。夫聖人之德，又何以加乎此乎？故三代常道，百王不易，又所從來者遠矣。自雷、岐、倉、緩之作，彭、扁、華、張之起。自茲厥後，仁賢間出。歲且數千，方逾萬卷。專車之不受，廣廈之不容。然而載祀綿遠，簡編虧替，所詳者雖廣，所略者或深。討簡則功倍力煩，取捨則論甘忌苦，永言筆削，未暇尸之。余幼多疾病，長好醫術，遭逢有道，遂躡亨衢。七登南宮，再拜東掖。使繁臺閣，二十餘載。久知弘文館圖籍方書等，繇是睹奧升堂，皆探其秘要。以婚姻之故，貶守房陵，量移大寧郡，提攜江上，冒犯蒸暑。自南徂北，既僻且陋，染瘴嬰痾，十有六七，死生契闊。不可問天，賴有經方，僅得存者。神功妙用，固難稱述。遂發憤刊削，庶幾一隅。凡古方纂得五、六十家，新撰者向數千百卷。皆研其總領，覈其指歸。近代釋僧深、崔尚書、孫處士、張文仲、孟同州、許仁則、吳昇等十數家，皆有編錄，並行於代。美則美矣，而未盡善。何者？各擅風流，遞相矛盾。或篇目重雜，或商較繁蕪，今並味精英，鈐其要妙，俾夜作晝，經之營之。捐眾賢之砂礫，掇群才之翠羽。皆出入再三，伏念旬歲。上自炎昊，迄於盛唐，括囊遺闕，稽考隱秘，不愧盡心焉。客有見余此方曰：『嘻，博哉！學乃至於此耶？』余答之曰：『吾所好者，壽也，豈進於學哉！至於遁天倍情，懸解先覺，吾常聞之矣。投藥治疾，庶幾有瘳乎？』又謂余曰：『稟生受形，咸有定方。藥石其如命何？』吾甚非之。請論其目。夫喜怒不節，飢飽失常，嗜慾攻中，寒溫傷外，如此之患，豈由天乎？

夫為人臣，為人子，自家刑國，由近兼遠，何談之容易哉！則召人不合啓金滕，賢者曷為條玉板。斯言之玷，竊為吾子羞之。客曰：『唯唯。』嗚呼！齊梁之間，不明醫術者，不得為孝子。曾、閔之行，宜其用心。若不能精究病源，深探方論，雖百醫裁疾，眾藥聚門，適足多疑，而不能一愈之也。主上尊賢重道，養壽祈年，故張、王、李等數先生繼入，皆欽風請益，貴而遵之。故鴻寶金匱、青囊綠帙，往往而有，則知明月所照者遠，聖人所感者深。至於齝神養和，休老補病者，可得聞見也，余敢探而錄之。則古所未有，今並繕緝，而能事畢矣。若乃分天地至數，別陰陽至候，氣有餘，則和其經，渠以安之；志不足，則補其復，溜以養之。溶溶液液，調上調下，吾聞其語矣，未遇其人也。不誣方將，請俟來哲。其方凡四十卷，名曰《外臺秘要方》。非敢傳之都邑，且欲施於後賢。如或詢謀，亦所不隱。是歲天寶十一載，歲在執除，月之哉生明者也。」足供參考。

太平聖惠方一百卷

《太平聖惠方》一百卷，太平興國七年，詔醫官使尚藥奉御王懷隱館臣案：《宋史·藝文志》作「王懷德」。等編集。御製〈序〉文。淳化三年書成。

廣桉案：《郡齋讀書志》卷第十五〈醫書類〉著錄：「右太宗皇帝在潛邸日，多蓄名方異術。太平興國中，內出親驗者千餘首，乃詔醫局各上家傳方書，命王懷隱、王祐、鄭彥、陳昭遇校正編類，各於篇首著其疾證。淳化初書成，御製〈序引〉。」《玉海》卷第六十三〈藝文·藝術〉「《太平聖惠方》」條載：「太宗留意醫術，自潛邸得妙方千餘首。太平興國三年，詔醫官院獻經驗方，合萬餘首，集為《太平聖惠方》百卷，凡千六百七十門、萬六千八百三十四首，并〈序論〉、〈總目錄〉，每部以隋《巢元方病源候論》冠其首，凡諸論證，品藥功效悉載之。《目錄》一卷。御製〈序〉。淳化三年二月癸末，賜宰相李昉、參政黃中沆、樞臣仲舒準。內出五部賜。五月己亥，頒天下諸州，置醫博士掌之。《書目》：『首卷興國中，王懷隱等承詔撰。』慶曆四年正月賜德順軍。」足資參證。太宗御〈序〉曰：「朕聞皇王治世，撫念為本。法天地之覆載，同日月之照臨。行道德而和慘舒，順寒暄而知盈縮。上從天意，下契群情。同憚焦勞，以從人欲，乃朕之願也。且夫人稟五常，藥治百病，能知疾之可否，究藥之懲應者，則世之良醫也。至如風雨有不節之勞，喜怒致非理之患，疾由斯作，蓋自物情。苟非窮達其源，窺測其奧，徒煩服食以養於壽命，消息可保於長

生矣。自古同今，多乖攝治，疾以間起，積之於微。勢兆已形，求諸服餌。方既弗善，藥何救焉。《書》曰：『藥不瞑眩，厥疾弗瘳。』誠哉是言也。且如人安之道，經絡如泉，或馳騁性情，乖類形體，莫知傷敗，至損壽齡。蓋由血脈榮枯，肌膚盛弱，六氣交爭。賢者自知，愚者未達。是以聖人廣慈仁義，博愛源深。故黃帝盡岐伯之談，虢君信越之之術。揆度者明於切脈，指歸者探于幽玄。論之則五音自和，聽之則八風應律。譬猶影響，無不相從。求妙刪繁，備諸方冊。討尋精要，演說無所不周；詮括簡編，探賾悉聞盡善。莫不考秘密，搜隱微，大矣哉！爲學乃至於此耶？則知天不愛其道，而道處其中；地不愛其寶，而寶含其內。夫醫者，意也，疾生於內，藥調於外，醫明其理，藥效如神。觸類而生，參詳變易。精微之道，用意消停。執見庸醫，證候難曉。朕昔自潛邸，求集名方，異術玄針，皆得其要。兼收得妙方千餘首，無非親驗，並有準繩。貴在救民，去除疾苦。并於翰林醫官院，各取到經手家傳應效藥方，合萬餘道，令尚藥奉御王懷隱等四人，校勘編類。凡諸論證並該其中，品藥功效悉載其內。凡候疾之深淺，先辨虛實，次察表裏，然可依方用藥，則無不愈也。庶使天高地厚，明王道之化成；春往秋來，布群黎之大惠。昔炎帝、神農氏長於姜水，始教民播種，以省煞生。嘗味草木，區別藥性，救夭傷之命，延老病之生，黔首日用而不知，聖人之至德也。夫醫道之難，昔賢猶病，設使誦而不能解，解而未能別，別而未能明，明而未能盡。窮此之道者，其精勤明智之士歟！朕尊居億兆之上，常以百姓爲心。念五氣之或乖，恐一物之失所。不盡生理，朕甚憫焉。所以親閱方書，俾令撰集。冀溥天下之人，各保遐年；同我生民，躋於壽域。今編勒成一百卷，命曰《太平聖惠方》。仍令雕刻印版，遍施華夷。凡爾生靈，宜知朕意。」考王懷隱，《宋史》卷四百六十一〈列傳〉第二百二十〈方技〉上有傳，曰：「王懷隱，宋州睢陽人。初爲道士，住京城建隆觀，善醫診。太宗尹京，懷隱以湯劑祗事。太平興國初，詔歸俗，命爲尚藥奉御，三遷至翰林醫官使。三年，吳越遣子惟濬入朝，惟濬被疾，詔懷隱視之。初，太宗在藩邸，暇日多留意醫術，藏名方千餘首，皆嘗有驗者。至是，詔翰林醫官院各具家傳經驗方以獻，又萬餘首，命懷隱與副使王祐、鄭奇，醫宮陳昭遇參對編類。每部以隋太醫令巢元方《病源候論》冠其首，而方藥次之，成一百卷。太宗御製〈序〉，賜名曰《太平聖惠方》，仍令鏤板頒行天下，諸州各置醫博士掌之。懷隱後數年卒。」可供參考。

王氏博濟方三卷

《王氏博濟方》三卷，<small>館臣案：《文獻通考》作五卷。</small> <small>廣棪案：「晁〈志〉作五卷。」</small>
太原王袞撰。慶曆七年序。

廣棪案：《郡齋讀書志》卷第十五〈醫書類〉著錄：「《王氏博濟方》五卷。右皇
朝王袞撰。袞，慶曆間官滑臺，因暇日出家藏七十餘方，擇其善者爲此書。《名
醫》云：『其方用之無不效，如「艸還丹」治中風，「太一丹」治鬼胎，尤奇驗。』」
是此書晁〈志〉作五卷。惟《宋史》卷二百七〈志〉一百六十〈藝文〉六〈醫
書類〉著錄：「王袞《王氏博濟方》三卷。」是此書有三卷、五卷之別。《四庫
全書總目》卷一百三〈子部〉十三〈醫家類〉一著錄：「《博濟方》五卷，<small>《永樂
大典》本</small>。宋王袞撰。袞，太原人。其仕履未詳。惟郎簡原〈序〉稱其嘗爲錢
塘酒官而已。此書諸家書目皆著錄。惟《宋史·藝文志》、陳振孫《書錄解題》
俱作三卷，晁公武《讀書志》作五卷，稍有不同。蓋三五字形相近，傳寫者有
一訛也。公武又稱袞於慶曆間因官滑臺，暇日出家藏七十餘方，擇其善者爲此
書。《名醫》云：『其方用之無不效。如「草還丹」治中風、「太乙丹」治鬼胎，
尤奇驗。』今案袞〈自序〉有云：『曩侍家君之任滑臺，道次得疾，遇醫之庸者，
誤投湯劑，疾竟不瘳。』據此，則官滑臺者乃袞之父，而公武即以爲袞，殊爲
失考。袞又言：『博採禁方逾二十載，所得方論凡七千餘道，因於中擇尤精要者
得五百餘首。』而公武乃云家藏七十餘方，則又傳寫之誤也。原書久無傳本，
惟《永樂大典》內載有其文。袞輯編次，共得三百五十餘方。視袞〈序〉所稱
五百首者，尚存十之七。謹分立三十五類，依次排比，從《讀書志》之目，釐
爲五卷。其中方藥，多他書所未備。今雖不盡可施用，而當時實著有奇效，足
爲醫家觸類旁通之助。惟頗好奇異，往往雜以方術家言。如論服杏仁，則云彭
祖、夏姬、商山四皓煉杏仁爲丹，王子晉服四十年而騰空，丁令威服二十年而
身飛。此類殊誕妄不足信。今故取服食諸法，編附卷末，以著其謬，俾讀者知
所持擇焉。」可供參考。

藥準一卷

《藥準》一卷，潞公文彥博寬夫撰。所集方纔四十首，以爲依〈本草〉而用
藥則有準，故以此四十方爲處方用藥之準也。

廣棪案：《宋史》卷二百七〈志〉一百六十〈藝文〉六〈醫書類〉著錄：「文

彥博《藥準》一卷。」彥博,《宋史》卷三百一十三〈列傳〉第七十二有傳。
此書有〈自序〉,〈自序〉曰:「余嘗苦頭眩,治之多方,彌歲不解。會國醫龔
世昌診脈問狀。乃云:『膈有寒痰,久之使然,非它苦也。』授余香芎散,并
其方,服未半而愈,遂不復發。余既神其效,又觀其立方有法,不與常類。
方用九物,物別為之解,凡藥性之溫寒,味之甘辛,并其主療,略具於左。
雖簡而備,使觀之者有據,服之無疑。無疑有效,猶夫任人,各知其才之所
長。用無疑,事罔不濟。乃知古之良醫治病必考於〈本草〉而立方,方藥既
精,厥疾必瘳。班固云:『經方者,本草石之寒溫,原疾病之深淺。』陶隱居
云:『〈道經〉載扁鵲數法,其用藥猶是〈本草〉家意。』張仲景最為眾方之
祖,悉依〈本草〉。近世庸醫鮮通〈本草〉,求其方藥之驗,固亦難矣。余嘉
龔醫之方專用〈本草〉之意,因采仲景并《外臺》、《千金》及諸家經驗方,
共若干,輒加註傳于門內,以備處療,謂之《藥準》,以其依〈本草〉立方,
則用之有準云。」是《解題》所述,殆本彥博〈自序〉意也。

孫氏傳家秘寶方三卷

《孫氏傳家秘寶方》三卷,尚藥奉御太醫令孫用和集。其子殿中丞兆,父子
皆以醫名,自昭陵時迄於熙豐,無能出其右者。元豐八年,兆弟宰為河東漕,
屬呂惠卿帥并,從宰得其書,序而刻之。兆自言為思邈之後。晁氏《讀書志》
作《孫尚秘寶方》,凡十卷。廣校案:盧校本無「晁氏《讀書志》作《孫尚秘寶方》,
凡十卷」句。

　　廣校案:《郡齋讀書志》卷第十五〈醫書類〉著錄:「《孫尚秘寶》十卷。右皇朝
　　孫尚撰。呂惠卿帥邊日,尚之子在屬郡,因取此書刻板傳於世。」《宋史》卷二
　　百七〈志〉第一百六十〈藝文〉六〈醫書類〉著錄:「孫用和《傳家秘寶方》五
　　卷。」是此書之卷數有三、五、十卷之別。邵伯溫《邵氏聞見前錄》卷第二載:
　　「仁宗初,納光獻皇后。后有疾,國醫不效。帝曰:『后在家,用何人醫?』后
　　曰:『妾隨叔父官河陽,有疾服孫用和藥效。』尋召用和,服其藥果驗。自布衣
　　除尚藥奉御,用和自此進用。用和本衛人,以避事客河陽,善用張仲景法治傷
　　寒,名聞天下。二子:奇、兆,皆登進士第,為朝官,亦善醫。」至孫兆,《宋
　　史翼》卷三十七〈列傳〉第三十七〈方技〉一有傳。《宋人傳記資料索引》載:
　　「孫兆,陝人,自言思邈後。父用和,官太醫令,有《孫氏傳家秘寶方》三卷。
　　兆歷官將仕郎、殿中丞。嘉祐二年,奉命校正醫書於編修院。其所校正鏤版者

有《外臺秘要》、《黃帝內經素問》。兆與父均以醫名，治病多驗，時人無能出其右者。」可供參證。

靈苑方二十卷

《靈苑方》二十卷，沈括存中撰。

　　廣棪案：《郡齋讀書志》卷第十五〈醫書類〉著錄：「《靈苑方》二十卷。右皇朝沈括存中編。本朝士人如高若訥、林億、孫奇、龐安常，皆以善醫名於世，而存中尤喜方書。此書所載多可用。」足資參證。沈括，《宋史》卷三百三十一〈列傳〉第九十附〈沈遘〉。其〈傳〉謂：「括博學善文，於天文、方志、律曆、音樂、醫藥、卜算，無所不通，皆有所論著。」此書即其論著醫藥者。

蘇沈良方十卷

《蘇沈良方》十卷，蘇者東坡，沈即存中也。不知何人所錄。其間「辨雞舌香」一段，言《靈苑》所辨，猶有未盡者。《館閣書目》別有《沈氏良方》十卷、《蘇沈良方》十五卷，而無《靈苑方》。

　　廣棪案：《郡齋讀書志》卷第十五《醫學類》著錄：「《沈存中良方》十卷。右皇朝沈括存中撰。存中博學通醫術，類其經驗方成此書，用者多驗。或以蘇子瞻論醫藥雜說附之。」《郡齋讀書志》所著錄者應為同一書。《四庫全書總目》卷一百三〈子部〉十三〈醫家類〉一著錄：「《蘇沈良方》八卷，《永樂大典》本。宋沈括所集方書，而後人又以蘇軾之說附之者也。考《宋史‧藝文志》有括《靈苑方》二十卷、《良方》十卷，而別出《蘇沈良方》十五卷。註云：『沈括、蘇軾所著。』陳振孫《書錄解題》有《蘇沈良方》十卷，而無《沈存中良方》。尤袤《遂初堂書目》亦同。晁公武《讀書志》則二書并列，而於《沈存中良方》下云：『或以蘇子瞻論醫藥雜說附之。』《蘇沈良方》下亦云：『括集得方成一書，後人附益以蘇軾醫學雜說。』蓋晁氏所載《良方》，即括之原本。其云『或以蘇子瞻論醫藥雜說附之』者，即指《蘇沈良方》。由其書初尚並行，故晁氏兩載。其後附蘇說者盛行，原本遂微，故尤氏、陳氏遂不載其原本。今《永樂大典》載有《蘇沈良方》原〈序〉一篇，亦括一人所作，且自言『予所作《良方》』云云，無一字及軾。是亦後人增附之後，併其標題追改也。案明晁瑮《寶文堂書目》有《蘇沈二內翰良方》一部。是正、嘉以

前，傳本未絕，其後不知何時散佚。今據《永樂大典》所載，掇拾編次，釐爲八卷。史稱『括於醫藥、卜算、無所不通，皆有所論著』。今所傳括《夢溪筆談》，末爲〈藥議〉一卷，於形狀性味，眞僞同異，辨別尤精。軾雜著時言醫理，於是事亦頗究心。蓋方藥之事，術家能習其技，而不能知其所以然；儒者能明其理，而又往往未經試驗。此書以經效之方，而集於博通物理者之手，固非他方所能及矣。」足供參証。

正俗方一卷

《正俗方》一卷，知虔州長樂劉彝執中撰。以虔俗信巫，無醫藥，集此方以教之。

　　廣棪案：《宋史》卷二百七〈志〉第一百六十〈藝文〉六〈醫書類〉著錄：「劉彝《贛州正俗方》二卷。」即此書。疑〈宋志〉之「贛州」乃「虔州」之誤。劉彝字執中，福州人，《宋史》卷三百三十四〈列傳〉第九十三有傳。其〈傳〉載：彝「知虔州，俗尙巫鬼，不事醫藥。彝著《正俗方》以訓斥淫巫三千七百家，使以醫易業，俗遂變。」即記此事。

奉親養老書一卷

《奉親養老書》一卷，泰州興化令陳直撰。館臣案：《文獻通考》「直」作「眞」。元豐中人。

　　廣棪案：《宋史》卷二百七〈志〉第一百六十〈藝文〉六〈醫書類〉著錄：「陳直《奉親養老書》一卷。」《四庫全書總目》卷一百三〈子部〉十三〈醫家類〉一著錄：「《壽親養老新書》四卷，浙江汪啓淑家藏本。第一卷爲宋陳直撰。本名《養老奉親書》。第二卷以後則元大德中泰寧鄒鉉所續增。與直書合爲一編，更題今名。直於元豐時爲泰州興化令。《文獻通考》載有直所著《奉親養老書》一卷，而此本則題曰《養老奉親書》，其文互異。然此本爲至正中浙江刊本，猶據舊帙翻雕，不應標題有誤，蓋《通考》傳寫倒置也。直書自〈飲食調治〉至〈簡妙老人備急方〉，分爲十五篇，二百三十條。節宣之法甚備。明高濂作《尊生八牋》，其〈四時調攝牋〉所錄諸藥品，大抵本於是書。」足資參考。

養生必用書三卷

《養生必用書》三卷，館臣案：《文獻通考》作十六卷。　廣棪案：盧校注：「晁〈志〉
作《養生必用方》十六卷。」靈泉山初虞世和甫撰。紹聖丁丑序。

　　廣棪案：《郡齋讀書志》卷第十五〈醫書類〉著錄：「《養生必用方》十六卷。右
皇朝初虞世撰。〈序〉謂：『古人醫經行於世者多矣。所以別著者，古方分劑與
今銖兩不侔，用者頗難。此方其證易詳，其法易用，苟尋文爲治，雖不習之人，
亦可無求於醫也。』虞世，本朝士，一旦削爲僧，在襄陽，與十父遊從甚密。」
《通志》卷六十九〈藝文略〉第七〈藝術類〉第九〈方書〉著錄：「初虞世《必
用方》三卷。」應與此同一書，是此書卷數有三卷、十卷、十六卷之別。虞世，
《宋史》無傳。《宋人傳記資料索引》載：「初虞世，字和甫，宋儒醫。博學能
文，精通醫術，深究《素》、《難》之理，見解甚超。所著《古今錄驗生養必用
方》十六卷，最爲有用。」足資參考。紹聖，哲宗年號；丁丑爲四年（1097）。

尊生要訣二卷

《尊生要訣》二卷，即初虞世《四時常用要方》。有廬山陳淮者，復附益焉。

　　廣棪案：《宋史》卷二百七〈志〉第一百六十〈藝文〉六〈醫書類〉著錄：「戴
衍《尊生要訣》一卷。」與此非同一書。陳淮，生平事蹟不可考。

龐氏家藏秘寶方五卷

《龐氏家藏秘寶方》五卷，蘄水龐安時安常撰。安時以醫名世，所著書傳於
世者，惟《傷寒論》而已。此書南城吳炎晦父錄以見遺。

　　廣棪案：龐安時，《宋史》卷四百六十二〈列傳〉第二百二十一〈方技〉下有傳。
《宋人傳記資料索引》載：「龐安時，字安常，蘄州蘄水人。兒時讀書，過目輒
記。家世醫，《靈樞》、《太素》、《甲乙》諸秘書，及經傳白衣之涉其道者，靡不
通貫。著《難經辨》數萬言，又作《本草補遺》、《傷寒總病論》。爲人治病，率
十愈八九。踵門求診者，爲辟邱舍居之，親視飦粥藥物，必愈而後遣。不可爲
者，必實告之。年五十八卒。」可知其生平概況。安時撰《傷寒總病論》，黃庭
堅《黃豫章集》卷十六有〈龐安常傷寒論後序〉曰：「龐安常自少時，善醫方，
爲人治病。處其生死多驗，名傾江淮諸醫。然爲氣任俠，鬥雞走狗，蹴踘擊毬，

少年豪縱，事無所不為。博奕音伎，一二所難，而兼能之。家富多後房，不出戶而所欲得。人之以醫聘之也，皆多陳其所好，以順適其意。其來也，病家如市；其疾已也，君脫然不受謝而去之。中年乃屏絕戲弄，閉門讀書，自神農、黃帝經方，扁鵲《八十一難》、《靈樞》、《甲乙》。葛洪所綜緝，百家之言，無不貫穿。其簡策紛錯，黃素朽蠹，先師或失其讀；學術淺陋，私智穿鑿，曲士或竄其文。安常悉能辨論發揮，每用以視病。如是而生，如是而不治，幾乎十全矣。然人以病造之，不擇貴賤貧富，便齋曲房，調護以寒暑之宜；珍膳美饌，時節其饑飽之度。愛其老而慈其幼，如痛在己也。未嘗輕用人之疾，常試其所不知之方。蓋其輕財如糞土而樂義，耐事如慈母而有常。似秦漢間游俠而不害人，似戰國四公子而不爭利。所以能動而得意，起人之疾，不可縷數。他日過之，未嘗有德色。著《傷寒論》，多得古人不言之意。其所師用而得意於病家之陰陽虛實，今世所謂良醫，十不得其五也。余始欲掇其要，論其精微，使士大夫稍知之。適有心腹之疾，未能卒業。然未嘗游其庭者，雖得吾說而不解。誠加意讀書，書則過半矣。故特著其行事，以為〈後序〉云。其〈前序〉，海上道人諾也，故虛右以待。元符三年二月朔日。」足供參證。

傷寒微旨論二卷

《傷寒微旨論》二卷，不著作者。〈序〉言元祐丙寅，必當時名醫也。其書頗有發明。

　　廣棪案：《四庫全書總目》卷一百三〈子部〉十三〈醫家類〉一著錄：「《傷寒微旨》二卷，《永樂大典》本。宋韓祗和撰。是書《宋史・藝文志》不載。陳振孫《書錄解題》有其名，亦不著作者名氏。但據〈序〉題元祐丙寅，知其為哲宗時人而已。今檢《永樂大典》各卷內，此書散見頗多，每條悉標韓祗和之名。而元戴良《九靈山房集》亦稱『自後漢張機著《傷寒論》，晉王叔和、宋成無己、<small>案無己乃金人，見前《傷寒論》條下</small>、龐安常、朱肱、許叔微、韓祗和、王賓之流，皆互相闡發』。其間祗和姓名，與《永樂大典》相合。是祗和實北宋名醫，以傷寒為專門者，特《宋史・方技傳》不載，其履貫遂不可考耳。書凡十五篇，間附方論。大抵皆推闡張機之旨，而能變通於其間。其〈可下篇〉不立湯液，惟以早下為大戒，蓋為氣質羸弱者言。然當以脈證相參，知其邪入陽明與否，以分汗下。不宜矯枉過直，意廢古方。至如〈辨脈篇〉，據傷寒例桂枝下咽，陽盛及斃，承氣入胃，陰盛乃亡之義，以攻楊氏之謬誤。〈可汗篇〉分陰盛陽虛，陽

盛陰虛，陰陽俱盛三門，則俱能師張氏而神明其意矣。又如汗下溫三法，分案時候辰刻，而參之脈理病情，乃因張機正傷寒之法，而通之於春夏傷寒，更通之於多月傷寒，亦頗能察微知著。又如以陽黃歸之汗溫太過，陰黃歸之過下亡津，則於《金匱》發陽發陰之論，研析精微，不特傷寒之黃切中竅要，即雜病之黃亦可以例推矣。其書向惟王好古《陰證略例》中間引其文，而原本久佚。今採掇薈粹，復成完帙。謹依原目釐為上、下二卷。陳振孫所稱之〈原序〉，則《永樂大典》不載，無從採補。殆編纂之時，舊本已闕歟？」足資參證。此書乃韓祗和撰於哲宗元祐元年丙寅（1086）者。

錢氏小兒藥證真訣三卷

《錢氏小兒藥證真訣》三卷，太醫丞東平錢乙仲陽撰。宣教郎大梁閻季忠廣枒案：盧校本「季」作「孝」。校注曰：「『季忠』，《通考》同。」集。上卷言證，中卷敘嘗所治病，下卷為方。季忠亦頗附以己說，且以劉斯立所作〈仲陽傳〉附於末，宣和元年也。

廣枒案：《郡齋讀書志》卷第十五〈醫書類〉著錄：「《錢氏小兒方》八卷。右皇朝錢乙仲陽撰。神宗時，擢太醫丞。於書無所不窺，他人靳靳守古，獨乙度越縱舍，卒與法合。尤邃〈本草〉，多識物理，辨正闕誤，最工療嬰孺病。年八十二而終。閻季忠方附於後。」《宋史》卷二百七〈志〉第一百六十〈藝文〉六〈醫書類〉著錄：「錢乙《小兒藥證眞訣》八卷。」所著錄書名、卷數不同，疑同屬一書。孫猛《郡齋讀書志校證》曰：「《錢氏小兒方》八卷，《書錄解題》卷十三有《錢氏小兒藥證眞訣》三卷，云：『太醫丞東平錢乙仲陽撰，宣教郎大梁閻季忠集。上卷言證，中卷敘嘗所治病，下卷為方，季忠亦頗附以己說，以劉斯立所作〈仲陽傳〉附於末。宣和元年也。』疑晁、陳兩家著錄實一書，而卷數不合，〈經籍考〉卷五十兩存焉。〈宋志〉卷六作《錢乙小兒藥證眞訣》八卷，《通志·藝文略》卷七〈醫方類〉下作《錢氏小兒方》八卷。按閻氏〈序〉稱是書分為上、中、下三卷。是時蓋有三卷與八卷者，今通行本亦三卷，唯明薛鎧注本作四卷，熊宗立注本作十卷。」足資參考。錢乙，《宋史》卷四百六十二〈列傳〉第二百二十一〈方技〉下有傳。《宋人傳記資料索引》載：「錢乙，字仲陽，本吳越王俶支屬，北遷鄆州，遂占籍。父穎善醫，東之海上不返。乙方三歲，母先死，姑收養之。及長，告以家世，即泣請迹尋，積數歲，迎父以歸。遂紹父業，以《顱顖方》著名，擢太醫，卒年八十二。有《傷寒論指微》五卷、《嬰

孺論》百篇。」閻孝忠，《宋史》無傳，《宋詩紀事小傳補正》卷二載：「閻孝忠，字資道，汝陽人。《蘭亭考》卷七。建炎二年知淮寧府，直秘閣，知蔡州。金人自唐州北歸，孝忠先遣其家往西平，依土豪翟沖以避寇，而自聚軍民守城。金圍之數日，城陷，孝忠爲所執，見其貌陋而侏儒，不知爲守臣，乃命荷擔。孝忠乘閒奔西陵。金人既去，郡人詣部使者，乞仍以孝忠權知州，從之。《繫年要錄》十三。」然此「忠孝」，恐非任宣教郎，隸籍大梁之閻季忠也。

小兒班_{廣棪案：「班」應作「斑」，下同。}疹論一卷

《小兒班疹論》一卷，東平董汲及之撰。錢乙元祐癸酉題其末。

廣棪案：此書董汲有〈自序〉，錢乙有〈後序〉。董汲〈自序〉曰：「夫上古之世，事質民淳，稟氣全粹，邪不能干，縱有疾病，祝由而已。雖大人方論，尚或未備。下逮中古，始有巫妨氏者著《小兒顱顖經》，以卜壽夭，別死生。歷世相援，於是小兒方論興焉。然在襁褓之時，藏府嫩弱，脈促_{促字疑未辨}，痒不知處，痛亦難言，祇能啼叫。至於變蒸驚風，客忤解顱，近世巢氏一一明之。然於斑疹欲出證候，與傷風相類，而略無辨說，致多謬誤。而復醫者不致詳慎，或乃虛者下之，實者益之，疹者汗之，風者溫之，轉生諸疾，遂致夭斃，噓可歎也。今採摭經效秘方，詳明證候，通爲壹卷，目之曰《斑疹備急方》。非敢謂有補於後世，意欲傳諸好事者，庶幾鞠育之義存焉。東平董汲及之序。」錢乙〈後序〉曰：「余平生刻意方藥，察脈按證，雖有定法，而探源應變，自謂妙出意表。蓋脈難以消息求，證不可言語取者，襁褓之嬰，孩提之童尤甚焉。故專一爲業，垂肆拾年。因緣遭遇，供奉禁掖，累有薄效，誤被恩寵。然小兒之疾，陰陽癇爲最大。而醫所覃思，經有備論，至於斑疹之候，蔑然危惡。及驚搐、傷寒、貳癇大同，而用藥甚異，投劑小差，悖謬難整。而醫者恬不爲慮此。得告歸里中，廣川及之出方一帙示予，予開卷而驚歎曰：『是予平昔之所究心者，而子乃不言傳而得之。』予深嘉及之少年藝術之精，而又愜素所願以授人者，於是輒書卷尾焉。時元祐癸酉拾月丙申日，翰林醫官、太醫丞、賜紫金魚袋錢乙題。」是錢乙〈後序〉撰於元祐八年癸酉（1093）也。汲，《宋史》無傳。此書另有孫準〈序〉，曰：「世之人有得一奇方，可以十全愈疾者，恐恐然惟慮藏之不密。人或知之，而使其藥之不神也，其亦陋矣。夫藥之愈病，如得人人而告之，便無夭橫，各盡其天年以終，此亦仁術也。吾友董及之，少舉進士不第，急於養親，一日盡棄其學而從事

於醫。然醫亦非鄙術矣，古之人未嘗不能之。如張仲景、陶隱居、葛洪、孫思邈，皆名於後世。但昧者為之，至於異貴賤，別貧富，自鄙其學，君子不貴也。及之則不然。凡人之疾苦，如己有之。其往來病者之家，雖祁寒大暑，未嘗少憚。至於貧者，或昏夜自惠薪粲，以周其乏者多矣。他日攜《小兒斑疹方》一帙見過，求〈序〉於余，因為引其略，亦使見及之之所存。知世之有奇方可以療疾者，不足貴也如此。東平十柳居士孫準平甫序。」可略悉董汲生平。

腳氣治法一卷

《腳氣治法》一卷，董汲撰。

廣棪案：《宋史》卷二百七〈志〉第一百六十〈藝文〉六〈醫書類〉著錄：「董汲《腳氣治法總要》一卷。」〈宋志〉汲，應作汲。《四庫全書總目》卷一百三〈子部〉十三〈醫家類〉一著錄：「《腳氣治法總要》二卷，《永樂大典》本。宋董汲撰。汲字及之，東平人。始末未詳。錢乙嘗序其《斑疹論》，則其著書在元豐、元祐之間。是書《書錄解題》作一卷，《宋史・藝文志》亦同。久無傳本，今從《永樂大典》所載排纂成帙。以篇頁稍繁，分為二卷。上卷論十二篇，大旨謂腳氣必由於風溼，風溼兼有冷熱，皆原本腎虛。陰陽虛實，病之別也。春夏秋冬，治之異也。高燥卑溼，地之辨也。老壯男女，人之殊也。說賅備矣。下卷方四十六，獨活湯、木香散、傳信方、防風粥、桑枝前專治風；天麻丸、茴香丸、烏蛇丸、趁痛丸，專治溼；薏苡仁湯、海桐皮散、木瓜丸治風溼相兼；獨活寄生湯、石楠丸、牛膝丸、治風溼挾虛，金牙酒治風溼瘴癘；八味丸、腎瀝湯、地黃粥治虛。神功丸、麻仁丸、三脘散、大黃湯治實。屬陰者兼冷，木香飲子治其偏於陰也。屬陽者兼熱，紅雪治其偏於陽也；降宮丸、白皮小豆散、木通散，治其屬於陰陽而淋閉者也；松節散、食前丸、食後丸、橘皮丸治尋常法也；三仁丸、潤場丸、五柔丸治老人血枯法也，天門多大煎，則為總治法。淋煠蒸熨五方，則為外治法，而以鍼灸法為始。原序方有一十九門，大約不出於此。即闕佚亦厪矣，考腳氣即《素問》所謂厥疾，至唐始有此名，治法亦漸以詳備。然李暄及蘇敬、徐玉、唐侍中諸家之書，今多不傳。獨汲此帙尚存，頗為周密醇正。觀其自述，稱嘗患此疾至劇，因深思其源，遂得秘要，殆所謂三折肱而為良醫者歟？今特錄而存之，以備專門之一種焉。」足供參考。

指迷方三卷

《指迷方》三卷，考城王貺子亨撰。吳丞相敏為之〈序〉。貺為南京名醫宋毅叔之婿。宣和中以醫得幸，至朝請大夫。

廣棪案：《讀書附志》卷上〈醫家類〉著錄：「《濟世全生方指迷集》三卷。右考城王貺字子亨所著也。吳丞相序之曰：『子亨當官不苟，遇世變，嘗慨然再請出疆使萬里去。』」與此應同一書。《宋史》卷二百七〈志〉第一百六十〈藝文〉六〈醫書類〉著錄：「王貺《濟世全生指迷方》三卷。」是《解題》著錄書名或有省略也。《四庫全書總目》卷一百三〈子部〉十三〈醫家類〉一著錄：「《全生指迷方》四卷，《永樂大典》本。宋王貺撰。案《書錄解題》，貺字子亨，考城人，名醫宋毅叔之婿。宣和中以醫得幸，官至朝請大夫。是書《宋史·藝文志》作三卷，而傳本久絕。故醫家罕所徵引，或至不知其名。今檢《永樂大典》所收，案條掇拾，雖未必盡符原本，然大要已略具矣。方書所載，大都皆標某湯某丸主治某病，詳其藥品銖兩而止。獨貺此書，於每證之前，非惟詳其病狀，且一一論其病源，使讀者有所據依，易於運用。其『脈論』及『辨脈法』諸條，皆明白曉暢。凡三部九候之形、病證變化之象，及脈與病相應不相應之故，無不辨其疑似，剖析微茫，亦可為診家之樞要。謹詳加訂正，分為二十一門，依類編次，而以論脈諸篇冠之於首。因篇頁稍繁，釐為四卷，不復如其原數焉。」足資參考。貺，《宋史》無傳。《宋史翼》卷三十八〈列傳〉第三十八〈方技〉二有傳，名作況。《宋史》卷三百七十一〈列傳〉第一百三十〈宇文中虛〉載：「（建炎）二年，詔求使絕域者，虛中應詔，復資政殿大學士為祈請使，楊可輔副之。尋又以劉誨為通問使，王貺副之。」是吳敏〈序〉謂貺「遇世變，嘗慨然再請出疆使萬里」者，非虛語也。宋毅叔，即宋道方，《宋史翼》卷三十八〈列傳〉第三十八〈方技〉二有傳。

傷寒救俗方一卷

《傷寒救俗方》一卷，寧海羅適正之尉桐城，民俗惑巫，不信藥。羅^{廣棪案：}《文獻通考》作「因」，盧校本同。以藥施，人多愈，遂以方書召醫參校刻石，以救迷俗。紹興中有王世臣彥輔者，序之以傳。

廣棪案：羅適，《宋史》無傳。《宋元學案》卷一〈安定學案〉「安定私淑·提刑羅赤城先生適」條載：「羅適，字正之，寧海人。少從鄉先進朱降學。後與徐中

行、陳貽範友善,得聞胡安定之教,遂以私淑稱弟子。第治平進士,尉桐城,
移泗水,改著作郎,知濟陽縣,徙江都。政化大行,民知其長者,不忍欺。每
郊行,召耆老,問以疾苦及所願,爲罷行之。遷推官。兩浙、蘇、秀水災,朝
議賑恤,以先生爲提點刑獄。後移京西北路。當有與蘇文忠公論水利,凡興復
者五十有五。既去,民思之,置生祠焉。雲濠謹案:先生別號赤城,著有《易解》、
《赤城集》百卷。《直齋書錄解題》云:『治平二年進士,學于四明樓郁。』是先生本
樓氏門人。直齋又言:『台士有聞于世,自先生始。』又有《傷寒救治俗方》一卷。先
生尉桐城,民俗惑巫,不信藥,因以藥施,人多愈。召醫參校方書刻石,以救迷俗。」
足供參證。考《宋史》卷二百七〈志〉第一百六十〈藝文〉六〈醫書類〉著錄:
「王得臣《傷寒救俗方》一卷。」是〈宋志〉誤以作序者爲撰人,故以此書隸
得臣。得臣,《宋史》無傳。《宋詩紀事補遺》卷之十五載:「王得臣字彥輔,自
號鳳亭子,安陸人。嘉祐四年進士,歷官知唐州、邠州。元豐三年秘書丞。四
年提舉開封常平,官至司農少卿。撰《麈史》三卷,見《彭城集》及《長編麈
史》。」是則《解題》姓名作「王世臣」,顯誤,應作「王得臣」。

南陽活人書十八卷

《南陽活人書》十八卷,館臣案:《文獻通考》作二十卷。朝奉郎直秘閣吳興朱肱
翼中撰。以張仲景《傷寒方論》,各以類聚,爲之問答。本號《無求子傷寒百
問方》,有武夷張藏作〈序〉,易此名。仲景,南陽人,而「活人」者,本華
陀語也。

廣棪案:《郡齋讀書志》卷第十五〈醫書類〉著錄:「《南陽活人書》二十卷。
右皇朝朱肱撰。〈序〉謂:『張長沙《傷寒論》,其言雅奧,非精於經絡不能曉
會。頃因投閒,設爲對問,補苴綴輯,僅成卷軸。作於己巳,成於戊子,計
九萬一千三百六十八字。』」《宋史》卷二百七〈志〉第一百六十〈藝文〉六
〈醫書類〉著錄:「朱肱《南陽活人書》二十卷。」疑此書應作二十卷。此書
有張藏〈序〉,曰:「余頃在三茅,見《無求子傷寒百問》,披而讀之,不知無
求子何人也。愛其書,想其人,非居幽而志廣,形愁而思遠者,不能作也。
惠民憂國,不見施設,游戲藝文,以閱歲月者之所作乎?避世匿跡,抗心絕
慮,灌園荒丘,賣藥都市者之所作乎?顛倒五行,推移八卦,積功累行,以
就丹竈者之所作乎?不然,則窮理博物,觸類多能,東方朔者耶?浩歌散髮,
採綴方伎,皇帝謐者耶?周流人間,衛生救物,封君達者耶?前非古人,後

無作者，則所謂無求子者，余不得而知也。三茅三年，挾冊抵掌，未嘗停手，所藉以全活者，不知其幾人也。惜其論證多，而說脈少，治男子詳，而婦人略，銖兩訛舛，升斗不明，標目混淆，語言不通俗，往往閭閻有不能曉者，此余之所以夙夕歎然者也。今秋遊武林，邂逅致政朱奉議，泛家入境，相遇於西湖之叢林。因論方士，奉議公乃稱賈誼云：『古之人不在朝廷之上，必居醫卜之中。故嚴君平隱於卜，韓柏林隱於醫，然卜占吉凶，醫有因果，不精於醫，寧隱於卜，班固所謂有病不治得中醫，蓋慎之也。古人治傷寒有法，治雜病有方，葛稚川作《肘後》，孫眞人作《千金》，陶隱居作《集驗》，玄晏先生作《甲乙》。率著方書，其論傷寒治法者，長沙太守一人而已。華佗指張長沙《傷寒論》爲活人書，昔人又以《金匱玉函》名之，其重於世如此。然其言雅奧，非精於經絡，不可曉會。頃因投閒設爲問對，補葺綴緝成卷軸，因出以相示。』然後知昔之所見《百問》，乃奉議公所作也。因乞其繕本，校其詳略，而《傷寒百問》，十得五六。前日之所謂歎然者，悉完且備。書作於己巳，成於戊子，增爲二十卷，釐爲七冊，計九萬一千三百六十八字。得此者，雖在崎嶇僻陋之邦、道途倉卒之際，據病可以識證，因證可以得方，如執左券，易如反掌。遂使天下傷寒無橫夭之人，其爲饒益，不可思議。昔樞密使高若訥作《傷寒纂類》，翰林學士沈括作《別次傷寒》，直祕閣胡勉作《傷寒類例》，殿中丞孫兆作《傷寒脈訣》，蘄水道人龐安常作《傷寒卒病論》，雖互相發明，難於檢閱。比之此書，天地遼落。張長沙，南陽人也，其言雖詳，其法難知，奉議公祖述其說，神而明之，以遺惠天下後世。余因揭其名爲《南陽活人書》云。大觀五年正月日敘。」是則《解題》姓名作張藏，實誤也。肱，《宋史翼》卷三十八〈列傳〉第三十八〈方技〉二有傳，其傳曰：「朱肱字翼中，一作亦中。歸安人。《泊宅編》。元祐三年進士。《談志》。喜論醫，尤深於傷寒。市南陽時，太守盛次仲疾作，召肱視之，曰：『小柴胡湯證也。』，請并進三服，至晚乃覺滿。又視之，問所服藥安在？取以視之，乃小柴胡散也。肱曰：『古人製㕮咀，謂剉如麻豆大，煮清汁飲之，名曰湯。所以入經絡，攻病取快。今乃爲散，滯在鬲上，所以胃滿而病自若也。』因依法旋製，自煮以進二服，是夕遂安。因論經絡之要，盛君立贊成書。蓋潛心二十年，而《活人書》成，嘗過洪州，聞名醫宋道方在焉，因攜《活人書》就見。宋留肱款語，坐中指駁數十條，皆有考據。肱惘然自失，即日解舟去。《泊宅編》。屬朝廷大興醫學，求深於道術者爲之官師，起肱爲醫學博士。坐書東坡詩，貶達州，以宮祠還，僑居西湖上。〈北山酒經詩序〉。」可供參考。

肱，秘丞臨之子，中書舍人服之弟，亦登進士科。

案：肱父臨，《宋史翼》卷二十三〈列傳〉第二十三〈儒林〉一有傳，惟其〈傳〉載：「臨初以丞相呂公著薦入官，歷宣德郎，守光祿寺丞，以著作佐郎致仕。」是臨所任者乃光祿寺丞，與《解題》謂作秘書丞不同。肱弟服，《宋史》卷三百四十七〈列傳〉第一百六有傳。《宋史》載：服「值紹聖初政，因表賀，乃力詆變法亂度之故。召爲中書舍人。」則服任中書舍人，在哲宗時也。

九籥衛生方三卷

《九籥衛生方》三卷，宣和宗室忠州防禦使士紆撰。

廣棪案：此書及撰人均不可考。宣和，徽宗年號。

治風方一卷

《治風方》一卷，張耒文潛所傳。凡三十二方。

廣棪案：此書不可考。張耒字文潛，楚州淮陰人。《宋史》卷四百四十四〈列傳〉第二百三〈文苑〉六有傳。

小兒醫方妙選三卷

《小兒醫方妙選》三卷，成安大夫惠州團練使張渙撰。凡四百二十方。渙五世爲小兒醫，未嘗改科。靖康元年自爲之〈序〉。

廣棪案：《宋史》卷二百七〈志〉第一百六十〈醫書類〉著錄：「張渙《小兒醫方妙選》三卷。」與此同。《中國醫籍考》卷七十四〈方論〉五十二著錄：「張氏渙《小兒醫方妙選》，〈宋志〉三卷，佚。」其下引劉昉曰：「張渙編。總方四百二十道，長沙小兒醫丘松年又得遺方數十首，分載諸門。」又引曾世榮曰：「宋朝徽宗朝，太子壽王聰慧，幼時常發癇疾，諸大名醫莫之安愈。時有草澤醫士張渙挾盎貨藥于都下，召之入內，用藥即效，官至翰林醫正。張氏，北人也，留方五百有餘，逐病敘說，深參其要，近傳于世，目曰《張氏妙選》，四方士夫樂而用之，殊不知南人得病，以北人處方，自是道地相反，意義不同。所謂北人水氣多，南人瘟疫盛，地氣、天時使之然也。北人水氣盛，盛則就濕，濕即與燥之。南人瘟疫，盛即作熱，熱宜發散。更加燥熱之藥，病熱轉作它證，藥

既不宜，疾何能愈。夫幼童陰陽相偏，表裏固同。藏府怯弱，豈可以熱制冷，以涼止燥。其說證候可以循簡，述論頗有優長。然其方藥，初使人疑之，次復惑之。或有不當，必與悔之。曰：『南人用北人方藥，曷不知之。學者參究盡善，不必殢方。如前有云，意與醫同，藥與病諧，方可投之。若也據乎云云，而用之者，斯謂愚醫。不無妄投其餌，在乎得失。須當審之，宜其察之。』《活幼口議》。」可資參證。渙，《宋史》無傳，《宋會要輯稿》第八十三冊〈職官〉四二載：「（熙寧三年）八月二十七日，淮南發運使薛向言：『近奏舉職方員外郎張穆之、虞部員外郎李文卿、開封府兵曹參軍張渙權管勾本司公事，及淮備差遣勾當。今來收受裝發，以成倫序。欲乞並差充本司勾當。張穆之仍乞與理運判資序。』從之。」惟任開封府兵曹參軍之張渙，乃神宗熙寧時人，任成安大夫惠州團練使之張渙乃欽宗靖康時人。姓名雖同，恐非一人也。

雞峰備急方一卷

《雞峰備急方》一卷，太醫局教授張銳撰。紹興三年為〈序〉。大抵皆單方也。
　　廣棪案：《宋史》卷二百七〈志〉第一百六十〈藝文〉六〈醫書類〉著錄：「張銳《雞峰備急方》一卷。」《中國醫籍考》卷四十七〈方論〉二十五著錄：「張氏銳《雞峰備急方》，〈宋志〉一卷，佚。」下引劉昉曰：「《雞峰備急》，蜀醫張銳編。銳字子剛。」考銳，《宋史翼》卷三十八〈列傳〉第三十八〈方技〉二有傳。《宋人傳記資料索引》載：「張銳，字子剛，鄭州人。官成州團練使，以醫知名。政和中，慕容彥逢母病死，將就木，銳視之，曰未死，遂取藥醫之，病果愈而不死。紹興中流落入蜀，著有《雞峰方》。」足供參考。

產育保慶集一卷

《產育保慶集》一卷，濮陽李師聖得《產論》二十一篇，有其說而無其書。醫學教授郭稽中以方附論諸廣棪案：盧校本「論諸」作「諸論」，是。之末，遂為全書。近時括蒼陳言嘗評其得失於《三因方》，婺醫杜玏者又附益之，頗為詳備。
　　廣棪案：《宋史》卷二百七〈志〉第一百六十〈藝文〉六〈醫書類〉著錄：「郭稽中《婦人產育保慶集》一卷。」即此書。此書有李師聖〈序〉，曰：「余收《產論》二十一論，議論精確，無所不允。蓋國醫博士極方書所得之妙，惜乎有其說而無其方。郭君稽中為時良醫，尤長於治產。故其切脈用藥，屢獲奇效。一

日願以所收家方，附於諸論之末，遂爲完一，眞集衆益之異書也。古人論人子而不學醫者爲不孝，則有方論而不傳于世者，其可謂之仁哉！」《解題》所述，多據李〈序〉。《中國醫籍考》卷七十二〈方論〉五十著錄：「郭氏稽中《婦人產育保慶集》，〈宋志〉一卷，佚。」下引鄭汝明曰：「昨得湘潭陳友直施本二十一論，乃大觀間郭稽中集。不云何許人作，至紹興辛亥鏤板印施。屢試神驗，起死回生，效有萬全。」足資參證。又《宋史》卷二百七〈志〉第一百六十〈藝文〉六〈醫書類〉著錄：「陳言《三因痛源方》六卷。」此即《解題》所謂陳言《三因方》也。言，《宋史》無傳。《處州府志》載：「陳言，字無擇，青田人。敏悟絕人，長於方脈，治病立效。有不可救者，則預告以期，晷刻無爽。作《三因方論》，研窮受病之源，用藥之等，醫者宗之。其徒王碩爲《簡易方》，并《三論》行於世。」可知其生平概況。惟杜蒇不可考，《中國醫籍考》卷七十三〈方論〉五十著錄：「杜氏蒇《附益產育保慶集》，《書錄解題》一卷，佚。」此蓋據《解題》也。

本事方十卷

《本事方》十卷，維揚許叔微知可撰。紹興三年進士第六人。以藥餌陰功見於夢寐，事載《夷堅志》，晚歲，取平生已試驗之方，併記其事實，以爲此書，取《本事詩詞》之例以名之。

廣棪案：《宋史》卷二百七〈志〉第一百六十〈藝文〉六〈醫書類〉著錄：「許叔微《普濟本事方》十二卷。」應即此書，惟卷數不同。此書叔微有〈自序〉，曰：「醫之道大矣，可以養生，可以全身，可以盡年，可以利天下與來世，是非淺識者所能爲也。苟精此道者，通神明，奪造化，擅回生起死之功，則精神之運，必有默相於冥冥之中者，豈可謂之藝，與技術爲等耶？竊疑上古之時，如岐伯輔黃帝，伊尹相商王，皆有方書，以瘳民瘼。殆及後世，周有和緩，秦有扁鵲，漢有倉公，魏有華佗，宋有徐文伯，唐有孫思邈，又皆神奇出人意表，背望踵躡，代不乏人。自茲以往，其妙不傳。間有能者，僅可一二數。何古人精巧如是，而今人不逮也。予嘗思之，古人以此救人，故天畀其道，使普惠含靈；後人以此射利，故天嗇其術，而不輕畀予，無足疑者。余年十一，連遭家禍，父以時疫，母以氣中，百日之間，併失怙恃。痛念里無良醫，束手待盡。及長成人，刻意方書，誓欲以救物爲心。杳冥之中，似有所警。年運而往，今逼桑榆。漫集已試之方，及所得新意，錄以傳遠，題爲《普濟本事方》。孟啓有

《本事詩》，楊元素有《本事典》，皆有當時事實，庶幾觀者見其曲折也。余既以救物爲心，予而不求其報，則是方也，焉得不與眾共之。」《四庫全書總目》卷一百三〈子部〉十三〈醫家類〉一著錄：「《類證普濟本事方》十卷，浙江巡撫採進本。宋許叔微撰。叔微字知可，或曰揚州人，或曰毘陵人。惟曾敏行《獨醒雜志》作眞州人。二人同時，當不誤也。紹興二年進士，醫家謂之許學士，宋代詞臣率以學士爲通稱，不知所歷何官也。是書載經驗諸方，兼記醫案，故以《本事》爲名。朱國禎《湧幢小品》載：『叔微嘗獲鄉薦，春闈不利而歸，舟次平望，夢白衣人勸學醫，遂得盧、扁之妙。凡有病者，診候與藥，不取其直。晚歲取平生已試之方，併記其事實，以爲《本事方》，取《本事詩》之例以名之云云。』即指此書。然考《獨醒雜志》，叔微雖有夢見神人事，而學醫則在其前，不知國禎何本也。叔微於診治之術，最爲精詣，故姚寬《西溪叢語》稱：『許叔微精於醫，載其論肺蟲上行一條，以爲微論。』其書屬詞簡雅，不諧於俗，故明以來不甚傳布。此本從宋槧鈔出，其中凡丸字皆作圓，猶是漢張機《傷寒論》、《金匱要略》舊例也。」均足參證。

傷寒歌三卷

《傷寒歌》三卷，許叔微撰。凡百篇，皆本仲景法。又有《治法》八十一篇，及《仲景脈法三十六圖》、《翼傷寒論》二卷、《辨類》五卷，皆未見。

廣棪案：《四庫全書總目》卷一百三〈子部〉十三〈醫家類〉「《類證普濟本事方》十卷」條曰：「（朱）國禎又記叔微所著尙有《擬傷寒歌》三卷，凡百篇。又有《治法》八十一篇，及《仲景脈法三十六圖》、《翼傷寒論》二卷、《辨類》五卷，今皆未見，疑其散佚矣。」所考與《解題》同。是則此書又名《擬傷寒歌》。

指南方二卷

《指南方》二卷，蜀人史堪載之撰。凡三十一門，各有論。

廣棪案：《宋史》卷二百七〈志〉第一百六十〈藝文〉六〈醫書類〉著錄：「史載之《方》二卷。」即此書。史堪，《宋史翼》卷三十八〈列傳〉第三十八〈方技〉二有傳。《宋人傳記資料索引》載：「史堪字載之，四川眉州人。第政和進士，官至郡守。留意醫學，審證精切，能愈異病。著有《指南方》二卷，凡分三十二門，門各有論。」可供參證。惟所載之「三十二門」，疑作「三十一門」。

楊氏方二十卷

《楊氏方》二十卷，樞密楊倓廣棪案：盧校本「楊倓」作「楊炎」。校注曰：「館本『楊倓』，《通考》同。」子靖以家藏方一千一百十有一首刻之當塗，世多用之。

　　廣棪案：《宋史》卷二百七〈志〉第一百六十〈藝文〉六〈醫書類〉著錄：「楊倓《楊氏家藏方》二十卷。」即此書。此書有倓〈自序〉，〈自序〉曰：「夫醫之為藝，探天地清濁之源，察陰陽消息之機，順四時之宜，藉百藥之功，以治人之疾者也。粵自神農著金石、草木之書，黃帝、岐伯撰《內經》、《素問》，其學盛行而不廢。名世之士，若扁鵲、和緩，藝成而名立，蓋班班可考。然皆心得其微，取諸左右，砭艾湯燙，變化不測，實未曾為方以詔後之人也。惟伊尹論《湯液》，漢長沙太守張機仲景引而申之，始有可傳之方，蓋已末矣。夫疾病之變無窮，而吾之處方有限。欲以有限之方，通無窮之變，其不附會臆度，繆以毫釐者，鮮矣。是以有經絡形證之辨，有增減參伍之法，神而明之祈其人。嗚呼！豈以後人若扁鵲、和緩者，不可覬一得於千百年之間。而人之有疾，蓋死生於呼吸之際，不得已而有是也歟！由是言之，後之醫以方為書者，凡有一得之效，舉不可廢也。余家藏方甚多，皆先和武恭王，及余經用，與耳目所聞嘗驗者也。崿來當塗，郡事多暇，日發篋出之，以類編次，凡用藥相似，而責效不同者備列之，得一千一百一十一道。蓋今之為醫者，皆有自嘗試之方，深藏篋中，不輕以語人。儌倖一旦之售以神其術。今余之所得，多良醫之深藏而不語人者也。方將人家有是書，集天下良醫之所長，以待倉卒之用，不亦慈父孝子之心乎？於是鋟木郡齋，以廣其傳云。淳熙五年三月乙未朔。代郡楊倓序。」是此書刻於當塗也。倓，《宋史》卷三百六十七〈列傳〉第一百二十六附其父〈楊存中〉傳，曰：「子，倜，工部侍郎；倓，簽書樞密院事、昭慶軍節度使。」所記與《解題》同。盧校本姓名作「楊炎」，誤。

本草單方三十五卷

《本草單方》三十五卷，工部侍郎宛丘王俁碩父撰，取《本草》諸藥條下所載單方，以門類編之，凡四千二百有六方。

　　廣棪案：《宋史》卷二百七〈志〉第一百六十〈藝文〉六〈醫書類〉著錄：「王俁《編類本草單方》三十五卷。」與此應同一書。此書有陳造《題本草單方》，見《江湖長翁集》卷三十一〈題跋〉，〈題跋〉曰：「一則專，多則雜，事物皆爾，

況藥之用於病乎？予幼多疾，好窮藥性，嘗用香附子，用木賊，用露蜂房，皆一再驗。其法盡載《本草書》，人顧不熟讀之爾。思欲會蕞擷攬以應須者，未暇也。不意此惠術有先之者。是書板在四明，予宰定海，首得之，列為三十五卷。始于〈服餌〉，終于〈婦人小兒雜療〉，法亦備矣。然條分類別，一閱可見，益知異人世不乏，而不假編集之勞，晏享此利。紹興辛亥十一月朔書。書之何？志喜也。」可供參證。王俣，《宋史》無傳。《宋人傳記資料索引》載：「王俣字碩夫，其先大名人，徙宛丘，南渡後家餘姚。政和進士，歷陞兩浙計度轉運使。秦檜專國，俣居家二十八年。檜死，起知明州，除工部尚書。俣節行剛方，為中興名臣。」可知其生平概況。惟《解題》稱俣官工部侍郎，此稱除工部尚書，未知孰是。或先任侍郎，後除尚書也。

何氏方二卷

《何氏方》二卷，太常博士括蒼何偁德揚撰。

　　廣棪案：《宋史》卷二百七〈志〉第一百六十〈藝文〉六〈醫書類〉著錄：「何偁《經驗藥方》二卷。」與此應同一書。偁，《宋史》無傳。《宋人傳記資料索引》載：「何偁（1121－1178），字德揚，龍泉人。紹興甲科，為吏部郎官，除福建提舉，官至太常博士。卒於淳熙五年，年五十八。有《玉雪堂小集》。」可供參考。

洪氏方一卷

《洪氏方》一卷，鄱陽洪氏。

　　廣棪案：《宋史》卷二百七〈志〉第一百六十〈藝文〉六〈醫書類〉著錄：「《洪氏集驗方》五卷，不知名。」與《解題》著錄者應同一書，惟卷數不同。《中國醫籍考》卷四十八〈方論〉二十六著錄：《洪氏闕名集驗方》，《醫藏目錄》作洪遵。《澹寮方》作洪內翰邁。《朱氏集驗方》作洪邁。〈宋志〉五卷，註曰：『不知名。』佚。」可供參考。

莫氏方一卷

《莫氏方》一卷，刑部郎中廣棪案：盧校本「郎中」作「郎」。校注曰：「館本『郎中』，

《通考》同。」吳興莫伯虛致道刻《博濟方》於永嘉，而以其家藏《經驗方》
附於後。

　　廣棪案：《中國醫籍考》卷四十八〈方論〉二十六著錄：「《莫氏伯盛方》，《書錄
　　解題》一卷，佚。」《中國醫籍考》名作「伯盛」，誤。《宋人傳記資料索引》載：
　　「莫伯虛，字致遠，一字致道，歸安人，砥子。守溫州。紹興二十八年，以刑
　　部員外郎出知常州，有政聲。晚年退居學佛，屏絕世故，撰《修行淨土法門》、
　　《華嚴經意》，又釋《楞嚴圓覺經》。」可供參考。

備急總效方四十卷

《備急總效方》四十卷，知平江府溧陽李朝正撰。大抵皆單方也。

　　廣棪案：《宋史》卷二百七〈志〉第一百六十〈藝文〉六〈醫書類〉著錄：「李
　　朝正《備急總效方》四十卷。」與此同。朝正，《宋史》無傳。《宋人傳記資料
　　索引》載：「李朝正（1096－1155），字治表，溧陽人，華子。性剛直，不苟勢
　　利。登進士，歷敕令所刪定官，知溧水縣。權戶部侍郎，奉祠，知平江府。紹
　　興二十五年卒，年六十。官至朝奉大夫。」足資參考。

是齋百一選方三十卷

《是齋百一選方》三十卷，山陰王璆孟玉撰。「百一」者，言其選之精也。

　　廣棪案：《宋史》卷二百七〈志〉第一百六十〈藝文〉六〈醫書類〉著錄：「王
　　璆《百一選方》二十八卷。」此書有陳造〈序〉，曰：「予少多病，刻意方書，
　　且博求於人，得於方書之外，往往取效如意。歲丁巳，之官京西，正月十八日，
　　謁漢陽史君王公璆。公一見如舊，知問為政，不吾蘄，因惠《百一選方》一部
　　四帙。予向之求而得，用而效者，盡在焉，乃嘆得書與識公，皆不早也。公云：
　　『吾裒集十九年乃成書。』其勤如是，我輩顧安享用之。士君子以仁存心，凡
　　其濟世利人不能行，慊如也。公之此書，足以酬滿所志，而況政術，父母斯民，
　　有不可掩者在，予皆不可忘，故識之。」又有章楫〈序〉曰：「方書傳於世眾矣，
　　其斷斷已疾者蓋寡。古人方書，一藥對一病，非苟云爾也。後世醫家者流，不
　　深明夫百藥和齊之所宜，猥曰醫特意爾，往往出己見，嘗試為之。以故用輒不
　　效，甚者適以益其病，而殺其軀者有之。毋怪乎饋藥者，以未達而不敢嘗；有
　　病者，以不治為得中醫也。嗟乎！醫方所以疾疢而保性命，其何至是。得匪其

擇之不精，處之不審故歟？是齋王史君璆，博雅君子也。生長名家，蓄良方甚富，皆其耳目所聞見，已試而必驗者。每嘆人有可療之疾，藥不相值，卒於不可療。思濟斯人，詎忍祕而不示，屬守古沔，公餘裒集始就，迺鋟諸郡齋，目之《百一選方》，其精擇審處蓋如此。然則公之用心仁矣，是書之衍其傳也宜哉！慶元丙辰孟冬初吉，郡文學天台章楫序。」是王璆南宋寧宗時人，其書成於慶元二年（1196）也。朱彝尊《曝書亭集》卷第五十五〈跋〉十四〈書是齋百一選方後〉曰：「《百一選方》，不書撰人名氏，題曰是齋。按陳氏《書錄解題》云是山陰王璆孟欲所輯，凡三十卷。《宋史・藝文志》作二十八卷，予家所藏乃元人鋟本，按其目僅二十卷爾，殆經後人選擇者歟？」彝尊將「孟玉」誤寫作「孟欲」。是此書原三十卷，〈宋志〉作二十八卷，而元人鋟本僅二十卷。

三因極一方六卷

《三因極一方》六卷，括蒼陳言無擇撰。「三因」者，內因、外因、不內外因。其說出《金匱要略》。其所述方論，往往皆古書也。

廣棪案：《宋史》卷二百七〈志〉第一百六十〈藝文〉六〈醫書類〉著錄：「陳言《三因病源方》六卷。」與《解題》著錄者應屬一書。此書有〈自序〉，曰：「余紹興辛巳，爲葉表弟楠伯材集方六卷，前敘陰陽病脈證，次及所因之說，集註脈經，類分八十一門，方若干道，題曰《依源指治》。伯材在行朝得書，欲託貴人刊行，未幾下世，遂已。淳熙甲午，復與友人湯致德遠、慶德夫論及醫事之要，無出三因，辨因之初，無踰脈息。遂舉《脈經》曰：『關前一分，人命之主。左爲人迎，右爲氣口。』蓋以人迎候外因，氣口候內因。其不應人迎氣口，皆不內外因。儻識三因，病無餘蘊。故曰：醫事之要，無出此也。因編集應用諸方，類分一百八十門，得方一千五十餘道，題曰《三因極一病源論粹》。或曰：『現行醫方山積，便可指示，何用此爲？』殊不知晉漢所集，不識時宜。或詮次溷淆，或附會雜糅，古文簡脫，章旨不明，俗書無經，性理乖惇，庸輩妄用，無驗有傷，不削繁蕪，罔知樞要。乃辨論前人所不了義，庶幾開古賢之蹊徑，爲進學之帡幪，使夫見月忘指可也，於是乎書。青田鶴溪陳言無擇序。」《四庫全書總目》卷一百三〈子部〉十三〈醫家類〉一著錄：「《三因極一病證方論》十八卷，大學士英廉家藏本。宋陳言撰。言字無擇，莆田人。是書分別三因，歸於一治，其說出《金匱要略》。三因者，一曰內因，爲七情，發自臟腑，形於肢體。一曰外因，爲六淫，起於經絡，舍於臟腑。

一日不內外因，爲飲食飢飽，叫呼傷氣，以及虎狼毒蟲，金瘡壓溺之類。每類有論有方，文詞典雅，而理致簡該，非他家鄙俚冗雜之比。蘇軾傳聖散子方，葉夢得《避暑錄話》極論其謬，而不能明其所以然。言亦指其通治傷寒諸證之非，而獨謂其方爲寒疫所不廢。可謂持平。《吳澄集》有〈易簡歸一序〉，稱：『近代醫方，惟陳無擇議論最有根柢，而其藥多不驗。嚴子禮剗取其論，而附以平日所用經驗之藥，則兼美矣。』是嚴氏《濟生方》，其源出於此書也。〈宋志〉著錄六卷，陳振孫《書錄解題》亦同。此本分爲十八卷，蓋何鉅所分。第二卷中『太醫習業』一條，有五經、二十一史之語，非南宋人所應見。然證以諸家所引，實爲原書。其詞氣亦非近人所及。疑明代傳錄此書者不學無術，但聞有廿一史之說，遂妄改古書，不及核其時代也。」足供參證。

小兒保生方三卷

《小兒保生方》三卷，左司郎姑孰李檉與幾撰。

　　廣棪案：《宋史》卷二百七〈志〉第一百六十〈藝文〉六〈醫書類〉著錄：「李檉《小兒保生要方》三卷。」與《解題》著錄者應同一書。《中國醫籍考》卷七十四〈方論〉五十二著錄：「李氏檉《小兒保生要方》，《書錄解題》作《小兒保生方》。〈宋志〉三卷，佚。」檉，生平無可考。

傷寒要旨二卷

《傷寒要旨》二卷，李檉撰。列方於前，而類證於後，皆不外仲景。

　　廣棪案：《宋史》卷二百七〈志〉第一百六十〈藝文〉六〈醫書類〉著錄：「李檉《傷寒要旨》一卷。」著錄卷數與《解題》不同。《中國醫籍考》卷三十一〈方論〉九著錄：「李氏檉《傷寒要旨》，〈宋志〉一卷，《書錄解題》二卷。佚。」

漢東王氏小兒方三卷

《漢東王氏小兒方》三卷，館臣案：《文獻通考》作二卷。不著名。

　　廣棪案：《宋史》卷二百七〈志〉第一百六十〈藝文〉六〈醫書類〉著錄：「漢東王先生《小兒形證方》三卷。」與《解題》著錄者應同一書。《中國醫籍考》卷七十四〈方論〉五十二著錄：「漢東王先生《小兒形證方》，〈宋志〉三卷，

未見。」下引劉昉曰：「漢東王先生，本方不載名字。」又引曾世榮曰：「小兒方書，世傳有三，王氏東漢作〈方論〉二十篇，今《家寶》是。其或大同小異，往往好事作德君子，刊施濟眾，就平增損者有之。大抵其言有序，自微至著；其旨有歸，自隱至顯；話括周遍，事無繁述。參以數十名家，比較優劣，始知先生用藥淳和，方排繼續。考之而取其功，究之而救其疾。斟酌升降，以和為用，其意在調理盡善之最也。雖然，後學之士，治家之子，檢閱投餌，或有不當，毋至差忒致害，其書故得《家寶》之稱。夫良士用心，妙理活人，醫之與藥，猶若權衡。權衡者，法之一端也。參究均平，考較定論，循方以應脈，有條而不紊。王氏之書，乃幼幼方脈之規模，習小圓散，豈可循此。如大人疾患，有叔和《脈訣》；考五行；有《珞琭子》命書：學六爻，有《火珠卦文》；知貴賤，有《人倫風鑒相法》。如斯等術，皆名家所集，詳辨以為上首，冠諸妙義，得毋枉冤。雖然，各有廣要，篇章終不遠越，而在總歸，非曰訓童發蒙之謂。垂老足欽，至妙之道也已。《活幼口議》。」又引錢曾曰：「王氏《小兒形證方》二卷，醫之科有十三，惟小兒為啞科，察色觀形，最為難治。漢東王氏秘其方為家寶，良有以也。此書刻于元貞新元，序之者為古梅野逸，不知何人。後附錄〈秘傳小兒方〉三十二，及〈秣稜牛黃鎮驚錠子方〉，皆庸醫所不知者，宜珍視之。」足供參證。

幼幼新書五十卷

《幼幼新書》五十卷，直龍圖閣知潭州劉昉方明撰。集刊未畢而死，徐璹壽卿以漕攝郡，趣成之。

　　廣棪案：《宋史》卷二百七〈志〉第一百六十〈藝文〉六〈醫書類〉著錄：「劉方明《幼幼新書》四十卷。」所著錄卷數與《解題》不同。此書有樓璹〈跋〉曰：「庚午秋仲，潭帥劉方明以疾不起，僕攝帥事，問諸府人：『公治潭久，凡所興立，不為苟且計，得無有肇端既閎，偶未就者？』於是以《幼幼新書》來告。索而觀之，則古今醫家之書，若方與論，為嬰孺設者，無不畢取，包并總統，類聚而條分之。如適通寶，百貨具在；如開藏室，群玉粲然。隨所宜用，必厭其求。噫！昔好事人得一名方，檀藏謹守，雖父子誓以不傳。方明於此，顧能窮探博取，萃為成書，鋟版流通，與世共寶，則其用心亦仁矣哉！因命趣工，以成其美。又集舊傳宜子諸方，列繫於左，為第一通云。」是以漕攝郡，趣成此書者乃樓璹，《解題》作徐璹，誤也。劉昉，《宋史》無傳。《宋人傳記資

料索引》載：「劉昉字方明，海陽人。宣和六年進士，累遷禮部員外郎，官至龍圖閣直學士，湖南安撫使。」樓璹字壽玉，《解題》謂字壽卿，亦誤。《宋史翼》卷二十〈列傳〉第二十〈循吏〉三有傳。其〈傳〉載：「紹興十五年，爲福建市舶，歷荊湖北路、南路、淮南路三轉運判官。其漕湖南，適安撫使以病死。」是樓璹繼劉昉之後曾任湖南安撫使也。

大衍方十二卷

《大衍方》十二卷，朝散大夫孫紹遠稽仲撰。凡藥當豫備者四十九種，故名「大衍」，所在易得者不與焉。諸方附於後。

　　廣棪案：《中國醫籍考》卷四十八〈方論〉二十六著錄：「孫氏紹遠《大衍方》，《書錄解題》十二卷，佚。」紹遠，生平無可考。

海上方一卷

《海上方》一卷，不著名氏。括蒼刻本。《館閣書目》有此方，云乾道中知處州錢竽編。

　　廣棪案：《宋史》卷二百七〈志〉第一百六十〈藝文〉六〈醫書類〉著錄：「錢竽《海上名方》一卷。」此應與《解題》著錄者同屬一書，惟〈宋志〉「竽」誤作「竿」。考錢竽，《宋史》無傳。《宋人傳記資料索引》載：「錢竽字仲韶，臨安人，徙臨海，端禮姪。乾道間累官直秘閣，出守處州。」則竽乃孝宗時人。

集效方一卷

《集效方》一卷，南康守李觀民集。

　　廣棪案：《宋史》卷二百七〈志〉第一百六十〈藝文〉六〈醫書類〉著錄：「《集效方》一卷。」此與《解題》著錄者同一書。《中國醫籍考》卷四十八〈方論〉二十六著錄：「李氏觀民《集效方》，〈宋志〉一卷，佚。」觀民，生平無可考。

胎產經驗方一卷

《胎產經驗方》一卷，陸子正撰集。

廣棪案：《中國醫籍考》卷七十二〈方論〉五十著錄：「陸氏子正《胎產經驗方》，《書錄解題》一卷，佚。」陸子正，生平無可考。

葉氏方三卷

《葉氏方》三卷，太社令延平葉大廉撰。

廣棪案：此書有大廉〈跋〉。其〈跋〉曰：「《葉氏錄驗方》，大廉先世所傳，平日受用者也。大廉少好藏書，而於方書，尤所注意。宦遊四方，每歲卒傳錄成冊。雖所積卷帙甚富，前此未見人用，或用而未見其效，與夫大廉疑之而未敢輕用者，皆不敢傳之於人。大廉嘗見醫家有能療人之病，而少有授人以方者。每自思之，與其施藥於人，豈若錄已驗之方，使其傳之寖廣。遂略分門類，別為上、中、下三卷，俾壽春劉良弼、三山許堯臣二醫士，詳加校正，而鑱本於龍舒郡齋。淳熙丙午孟冬朔，延平葉大廉謹書。」是此書成於淳熙十三年丙午（1186）。此書另有李景和〈跋〉曰：「右《葉氏錄驗方》，大社頃在龍舒，面以見授，具言集此書之不苟。予歸而試之，如治傷寒神授解肌湯，補心七寶丹等藥，皆有奇效。予後為雪為麥日，兩獄遇有病囚，居民間值時氣，輒施解肌湯為劑，動以數十斤許，服者無不立愈。得名神捷，誠不忝。江淮間人多信用之，它所或未之見，予故刻之東陽郡齋。嘉泰甲子九月望，潯陽李景和書。」大廉，生平無可考。

胡氏方一卷

《胡氏方》一卷，不著名。

廣棪案：《宋史》卷二百七〈志〉第一百六十〈藝文〉六〈醫書類〉著錄：「《胡氏經驗方》五卷，不著名。」與《解題》著錄者疑同一書，而卷數不同。《中國醫籍考》卷四十九〈方論〉二十七著錄：「《胡氏闕名方》，《書錄解題》一卷，佚。」與此同。

傳信適用方二卷

《傳信適用方》廣棪案：《文獻通考》作《傳道適用方》，「道」字訛。二卷，廣棪案：盧校本作「三卷」。校注曰：「館本二卷，《通考》同。」稱拙庵吳彥夔。淳熙庚子。

廣校案：《宋史》卷二百七〈志〉第一百六十〈藝文〉六〈醫書類〉著錄：「《傳信適用方》一卷。」即此書，惟卷數不同。《四庫全書總目》卷一百三〈子部〉十三〈醫家類〉一著錄：「《傳信適用方》二卷，兩淮鹽政採進本。不著撰人名氏。《宋史·藝文志》載此書，亦不云誰作。而別有劉禹錫《傳信方》二卷。考此書每方之下皆註傳自某人，中有引及《和劑局方》者，必非禹錫書也。《書錄解題》有《傳道適用方》二卷，稱拙菴吳彥夔淳熙庚子撰，與此本卷帙正同。知此即彥夔之書，傳寫訛『信』爲『道』也。此本由宋槧影寫，前後無序跋，所錄皆經驗之方。中有『八味圓問難』一條，尤深得製方之旨。其餘各方，雖經後人選用，而探擇未盡者尙多。末附〈夏子益治奇疾方〉三十八道，其書罕見單行之本。明李時珍《本草綱目》所載，疑或從此鈔出也。」可供參證。彥夔，生平不可考。淳熙庚子，孝宗淳熙七年（1180）也。

陳氏手集方一卷

《陳氏手集方》一卷，建安陳抃。

　　廣校案：《宋史》卷二百七〈志〉第一百六十〈藝文〉六〈醫書類〉著錄：「陳抃《手集備急經效方》一卷。」與此應同一書。《中國醫籍考》卷四十八〈方論〉二十六著錄：「陳氏抃《手集備急經效方》，〈宋志〉一卷，佚。」抃，生平不可考。

選奇方十卷、後集十卷

《選奇方》十卷，《後集》十卷，青田余綱堯舉撰。

　　廣校案：《中國醫籍考》卷四十八〈方論〉二十六著錄：「余氏綱《選奇方》，《書錄解題》十卷，佚。」綱，生平無可考。

傷寒瀉痢要方一卷

《傷寒瀉痢要方》一卷，直龍圖閣長樂陳孔碩膚仲撰。

　　廣校案：《中國醫籍考》卷三十一〈方論〉九著錄：「陳氏孔碩《傷寒瀉痢方》，《書錄解題》一卷，佚。」陳孔碩，《宋史》無傳。《宋元學案》卷六十九〈滄州諸儒學案〉上「修撰陳北山先生孔碩」條載：「陳孔碩，字膚仲，侯官人。祖

禧、父衡,皆爲晦翁所稱許。先生少即以聖賢自期。既從南軒、東萊學,後偕其兄孔凤事晦翁。著《中庸大學解》、《北山集》,學者稱爲北山先生。官秘閣修撰。子驊,從葉水心遊。」可供參考。

湯氏嬰孩妙訣二卷

《湯氏嬰孩妙訣》二卷,東陽湯衡撰。衡之祖民望,精小兒醫。有子曰麟,登科。衡,麟之子,尤邃祖業,為此書九十九篇。

　　廣棪案:《宋史》卷二百七〈志〉第一百六十〈藝文〉六〈醫書類〉著錄:「湯民望《嬰孩妙訣論》三卷。」與《解題》著錄者同一書,惟撰人、卷數不同。《中國醫籍考》卷七十四〈方論〉五十二著錄:「湯氏民望《嬰孩妙訣論》,〈宋志〉三卷,佚。」所著錄即此書。又著錄:「湯氏衡《博濟嬰孩寶書》,〈宋志〉二十卷,《菉竹堂書目》作二卷。未見。」下引熊均曰:「宋南渡時,南陽湯民望精小方脈。其子麟登進士第。麟子衡尤邃於此學,因以得官,遂述其家傳。有《明驗方》二十卷,刊於會稽齋,謂之曰《嬰孩寶書》。」可供參證。是此書乃湯衡「述其家傳」之作,故《解題》、〈宋志〉著錄有所不同。衡祖孫三代,《宋史》均無傳。

太平惠民和劑局方六卷

《太平惠民和劑局方》六卷,館臣案:《文獻通考》作十卷,《宋史·藝文志》作五卷。庫部郎中陳師文等校正。凡二十一門、二百九十七方,其後時有增補。

　　廣棪案:《郡齋讀書志》卷第十五〈醫書類〉著錄:「《和劑局方》十卷。右大觀中,詔通醫刊正藥局方書。閱歲書成,校正七百八字,增損七十餘方。」《玉海》卷第六十三〈藝文·藝術〉「熙寧太醫局」條載:「大觀中,陳師文等校正《和劑局方》五卷,一百九十道,二十一門。」《宋史》卷二百七〈志〉第一百六十〈藝文〉六〈醫書類〉著錄:「陳師文校正《太平惠民和劑局方》五卷。」足供參證。惟此書或作五卷,或作六卷,或作十卷,卷數至不相同,或「其後時有增補」所致也。此書有陳師文等所上〈表〉,曰:「昔神農嘗百草之味,以救萬民之疾。周官設疾醫之政,以掌萬民之病。著在簡編,爲萬世法。我宋勃興,神聖相授,咸以至仁厚德,涵養生類。且謂札瘥薦臻,四時代有,救恤之術,莫先方書。故自開寶以來,屢敕近臣讎校〈本草〉。厥後纂次《神醫普救》,刊

行《太平聖惠》，重定《鍼艾俞穴》，校正《千金外臺》。又作《慶曆善救》、《簡要濟眾》等方，以□天下。或範金揭石，或鏤板聯編，是雖神農之用心，成周之致治，無以過也。天錫神考，睿聖承統，其好生之德，不特見於方論而已。又設太醫局、熟藥所於京師，其恤民瘝，可謂勤矣。主上天縱深仁，考述前列，爰自崇寧，增置柒局。揭以和劑惠民之名，俾夫修製給賣，各有攸司。又設收買藥材，所以革僞濫之弊。比詔會府，咸置藥局，所以推廣祖考之德澤，可謂曲盡。然自創局以來，所有之方，或取於鬻藥之家，或得於陳獻之士，未經參訂，不無舛訛。雖嘗鏤板頒行，未免傳疑承誤。故有藥味脫漏，銖兩過差。製作多不依經，祖襲間有僞妄。至於貼牓，謬戾尤多，殆不可以一二舉也。頃因條具，上達朝廷，繼而被命，遴撰通醫，俾之刊正。於是請書監之秘文，採名賢之別錄。公私眾本，搜獵靡遺；事關所從，無不研核。或端本以正末，或泝流以尋源。訂其訛謬，析其淆亂；遺佚者補之，重複者削之。未閱歲而書成，繕寫甫畢，謹獻于朝。將見合和者，得十全之效；飲餌者，無纖芥之疑。頒此成書，惠及區宇。遂使熙、豐惠民之美意，崇、觀述事之洪規，本末巨細，無不畢陳。納斯民於壽康，召和氣於穹壤，億萬斯年，傳之無極，豈不韙歟！將仕郎、措置藥局、檢閱方書陳承，奉議郎、守太醫令、兼措置藥局、檢閱方書裴宗元，朝奉郎、守尚書庫部郎中、提轄措置藥局陳師文謹上。」可供參考。

諸家名方二卷

《諸家名方》二卷，福建提舉司所刊市肆常貨而局方所未收者。

　　廣梭案：《中國醫籍考》卷四十六〈方論〉二十四著錄：「亡名氏《諸家名方》，《書錄解題》二卷，佚。」與此同。

易簡方一卷

《易簡方》一卷，永嘉王碩德膚撰。增損方三十首，㕮咀藥三十品，市肆常貨圓子藥廣梭案：盧校本「圓子藥」作「圓子」。校注曰：「館本『圓子』下有『藥』字，《通考》同。」數十種，以為倉卒應用之備。

　　廣梭案：《宋史》卷二百七〈志〉第一百六十〈藝文〉六〈醫書類〉著錄：「王碩《易簡方》一卷。」〈宋志〉「碩」字乃「碩」之訛。此書有〈自序〉曰：「醫言神聖工巧尚矣，然有可傳者，有不可傳者。就其可傳者言之，其略則當先診

脈，次參以病，然後知爲何證，始可施以治法。古人所謂脈、病、證、治四者是也。假如頭疼發熱，人總謂之感冒。不知其脈浮盛，其病惡風自汗，其證曰傷風，治法當用桂枝。若其脈緊甚，其病惡寒無汗，其證曰傷寒，治法當用麻黃。或二證交攻，則兩藥兼用。儻脈之不察，證之莫辨，投傷寒以桂枝，投傷風以麻黃，用藥一誤，禍不旋踵。又況六淫外感，七情內賊，停寒蘊熱，痰飲積氣，交互爲患，證候多端。亦有證同而病異，證異而病同者，尤難概舉。若欲分析門類，明別是非，的用何藥，誰不願此。奈何素不知脈，況自古方論，已不可勝紀，寧能不惑於治法之眾，將必至於嘗試而後已。用藥顛錯，諸證蜂起，殆有甚於桂枝麻黃之誤。古語有之：『看方三年，無病可治。治病三年，無藥可療。』正謂是也，故莫若從事於簡要。今取常用之方，凡一劑而可以外候兼用者，詳著其義於篇，庶幾一見而知，縱病有相類，而證或不同，亦可均以治療。假如中風、昏不知人，四肢不收，六脈沈浮，亦有脈隨氣奔，指下洪盛。當是之時，脈亦難別，徒具諸方，何者爲對。加之有中寒、中暑、中濕、中氣、痰厥，飲厥之類，證大不同，而外候則一。急欲求其要領，則皆由內蓄痰涎，因有所中，發而爲病。總治之法，無過下氣豁疾，可解緩急，氣下痰消，其人必蘇。自餘雜病，其以類相求。其稍輕者，對方施治，自可獲愈。或未全安，亦可藉此以俟招醫。若夫城郭縣鎮，煙火相望，眾醫所聚，百藥所備，尚可訪問。其或不然，津塗脩阻，寧無急難，倉皇鬥揍，即可辦集。今取方三十首，各有增損，備㕮咀生料三十品，及市肆常貨圓藥一十種，凡倉猝之病，易療之疾，靡不悉具。惟虛損、癲癇、勞瘵、癥瘕、渴利等患，既難瘂愈，不復更錄。是書之作，蓋自大丞相葛公始辭國政，歸休里第，命碩以常所驗治方，抄其劑量，大概以備緩急之須。碩自惟么麼不學，辱丞相知遇，不敢辭也。已而士夫間頗亦知之，不以其膚淺，而訪問者踵至。遂因已編類者，揭其綱目，更加辨析於其間，其略亦粗備矣。儻或可采，敢不與衛生之家共之。承節郎，新差監臨安府富陽縣酒稅務王碩述。」足供參證。

其書盛行於世。

案：《中國醫籍考》卷四十八〈方論〉二十六著錄：「王氏碩《易簡方》，〈宋志〉一卷，佚。」下引劉辰翁曰：「自《易簡方》行，而《四大方》廢，下至《三因》、《百一》諸藏方廢，至局方亦廢。亦猶《中庸》、《大學》顯，而諸傳義廢，至《詩》、《書》、〈易〉、《春秋》俱廢。故《易簡方》者，近世名醫之數也。《四書》者，吾儒之《易簡方》也。《須溪記鈔濟菴記》。」又引楊士瀛曰：「《易簡方論》，

前後活人不知其幾。近世之士，類以《春秋》之法繩之。曰：《易簡繩愆》，曰
《增廣易簡》，曰《續易簡》。借古人之盛名，以自伸其臆說。吁！王氏何負於
人哉。余謂《易簡方論》，後學指南；《四時治要》，議論似之。自有人心權度存
焉耳。況王氏晚年，劑量更定者不一。日月薄蝕，何損於明。若夫索瘢洗垢，
矯而過焉，或者公論之所不予也。」是此書嘗盛行於世。碩，《宋史》無傳。《宋
人傳記資料索引》載：「王碩，福清人，寧國軍節度推官。妻陳池安。卒於熙寧
八年，年六十一。」恐非同一人。

四時治要方一卷

《四時治要方》一卷，永嘉屠鵬時舉撰。專為時疾瘧痢、吐瀉、傷寒之類，
雜病不與焉。

　　廣棪案：《讀書附志》卷上〈醫家類〉著錄：「《四時治要》一卷。右永嘉屠鵬字
　　時舉所著。戴文淵公溪為之〈跋〉。」屠鵬，《宋史》無傳，生平不可考。

治奇疾方一卷

《治奇疾方》<small>廣棪案：盧校本作「治奇病方」。</small>一卷，夏子益撰。凡三十八道，皆
奇形怪證，世間所未見者。

　　廣棪案：《中國醫籍考》卷四十八〈方論〉二十六著錄：「《治奇疾方》，《書錄解
　　題》一卷，佚。」子益，生平不可考。

傷寒證類要略二卷、玉鑑新書二卷

《傷寒證類要略》二卷、《玉鑑新書》二卷，汴人平堯卿撰。專為傷寒而作。
皆仲景之舊也，亦別未有發明。

　　廣棪案：《宋史》卷二百七〈志〉第一百六十〈藝文〉六〈醫書類〉著錄：「平
　　堯卿《傷寒玉鑑新書》一卷、《傷寒證類要略》二卷。」《中國醫籍考》卷三十
　　一〈方論〉九著錄：「平氏堯卿《傷寒證類要略》，〈宋志〉二卷，未見。」下引
　　汪琥曰：「此書二卷。不過就仲景《六經證》，略取其要而類集者也，別無法明。」
　　又著錄：「《傷寒玉鑑新書》，〈宋志〉一卷，《書錄解題》作二卷。佚。」可供參
　　證。堯卿，《宋史》無傳，生平不可考。

瘡疹證治一卷

《瘡疹證治》一卷，金華謝天錫撰。

　　廣棪案：《中國醫籍考》卷七十六〈方論〉五十四著錄：「謝氏天錫《瘡疹證治》，
　　《書錄解題》一卷，佚。」天錫，生平無可考。

產寶諸方一卷

《產寶諸方》一卷，不著名氏。集諸家方，而以《十二月產圖》冠之。

　　廣棪案：《四庫全書總目》卷一百四〈子部〉十四〈醫家類〉二著錄：「《產寶
　　諸方》一卷，《永樂大典》本。不著撰人名氏。《宋史‧藝文志》不載，惟陳振
　　孫《書錄解題》有之，自明以來諸家書目亦罕有著錄者。今檢《永樂大典》
　　所載，尚得七十餘方。又有《十二月產圖》一篇，與振孫所記並合，蓋即宋
　　時之原本。又別有〈序論〉一首、〈王卿月序〉一首，文皆殘闕，當亦原書之
　　佚簡也。其方於保產之法頗為賅備，而原第為《永樂大典》所亂，已不可復
　　考，謹詳加釐訂，以類分排。首調經養血，次安胎，次胎中諸病，次催生，
　　次產後，次雜病，仍為一卷。其中所引各方，多為後人所承用。如人參飲子
　　一方，與朱震亨所製達生散，雖味多寡不同，而以大腹皮為君，人參為輔，
　　命意無異。知震亨實本此而增損之。又如張元素以根殼、白朮為束胎丸，後
　　人以為不宜於藜藿之軀，易以白朮、黃芩。相沿至今，為便產良方，不知亦
　　本是書所載之枳殼湯。又今時治產後血風，有所謂舉卿古拜者，核其所用，
　　惟荊芥一味，即此書之青金散。蓋荊芥主治風，《素問》東方主風，而肝屬於
　　木，平肝木即所以助肺金，故以青金為名。後人竊用其方，而又翻切荊芥字
　　音，詭名以炫俗耳。凡此之類，皆可以證古今傳授之由。惟所用降氣破血之
　　品，辛熱震動之劑，則古人稟厚，可受攻伐，有未可概施於後來者。此則神
　　而明之，存乎其人矣。」足供參考。

纂要備急諸方一卷

《纂要備急諸方》一卷，不知何人集。皆倉卒危急所須藥及雜術也。

　　廣棪案：《中國醫籍考》卷四十九〈方論〉二十七著錄：「亡名氏《纂要備急諸
　　方》，《書錄解題》一卷，佚。」與此同。

摘要方一卷

《摘要方》一卷，《傷寒十勸》及《危證十病》，末載〈托裏十補散方〉。

　　廣校案：《中國醫籍考》卷四十九〈方論〉二十七著錄：「亡名氏《摘要方》，《書錄解題》一卷，佚。」即此書。

劉涓子神仙遺論十卷

《劉涓子神仙遺論》十卷，東蜀刺史李頔錄。按《中興書目》引《崇文總目》云宋龔慶宣撰。劉涓子者，晉末人，於丹陽縣得《鬼遺方》一卷，皆治癰疽之法，慶宣得而次第之。今按：〈唐志〉有龔慶宣《劉涓子男方》廣校案：盧校注：「『男』疑即『鬼』之誤，〈宋志〉又有《劉涓子鬼論》一卷。」十卷，未知即此書否？卷或一板，或止數行。名為十卷，實不多也。

　　廣校案：《宋史》卷三百七〈志〉第一百六十〈藝文〉六〈醫書類〉著錄：「劉涓子《神仙遺論》十卷，東蜀李頔錄。」一作李頔，一作李頔，字形相近，未知孰是？劉涓子、龔慶宣，生平不可考。〈宋志·醫書類〉著錄：「劉涓子《鬼論》一卷。」《新唐書》卷五十九〈志〉第四十九〈藝文〉三〈醫術類〉著錄：「龔慶宣《劉涓子男方》十卷。」慶宣之名既見〈新唐志〉，而《解題》引《崇文總目》稱「宋龔慶宣」，應誤。又《崇文總目》卷三〈醫書類〉二著錄：「《劉涓子鬼遺方》十卷，原釋：宋龔慶宣撰。劉涓子者，晉末人，於丹陽縣得《鬼遺方》一卷，皆治癰疽之法，慶宣得而次第之，《中興書目》引，見《直齋書錄解題》。侗按《書錄解題》作『《劉涓子神仙遺論》，李軸錄。按《中興書目》引《崇文總目》云云。今按〈唐志〉有龔慶宣《劉涓子男方》十卷，未知即此書否？卷或一板，或止數行，名為十卷，實不多也。』侗考〈隋志〉與此同，云：『龔慶宣傳。』〈宋志〉亦作「《神仙遺論》，李軸錄。」後〈醫書類〉四，有《劉涓子鬼論》一卷，〈通志略〉，不著撰人，或亦慶宣所得歟？」錢東垣輯釋本。可供參證。惟「李頔」錢侗考皆誤作「李軸」。

衛濟寶書一卷

《衛濟寶書》一卷，稱東軒居士，不著名氏。治癰疽方也。

　　廣校案：《宋史》卷二百七〈志〉第一百六十〈藝文〉六〈醫書類〉著錄：「東

軒居士《衛濟書寶》一卷。」應即此書,惟「書寶」二字倒乙。《四庫全書總目》卷一百三〈子部〉十三〈醫家類〉一著錄:「《衛濟寶書》二卷,《永樂大典》本。舊本題東軒居士撰,不著名氏。陳振孫《書錄解題》、《宋史·藝文志》皆列其目爲一卷。世間久無傳本,惟《永樂大典》內尚有其文,並〈原序〉一篇。稱:『予家藏《癰疽方論》二十二篇,圖證悉具,可傳無窮,故記之曰《家傳衛濟寶書》。』〈序〉中具述方論之所自來,而復言『憑文註解,片言隻字皆不妄發』云云。然則是書所載,本以經驗舊方裒輯成帙,惟中間註語乃東軒居士所增入耳。又別有董璉〈序〉一篇,紀其得此書於妻家汪氏始末,中有乾道紀年,知東軒居士尚當爲孝宗以前人,特其姓名終不可考。至徐文禮不過校正刊行,而所作〈後序〉,有『舉諸家治法集成一書』之語。乃當時坊本售名欺世之陋習,不足信也。其書首列『論治』諸條,皆設爲問答之詞。〈原序〉以爲傳之不老山高先生,其說頗荒誕不可稽。而剖晰精微,深中奧妙,實非有所師授者不能。其後臚列諸方,附以圖說,於藥物之修製、鍼灸之利害,抉摘無遺,多後來醫流所未見。謹因其舊文掇拾排比,析爲上、下二卷,著之於錄,以備醫家之一種。其〈孔癰〉、〈軟癤〉二門,則別系之卷末,俾各從其類焉。」可供參考。

外科保安方三卷

《外科保安方》三卷,知興化軍亳社張允蹈家藏方。龔參政茂良、劉太史夙爲之〈序〉、〈跋〉。

廣棪案:《宋史》卷二百七〈志〉第一百六十〈藝文〉六〈醫書類〉著錄:「張允蹈《外科保安要用方》五卷。」與此應同一書,而卷數不同。《中國醫籍考》卷七十〈方論〉四十八著錄:「張氏允蹈《外科保安要用方》,〈宋志〉五卷,《書錄解題》作三卷。佚。」張允蹈,《宋史》無傳。然《宋史》卷一百七十四〈志〉第一百二十七〈食貨〉上二載:「乾道元年,蠲興化軍『猶剩米』之半。以知軍張允蹈言:『自建炎三年,本軍秋稅,歲餘軍儲外,猶剩米二萬四千四百餘石,供給福州,謂之「猶剩米」。四十年間,水旱相仍,不復減損。』故有是命。至八年,乃并其半蠲之。」是允蹈於孝宗乾道時正知興化軍也。龔茂良,字實之,興化軍人。《宋史》卷三百八十五〈列傳〉第一百四十四有傳,高宗朝曾任參知政事。劉夙,字賓之,《宋史翼》卷二十四〈列傳〉第二十四〈儒林〉二有傳。

五發方論一卷

《五發方論》一卷，不知名氏。亦吳晦父所錄。

 廣棪案：《中國醫籍考》卷七十〈方論〉四十八著錄：「亡名氏《五發方論》，《書錄解題》一卷，佚。」

李氏集驗背疽方一卷

《李氏集驗背疽方》一卷，泉江李迅嗣立撰。凡五十二條，其論議詳盡曲當。

 廣棪案：此書有李迅〈序〉。其〈序〉曰：「耕當問晨，織當問婢，業之貴乎專門，固也。苟得於口耳道聽，古人所不取。余自上世，本以儒術名家，取科第與鄉薦，代不乏人。今猶未艾於醫方，特寓意於其間，志在濟人而已，他無苟焉。其視徒廣於收方，每有所得，靳而不與人者，心實病之。凡士大夫家傳名方，每喜於更相傳授，至於醫生術士，或有所長，賂以重賄，幸而得之，則必試用之。心知其經驗，有因病來叩，隨證贈方，一無吝色。行之無倦，繼志述事，今歷二世。獨背疽之疾，世醫以爲奇疾，望風斂手，於是尤盡心焉。始則試之田夫野人，中則用之富家巨室，久而獻之貴官達官。有如印券契鑰之驗，屢欲編集，以貽後人，愧非專門而止。茲因賢士大夫適爾過聽，諄諄下問，欲廣其傳。乃退而敬嘆其存心之良，高出收方之士數百等。用是不敢固辭，取平昔所用經驗之方，從而編次，明辨其證候，詳論其顛末，與夫用藥之先後、修合之精粗、病者之調攝、飲食居所之戒忌，靡所不載。自知鄙俚而繁贅，然以口授心傳之術，而寄於筆端，一或不詳且盡，因致錯誤，則性命所繫，陰譴之報，其誰尸之。故不恥而爲之撰集，用藥之際，更宜謹思之，明辨之。宦遊四方，聞見益廣，續得名方，因風教告，以警不逮。豈特余之素志，實君子聞善相告之意也。慶元歲在柔兆執徐，律中大呂中澣日，遂江李迅嗣立書。」足資參證。考遂江，今江西遂川縣東南，又名龍泉江，故《解題》稱泉江，或龍泉江之省稱，抑龍泉江之訛也。《四庫全書總目》卷一百三〈子部〉十三〈醫家類〉一著錄：「《集驗背疽方》一卷，《永樂大典》本。宋李迅撰。迅字嗣立，泉州人。官大理評事，以醫著名。此書見於陳振孫《書錄解題》，稱所集『凡五十三條，其議論詳盡曲當』。馬端臨〈經籍考〉亦著於錄，而題作李逸撰，與《書錄解題》不合。今案此書前有郭應祥〈序〉，亦云嗣立名迅，則《通考》誤也。背疽爲患至鉅，俗醫剽竊一二丹方，或妄

施刀鍼，而於受病之源、發病之形，及夫用藥次第，節宣禁忌之所宜，俱置不講。故夭閼者十恆八九。今迅所撰，於集方之前俱系以論說。凡診候之虛實、治療之節度，無不斟酌輕重，辨析毫芒，使讀者瞭如指掌。中如五香連翹湯、內補十宜散、加料十全湯、加減八味丸、立效散之類，皆醇粹無疵，足稱良劑。至忍冬丸與治乳癰發背神方，皆祇金銀花一味，用藥易而收功多。於窮鄉僻壤難以覓醫，或貧家無力服藥者，尤為有益，洵瘍科中之善本矣。謹從《永樂大典》中採掇裒訂，仍為一卷。其麥飯石膏及神異膏二方，乃諸方中最神妙者，而《永樂大典》乃偶佚之。今據《蘇沈良方》及《危亦林得效方》補入。又《赤水元珠》亦載有〈神聖膏方〉，與〈得效方〉稍有不同。今並列之，以備參考焉。」《四庫全書總目》以李迅作泉州人，實誤。

音樂類　廣棪案：盧校本作卷四十四〈音樂類〉。校注曰：「有元本。」

劉歆、班固雖以《禮》、《樂》著之〈六藝略〉，要皆非孔氏之舊也。

廣棪案：《漢書》卷三十〈藝文志〉第十〈六藝略‧禮〉載：「〈易〉曰：『有夫婦、父子、君臣、上下，禮義有所錯。』而帝王質文，世有損益。至周，曲爲之防，事爲之制。故曰：『禮經三百，威儀三千。』及周之衰，諸侯將踰法度，惡其害己，皆滅去其籍。自孔子時而不具，至秦大壞。」又張舜徽《漢書藝文志通釋》曰：「按：孟子答北宮錡問周室班爵祿事，則曰：『其詳不可得聞。諸侯惡其害己，而皆去其籍。』見《孟子‧萬章下》。司馬遷曰：『禮固自孔子時而其經不具，及至秦焚書，書散亡益多。』見《史記‧儒林傳》此皆〈漢志〉所本。」是〈漢志〉雖著錄「凡《禮》十三家，五百五十五篇」，惟「要皆非孔氏之舊」也。考《漢書》卷三十〈藝文志〉第十〈六藝略‧樂〉載：「〈易〉曰：『先王作樂崇德，殷薦上帝，以享祖考。』故自黃帝，下至三代，樂各有名。孔子曰：『安上治民，莫善於禮；移風易俗，莫善於樂。』二者相與並行。周衰俱壞，樂尤微妙，以音律爲節。又爲鄭、衛所亂，故無遺法。」張舜徽《漢書藝文志通釋》曰：「按：師古所云：『其道精微，節在音律，不可具於書。』寥寥數語，即已道出古樂所以早亡之故矣。蓋六藝之中，其他皆賴有文字記載而得永傳，獨樂儀、樂舞，重在演習弦歌聲律，尤貴口授，非可求之於書也。其師亡則道絕，樂之不傳於後，非無故矣。六國之君，惟魏文侯最爲好古，〈樂記〉載其問子夏曰：『吾端冕而聽古樂，則唯恐臥；聽鄭衛之音，則不知倦。』可知周末鄭衛之音，披靡一世。上有好者，下必甚焉，由是古樂蕩然無復存者矣。」是〈漢志〉雖著錄「凡《樂》六家，百六十五篇」，「要皆非孔氏之舊也」。

然《三禮》至今行於世，猶是先秦舊傳。

案：《隋書》卷三十二〈志〉第二十七〈經籍〉一〈經〉載：「自大道既隱，天下爲家，先王制其夫婦、父子、君臣、上下、親疏之節。至于三代，損益不同。周衰，諸侯僭忒，惡其害己，多被焚削。自孔子時已不能具，至秦而頓滅。漢初，有高堂生傳《十七篇》，又有古經，出於淹中；而河間獻王，好古愛學，收集餘燼，得而獻之，合五十六篇，並威儀之事。而又得《司馬穰苴兵法》一百五十五篇，及〈明堂陰陽〉之記，並無敢傳之者。唯《古經》十

七篇,與高堂生所傳不殊,而字多異。自高堂生至宣帝時,后蒼最明其業,乃爲《曲臺記》。蒼授梁人戴德,及德從兄子聖、沛人慶普,於是有大戴、小戴、慶氏三家並立。後漢唯曹元傳慶氏,以授其子襃。然三家雖存並微,相傳不絕。漢末,鄭玄傳小戴之學,後以《古經》校之,取其於義長者作注,爲鄭氏學。其〈喪服〉一篇,子夏先傳之,諸儒多爲注解,今又別行。而漢時有李氏得《周官》。《周官》蓋周公所制官政之法,上於河間獻王,獨闕〈冬官〉一篇。獻王購以千金,不得,遂取〈考工記〉以補其處,合成六篇奏之。至王莽時,劉歆始置博士,以行於世。河南緱氏及杜子春受業於歆,因以教授。是後馬融作《周官傳》,以授鄭玄,玄作《周官注》。漢初,河間獻王又得仲尼弟子及後學者所記一百三十一篇獻之,時亦無傳之者。至劉向考校經籍,檢得一百三十篇,向因第而敘之。而又得〈明堂陰陽記〉三十三篇、〈孔子三朝記〉七篇、〈王史氏記〉二十一篇、〈樂記〉二十三篇,凡五種,合二百十四篇。戴德刪其煩重,合而記之,爲八十五篇,謂之《大戴記》。而戴聖又刪大戴之書,爲四十六篇,謂之《小戴記》。漢末馬融遂傳小戴之學,融又定〈月令〉一篇、〈明堂位〉一篇、〈樂記〉一篇,合四十九篇;鄭玄受業於融,又爲之注。今《周官》六篇、《古經》十七篇、《小戴記》四十九篇,凡三種。唯鄭《注》立於國學,其餘並多散亡,又無師說。」據〈隋志〉所述,可知《三禮》猶是先秦舊傳。

而所謂《樂》六家者,影響不復存矣。

案:〈漢志〉所載《樂》六家,計爲〈樂記〉二十三篇、〈王禹記〉二十四篇、〈雅歌詩〉四篇、〈雅琴趙氏〉七篇、〈雅琴師氏〉八篇、〈雅琴龍氏〉九十九篇,凡百六十五篇。《隋書》卷三十二〈志〉第二十七〈經籍〉一〈經〉載:「樂者,先王所以致神祇,和邦國,諧萬姓,安賓客,悅遠人,所從來久矣。周人存六代之樂,曰〈雲門〉、〈咸池〉、〈大韶〉、〈大夏〉、〈大護〉、〈大武〉。其後衰微崩壞,及秦而頓滅。漢初,制氏雖紀其鏗鏘鼓儛,而不能通其義。其後竇公、河間獻王、常山王、張禹,咸獻《樂書》。魏、晉已後,雖加損益,去正轉遠,事在〈聲樂志〉。今錄其見書,以補樂章之闕。」據〈隋志〉所述,是《樂》六家者,漢後影響已漸不復存。

竇公之〈大司樂章〉,既已見於《周禮》;河間獻王之〈樂記〉,亦已錄於《小戴》,則古樂已不復有書。

案:〈大司樂〉見《周禮·春官宗伯》第三、卷第二十二,〈樂記〉見《禮記》

卷第三十八。其書皆併入《禮》書中，是古樂已不復有書。

而前〈志〉相承，迺取樂府、教坊、琵琶、羯鼓之類，以充〈樂類〉，與聖經並列，不亦悖乎！

案：《解題》所謂前〈志〉，殆指《新唐書・藝文志》。《新唐書》卷五十七〈志〉第四十七〈藝文〉一〈樂類〉著錄樂府類之書籍，有《樂府歌詩》十卷，謝靈運《新錄樂府集》十一卷、鄭譯《樂府歌辭》八卷，又《樂府聲調》六卷、蘇夔《樂府志》十卷、翟子《樂府歌詩》十卷、吳兢《樂府古題要解》一卷、郗昂《樂府古今題解》三卷、一作王昌齡。段安節《樂府雜錄》一卷；教坊類書，有崔令欽《教坊記》；羯鼓類書，有南卓《羯鼓錄》一卷；而未見著錄琵琶類書。〈新唐志〉著錄上述書籍以充〈樂類〉，直齋頗不以爲然也。

晚得鄭子敬氏《書目》獨不然，其爲說曰：「儀注、編年，各自爲類，不得附於《禮》、《春秋》；則後之樂書，固不得列於〈六藝〉。」今從之，而著於〈子錄・雜藝〉之前。

案：鄭子敬，即鄭寅，所撰書目曰《鄭氏書目》。《解題》卷八〈目錄類〉著錄：「《鄭氏書目》七卷，莆田鄭寅子敬以所藏書爲七錄，曰經，曰史，曰子，曰藝，曰方技，曰文，曰類。寅，知樞密院僑之子，博文彊記，多識典故。端平初召爲都司，執法守正，出爲漳州以沒。」足供參證。惟有關直齋〈音樂類〉小序所言，馬端臨不盡以爲然。《文獻通考》卷第一百八十六〈經籍考〉十三〈經樂〉載：「按古者，《詩》、《書》、《禮》、《樂》，皆所以垂世立教，故班史著之〈六藝〉，以爲經籍之首，流傳至於後世，雖有是四者，而俱不可言經矣。故自唐有四庫之目，而後世之所謂《書》者，入史門；所謂《詩》者，入集門；獨《禮》、《樂》，則俱以爲經。於是以歷代典章、儀註等書，廁之〈六典〉、〈儀禮〉之後，歷代樂府、教坊諸書，廁之〈樂記〉、〈司樂〉之後，猥雜殊甚。陳氏之言善矣。然樂者，國家之大典，古人以與禮並稱，而陳氏《書錄》則置之〈諸子〉之後，而儕之於技藝之間，又太不倫矣。雖後世之樂不可以擬古，然既以樂名書，則非止於技藝之末而已。況先儒釋經之書，其反理詭道爲前賢所擯斥者，亦沿經之名，得以入於〈經類〉；豈後世之樂書，盡不足與言樂乎？故今所敘錄，雖不敢如前〈志〉相承，以之擬經；而以與〈儀註〉、〈讖緯〉並列於〈經解〉之後，〈史〉、〈子〉之前云。」馬氏所論，取其折衷，固欲調停〈新唐志〉及《解題》二家之說也。

樂府雜錄一卷

《樂府雜錄》一卷，_{廣棪案：此條據盧校本補。}唐國子司業段安節撰。

　　廣棪案：《新唐書》卷五十七〈志〉第四十七〈藝文〉一〈樂類〉著錄：「段
　　安節《樂府雜錄》一卷，_{文昌孫。}」《崇文總目》卷一〈樂類〉著錄：「《樂府
　　雜錄》一卷，原釋：唐段安節撰。其事蕪駁不倫。見《文獻通考》。」錢東垣輯
　　釋本。《郡齋讀書志》卷第二〈樂類〉著錄：「《樂府雜錄》一卷。右唐段安節
　　撰。記唐開國以來雅、鄭之樂并其事始。古之爲國者，先治身，故以禮、樂
　　之用爲本；後世爲國者，先治人，故以禮、樂之用爲末。先王欲明明德於天
　　下，深推其本，必先修身，而修身之要在乎正心、誠意，故禮以制其外，樂
　　以養其內，使內之不貞之心無自而萌，外之不義之事無由而蹈，一身既修，
　　而天下治矣。是以禮、樂之用，不可須臾離也。後世則不然，設法造令，務
　　以整治天下，自適其暴戾恣睢之心，謂躬行率人爲迂闊不可用。若海內平定，
　　好名之主然後取禮之威儀、樂之節奏，以文飾其治而已。則其所謂禮、樂者，
　　實何益於治亂成敗之數？故曰後世爲國者，先治人，以禮、樂之用爲末。雖
　　然，禮文在外爲易見，歷代猶不能廢；至於樂之用在內，微密要眇，非常情
　　所能知。故自漢以來，指樂爲虛器，雜以鄭、衛、夷狄之音，雖或用於一時，
　　旋即放失，無復存者，況其書哉！今裒集數種，姑以補書目之闕焉爾。」《玉
　　海》卷第一百六〈音樂・樂章〉「唐《樂府古今題解》」條載：「段安節《樂府
　　雜錄》一卷。《書目》：『一卷，雜記雅樂、雜樂、朝樂之制。』」足資參證。《宋史》
　　卷二百二〈志〉第一百五十五〈藝文〉一〈樂類〉著錄：「段安節《琵琶錄》
　　一卷，又《樂府雜錄》二卷。」〈宋志〉著錄此書作二卷，恐誤。

琴說一卷

《琴說》一卷，唐工部尚書李勉撰。

　　廣棪案：《玉海》卷一百一十〈音樂・樂器・琴瑟〉「《琴書》」條載：「《書目》：
　　『《琴書》一卷，唐工部尚書李勉撰。凡琴聲、指法、操名、琴操悉載之。』」
　　《宋史》卷二百二〈志〉第一百五十五〈藝文〉一〈樂類〉著錄：「李勉《琴說》
　　一卷。」是《中興館閣書目》著錄作《琴書》，與《解題》不同，惟二者應同屬
　　一書。考李勉字玄卿，鄭王元懿曾孫。《舊唐書》卷一百三十一〈列傳〉第八十
　　一、《新唐書》卷一百三十一〈列傳〉第五十六〈宗室宰相〉均有傳。大曆十年

（775）拜工部尚書。

琴書三卷

《琴書》三卷，唐待詔趙惟暕撰。稱前進士滁州全椒尉。

　　廣棪案：《新唐書》卷五十七〈志〉第四十七〈藝文〉一〈樂類〉著錄：「趙惟暕《琴書》三卷。」《崇文總目》卷一〈樂類〉著錄：「《琴書》三卷，原釋：唐翰林待詔趙惟暕撰。略述琴製，敘古諸典及善琴人姓名。見《文獻通考》。」錢東垣輯釋本。《玉海》卷第一百一十〈音樂·樂器·琴瑟〉「《琴書》」條載：「《書目》：『《琴書》三卷，唐翰林待詔趙惟暕述製琴、律呂、上古琴名、弦法，共十二篇。』皆足資參證。《宋史》卷二百二〈志〉第一百五十五〈藝文〉一〈樂類〉著錄：「趙惟簡《琴書》三卷。」是〈宋志〉姓名作趙惟簡，誤。惟暕，兩《唐書》無傳。徐松《登科記考》卷二十七〈附考·進士科〉載：「趙惟暕，《直齋書錄解題》：「《琴書》三卷，唐待詔趙惟暕撰。稱前進士，滁州全椒尉。』」所記即據《解題》。

琴經一卷

《琴經》一卷，託名諸葛亮。淺俚之甚。

　　廣棪案：《隋書》卷三十二〈志〉第二十七〈經籍〉一載：「《琴經》一卷。」惟未著錄撰人姓名。《玉海》卷第一百一十〈音樂·樂器·琴瑟〉「蜀漢諸葛亮《琴經》」條載：「《中興書目》：『《琴經》一卷，諸葛亮撰。述製琴之始，及七絃之音、十三徽所象之意。』」足資參證。是《中興館閣書目》以此書爲亮撰。

琴說一卷

《琴說》一卷，唐待詔薛易簡撰。衡州耒陽尉。

　　廣棪案：《新唐書》卷二百二〈志〉第一百五十五〈藝文〉一〈樂類〉著錄：「薛易簡《琴譜》一卷。」〈宋志〉同。易簡，兩《唐書》無傳。《全唐文》卷八百十八載：「易簡，僖宗時人。官待詔，衡州耒陽尉。所著《琴訣》、《琴說》。《宋史》、《通志》、《通考》俱見著錄。」是此書或稱《琴說》，或稱《琴譜》，未知孰是。而《全唐文》另載易簡有《琴訣》一篇。

琴義一卷

《琴義》一卷，稱野人劉籍撰。

　　廣棪案：《玉海》卷第一百十〈音樂‧樂器‧琴瑟〉「宋朝《琴譜》」條載：「《書目》：「《琴義》一卷，劉籍。」《宋史》卷二百二〈志〉第一百五十五〈藝文〉一〈樂類〉著錄：「劉籍《琴義》一卷。」與此同。籍，生平無可考。

琴三訣一卷

《琴三訣》一卷，稱天台白雲先生。

　　廣棪案：此書不可考。《秘書省續編到四庫闕書目》卷二〈子類‧五行卜筮〉著錄：「白雲先生《髓鏡三命血脈論》三卷，闕。」未悉即此天台白雲先生否？宋代號白雲先生者有陳摶，字圖南，惟摶乃亳州眞源人；另有邵炳，亦號白雲先生，而炳淳安人，皆恐非《琴三訣》之撰者。

指訣一卷

《指訣》一卷，唐道士趙邪利撰。一名《彈琴古手法》。廣棪案：盧校本「古」作「右」。校注曰：「館本『古』，《通考》同。」

　　廣棪案：《玉海》卷第一百十〈音樂‧樂器‧琴瑟〉「唐《琴譜》」條載：「《書目》：『唐趙邪利《琴手勢譜》一卷，趙師字邪利，善琴，貞觀初獨步上京。載調絃用指製之法，及音律二十四時、五圖。又《彈琴右手法》一卷，論指法，四百餘言。』」考《新唐書》卷五十七〈志〉第四十七〈藝文〉一〈樂類〉著錄：「趙邪利《琴敘譜》九卷。」又：「《琴手勢譜》一卷。」是邪利論琴之著作頗多，疑《中興館閣書目》著錄之《彈琴右手法》一卷，與《解題》之《指訣》一卷爲同一書。邪利，趙師字，兩《唐書》無傳。

琴操一卷

《琴操》一卷，不著名氏。《中興書目》云：「晉廣陵守孔衍以琴調〈周詩〉五篇、古操、引共五十篇，述所以命題之意。」今〈周詩〉篇同，而操、引財二十一篇，似非全書也。

廣校案：《隋書》卷三十二〈志〉第二十七〈經籍〉一〈經〉著錄：「《琴操》三卷，晉廣陵相孔衍撰。」《舊唐書》卷四十六〈志〉第二十六〈經籍〉上〈樂〉著錄：「《琴操》三卷，孔衍撰。」《新唐書》卷五十七〈志〉卷四十七〈藝文〉一〈樂類〉著錄：「孔衍《琴操》二卷。」是此書卷數，各書著錄不同。《崇文總目》卷一〈樂類〉著錄：「《琴操》三卷，原釋：晉廣陵相孔衍撰。述詩曲之所從，總五十九章。見《文獻通考》。陳詩庭云：『《書錄解題》：「《琴操》一卷，不著撰人。引《中興書目》云：『晉廣陵守孔衍，以琴調〈周詩〉五篇，古操、引共五十篇。』今〈周詩〉篇同，而操、引財二十一篇。」蓋陳伯玉所見非全書。此作三卷，疑即五十篇本也。然云總五十九章，則又小異。』」錢東垣輯釋本。《玉海》卷一百十〈音樂·樂器·琴瑟〉「晉《琴操》」條載：「《書目》：『《琴操引》三卷，〈隋志〉同。〈唐志〉：「《孔衍琴操》二卷，晉孔衍撰。以琴聲調中〈周詩〉五篇，古操、引曲共五十五篇，述所以命題之意。」』《宋史》卷二百二〈志〉第一百五十五〈藝文〉一著錄：「孔衍《琴操引》三卷。」足資參證。是此書又名《琴操引》。至直齋所收之書僅一卷，而其「操、引財二十一篇」，應非完本也。

琴曲詞一卷

《琴曲詞》一卷，不知作者，凡十一曲。辭皆鄙俚。

廣校案：此書不可考。

琴史六卷

《琴史》六卷，吳郡朱長文伯原撰。唐、虞以來迄于本朝，琴之人與事備矣。

廣校案：《宋史》卷四百四十四〈列傳〉第二百三〈文苑〉六載：「朱長文字伯原，蘇州吳人。年未冠，舉進士乙科，以病足不肯試吏，築室樂圃坊，著書閱古，吳人化其賢。長吏至，莫不先造，請謀政所急；士大夫過者，以不到樂圃為恥，名動京師，公卿薦以自代者眾。元祐中，起教授於鄉，召為太學博士，遷祕書省正字。元符初，卒，哲宗知其清，賻絹百。有文三百卷，《六經》皆為辨說。又著《琴史》，而序其略曰：『方朝廷成太平之功，制禮作樂，比隆商、周，則是書也，豈虛文哉！』蓋立志如此。」可供參證。

製瑟法一卷

《製瑟法》，廣棪案：盧校本「瑟」作「琴」。不知何人撰。

廣棪案：此書不可考。

大胡笳十九拍一卷

《大胡笳十九拍》一卷，題隴西董庭蘭撰，連劉商辭。又云祝家聲、沈家譜，不可曉也。館臣案：《文獻通考》又有《小胡笳子十九拍》一卷，引《崇文總目》云：「琴曲有《大》、《小胡笳》，《大胡笳十八拍》，沈遼集，世名沈家聲，《小胡笳》又有《契聲》一拍，共十九拍，謂之祝家聲。」此題曰《大胡笳十九拍》，疑有誤。

廣棪案：《崇文總目》卷一〈樂類〉著錄：「《小胡笳十九拍》一卷，原釋：僞唐蔡翼撰。琴曲有《大》、《小胡笳》，《大胡笳十八拍》，沈遼集，世名沈家聲。《小胡笳》又有《契聲》一拍，共十九拍，謂之祝家聲。祝氏不詳何人，所載乃《小胡笳子》。見《文獻通考》。闕。見天一閣鈔本。」錢東垣輯釋本。是《大胡笳》十八拍，《小胡笳》多《契聲》一拍，爲十九拍。《解題》著錄疑誤。

琴譜八卷

《琴譜》八卷，鄞學魏邸舊書有之，己卯分教傳錄，亦益以他所得《譜》。

廣棪案：陳樂素〈《直齋書錄解題》作者陳振孫〉三〈年歷〉曰：「既而掌鄞學，即卷十四《琴譜》條所謂己卯（嘉定十二年，一二一九）分教，傳錄魏邸舊書者。」是此書直齋嘉定十二年傳錄，並益以他所得《譜》，全書凡八卷。

琴操譜十五卷、調譜四卷

《琴操譜》十五卷、《調譜》四卷，參政歷陽張嚴肖翁以善鼓琴聞一時。

廣棪案：此二書無可考。嚴，《宋史》卷三百九十六〈列傳〉第一百五十五有傳，載：「張嚴字肖翁，大梁人，徙家揚州，紹興末渡江，居湖州。爲人機警，柔回善諧。登乾道五年進士第，歷官爲監察御史，與張釜、陳自強、劉三傑、程松等阿附時相韓侂冑，誣逐當時賢者，嚴道學之禁。進殿中侍御史，累遷給事中，除參知政事。」是嚴曾除參知政事。

余從其子佖得此《譜》。

案：佖，《宋史》無傳。《宋人傳記資料索引》載：「張佖，字子澄，常州人。仕南唐爲內史舍人，歸宋，官虞部郎中。其親舊官都下，嘗過佖館，止菜羹而已，人稱菜羹張家。後官河南，每寒食必親拜後主墓，哭甚哀。」然此非《解題》所記之張佖。前撰《陳振孫之生平及其著述研究》，其第四章爲〈陳振孫之戚友與交游〉，未考及其人，失之眉睫，亦疏略之甚也。嚴子佖，生平無可考。

琴譜十六卷

《琴譜》十六卷，新昌石孝隆君大所錄。

廣棪案：此書及錄人均無可考。

羯鼓錄一卷

《羯鼓錄》一卷，唐婺州刺史南卓撰。

廣棪案：《新唐書》卷五十七〈志〉第四十七〈藝文〉一〈樂類〉著錄：「南卓《羯鼓錄》一卷。」《崇文總目》卷一〈樂類〉著錄：「《羯鼓錄》一卷。原釋：唐南卓撰。羯鼓，夷樂，與都曇答鼓皆列于九部。至唐開元中始盛行于世，卓所記多開元、天寶時曲云。見《文獻通考》。」錢東垣輯釋本。《郡齋讀書志》卷第二〈樂類〉著錄：「《羯鼓錄》一卷。右唐南卓撰。羯鼓本夷樂，列於九部，明皇始好之，故開元、天寶中盛行。卓所述多當時之曲。」《玉海》卷第一百十六〈音樂・樂器・鼓〉「唐羯鼓」條載：「〈志〉：『玄宗好羯鼓，而寧王善吹橫笛。帝常稱羯鼓八音之領袖，諸樂不可方也。蓋本戎羯之樂，其音太簇一均，龜茲、高昌、疏勒、天竺部皆用之。其聲焦殺，特異眾樂。』《通典》：『羯鼓正如漆桶，兩頭俱擊，出羯中，亦謂之兩杖鼓。』〈藝文志〉：『南卓《羯鼓錄》一卷。』《書目》：『會昌中撰。述鼓曲故事，多開元、天寶時曲。』」均足資參證。卓，兩《唐書》無傳。徐松《登科記考》卷二十「唐文宗元聖昭獻孝皇帝」太和二年戊申十二月「賢良方正能直言極諫科」著錄：「南卓。見《冊府元龜》、《唐會要》。」計有功《唐詩紀事》卷五十四「南卓」條載：「卓字昭嗣，大中時爲黔南觀察使。」又載：「子厚在柳州，呂溫嘲之曰：『柳州柳刺史，種柳柳江邊。柳館依然在，千株柳拂天。』」後卓爲黔南經略使，故

人嘲曰:『黔南南太守,南郡在雲南。閑向南亭醉,南風變俗談。』初爲拾遺,與崔黯因諫出宰,崔爲支江,卓爲松滋。」是則卓中賢良方正能直言極諫科,初爲拾遺,又爲黔南觀察使、婺州刺史。〈新唐志〉另著錄卓撰《唐朝綱領圖》一卷、小注:「字昭嗣,大中黔南觀察使。」《南卓文》一卷。

琵琶故事一卷

《琵琶故事》一卷,廣棪案:盧校本以上二條列爲本卷第二、第三條,又《琵琶故事》一卷爲《琵琶錄》一卷。**段安節撰。**

廣棪案:《郡齋讀書志》卷第二〈樂類〉著錄:「《琵琶故事》一卷。右未詳何人所纂。」《玉海》卷第一百十〈音樂・樂器・琴瑟〉「琴書」條載:「《琵琶錄》一卷,唐段安節撰。」《宋史》卷二百二〈志〉第一百五十五〈藝文〉一〈樂類〉著錄:「段安節《琵琶錄》一卷。」是此書段安節撰。安節,《新唐書》卷八十八〈列傳〉第十四附〈段志玄〉。安節爲志玄五世孫,祖文昌,父成式,唐昭宗乾寧中爲國子司業。善樂律,能自度曲。

景祐樂府奏議一卷

《景祐樂府奏議》一卷,殿中丞致仕胡瑗翼之撰。

廣棪案:《玉海》卷第一百五〈音樂・樂〉三「《景祐樂府奏議》」條載:「《書目》:『《樂府奏議》一卷,胡瑗集景祐間修制律呂、鐘磬、積黍之法。』」《宋史》卷二百二〈志〉第一百五十五〈藝文〉一〈樂類〉著錄:「胡瑗《景祐樂府奏議》一卷。」足資參證。瑗,《宋史》卷四百三十二〈列傳〉第一百九十一〈儒林〉二有傳,載:「胡瑗字翼之,泰州海陵人。以經術教授吳中,年四十餘。景祐初,更定雅樂,詔求知音者。范仲淹薦瑗,白衣對崇政殿,與鎮東軍節度推官阮逸同較鐘律,分造鐘磬各一虡。以一黍之廣爲分,以制尺,律徑三分四釐六毫四絲,圍十分三釐九毫三絲。又以大黍累尺,小黍實龠。丁度等以爲非古制,罷之。」即記此事。又〈瑗傳〉載:「慶曆中,興太學,下湖州取其法,著爲令。召爲諸王宮教授,辭疾不行。爲太子中舍,以殿中丞致仕。」是瑗撰此書後,曾以殿中丞致仕。

皇祐樂府奏議一卷

《皇祐樂府奏議》一卷，胡瑗撰。

> 廣棪案：《玉海》卷第一百五〈音樂‧樂〉三「《景祐樂府奏議》」條載：「《書目》：
> 『《皇祐樂府奏議》一卷，瑗撰。景祐間承詔制樂，後以樂實、樂舞、樂聲之制，
> 條列上之。』」《宋史》卷二百二〈志〉第一百五十五〈藝文〉一〈樂類〉著錄：
> 「胡瑗《景祐樂府奏議》一卷，又《皇祐樂府奏議》一卷。」足資參證。《宋史》
> 卷四百三十二〈列傳〉第一百九十一〈儒林〉二〈胡瑗〉載：「皇祐中，更鑄太
> 常鐘磬，驛召（胡）瑗、（阮）逸，與近臣、太常官議于祕閣，遂典作樂事。復
> 以大理評事兼太常寺主簿，辭不就。歲餘，授光祿寺丞、國子監直講。樂成，
> 遷大理寺丞，賜緋衣銀魚。」即記及此事。

三聖樂書一卷

《三聖樂書》一卷，宋祁子京撰。

> 廣棪案：此書不可考。宋祁，《宋史》卷二百八十四〈列傳〉第四十三附〈宋庠〉。
> 其〈傳〉曰：「祁兄弟皆以文學顯，而祁尤能文，善議論，然清約莊重不及庠，
> 論者以祁不至公輔，亦以此云。修《唐書》十餘年，自守亳州，出入內外，嘗
> 以稿自隨，為列傳百五十卷。預修《籍田記》、《集韻》。又撰《大樂圖》二卷，
> 文集百卷。」而未記及此書。

景祐廣樂記八十卷

《景祐廣樂記》八十卷，翰林院侍講學士馮元等撰。闕八卷。景祐元年，判
太常寺燕肅建言鍾律不調，欲以王朴《律準》更加攷詳。詔宋祁與集賢校理
李照共領其事，照言朴律太高，比之古樂，約高五律，遂欲改定大樂，制管
鑄鍾，并引校理聶冠卿為檢討官，又詔元等修撰《樂書》，為一代之典。三年
七月，書成。然未幾，照樂廢不用。

> 廣棪案：《玉海》卷第一百五〈音樂‧樂〉三「《景祐廣樂記》」條載：「（景祐）
> 元年十月壬午，命燕肅、李照、宋祁同按試《律準》。二年四月戊寅，命翰學
> 馮元、集賢校理聶冠卿、直史館宋祁同修《樂書》，內御製樂章、樂曲六十八，
> 及七均十二律、曲八十四，令太常肄習。有司因請刻石。八月己巳，命李照

同修《樂書》。三年六月九日丙辰，以新修《樂書》爲《景祐廣樂記》。丙寅，鄧保信上所製樂尺并龠，且言其法本〈漢志〉，可用合律度量衡，詔元、冠卿、祁較定。七月戊子，元等上《景祐廣樂記》八十一卷。己丑，遷秩有差。先是元年八月二十三日，判太常寺燕肅建言：『金石不調，願以周世王朴《律準》更加考按。』詔集賢校理李照、博士直史館宋祁，及中人李隨共領其事。明年二年二月戊午，金石一部成，御延福宮臨閱，奏郊廟五十一曲。一云正月乙卯，肅等言考驗準與太常寺鐘聲並合，詔後苑按試。一云燕肅上考定樂器。《實錄》云：御延福宮觀大樂。』因問照以樂果調否？對曰：『金石之音，與王朴《律準》已協。然朴《準》比古樂差高五律，比禁坊胡部高二律，願制管以調度。』帝曰：『試爲之。』乃取京縣秬黍累尺成律，鑄鐘審之，其聲猶高。更用太府寺布帛尺爲法，實比古尺一二寸有奇。以潞州所上羊頭山秬黍，擇大者縱累之，檢考長短尺成，與太府尺合。乃堅定下太常四律。於是詔內東門供奉官鄧保信，與照監視群工改作金石；命聶冠卿檢閱典實，佐其興作，丞相府總領焉。凡所改作，皆閱相府以聞。別詔臣元、臣冠卿、臣祁討論樂理，爲一代之典。帝乃親製雅樂、聲譜，及郊廟樂章二十一曲，裁成頌體，告於神明。詔丞相呂夷簡等分造樂章，參施群祀上。」足資參證。惟此書《玉海》著錄作八十一卷，與《解題》作八十卷不同。《宋史》卷二百二〈志〉第一百五十五〈藝文〉一〈樂類〉亦著錄：「馮元、宋郊《景祐廣樂記》八十一卷。」廣棪案：「宋郊」乃「宋祁」之誤。疑《解題》誤也。馮元，《宋史》卷二百九十四〈列傳〉第五十三有傳。

皇祐新樂圖記三卷

《皇祐新樂圖記》三卷，屯田員外郎阮逸、光祿寺丞胡瑗撰。凡十二篇，首載詔旨，次及律度量衡、鍾磬、鼓鼎、鸞刀，圖其形製，刊板頒之天下。虎丘寺有本，當時所頒，藏之名山者也。其末志頒降歲月，實皇祐五年十二月二十一日，用蘇州觀察使印，長貳押字。余平生每見承平故物，未嘗不起敬，因錄藏之，一切依元本摹寫，不少異。

廣棪案：此書直齋有〈題識〉，曰：「嘉熙己亥良月，借虎邱寺本錄，蓋當時所賜，藏之名山者也。末用蘇州觀察使印，長、貳押字，志頒降歲月。平生每見承平故物，輒慨然起敬，恨生不於其時，乃錄藏之，一切倣元本，無毫釐差。伯玉識。」足資參證。《郡齋讀書志》卷第二〈樂類〉著錄：「《皇祐樂

記》三卷，右皇朝胡瑗等撰。皇祐二年，下詔曰：『國初循用王朴樂，太祖患其聲高，令和峴減下一律，然猶未全。命瑗同阮逸等二十餘人再定。』四年，樂成奏之，上御紫宸殿觀焉。此其說也。」《玉海》卷第一百五〈音樂・樂〉三「《新樂圖記》」條載：「《書目》：『《皇祐新樂圖記》三卷，二年，阮逸、胡瑗撰。逸、瑗承詔改議鐘磬、律度量衡、鼓鼎、鸞刀之制，修定制度，各圖形範，爲之記。』」《宋史》卷二百二〈志〉第一百五十五〈藝文〉一〈樂類〉著錄：「阮逸《皇祐新樂圖記》三卷。」《四庫全書總目》卷三十八〈經部〉三十八〈樂類〉著錄：「《皇祐新樂圖記》三卷，_{兩淮馬裕家藏本。}宋阮逸、胡瑗奉敕撰。仁宗景祐三年二月，以李照樂穿鑿，特詔校定鐘律，依《周禮》及歷代史志立議範金。至皇祐五年，樂成奏上，此其圖記也。舊本從明文淵閣錄出，後有宋陳振孫嘉定己亥〈跋〉云：『借虎邱寺本錄，蓋當時所賜，藏之名山者。』又有元天歷二年吳壽民〈跋〉、明萬歷三十九年趙開美〈跋〉，敘是書源委頗詳。考初置局時，逸、瑗與房庶等皆驛召預議。詔命諸家各作鍾律以獻，而持論互異。司馬光主逸、瑗之說，范鎮主房庶之說，往反爭議，卒不能以相一。其往返書牘，具《光傳家集》中，而鎮所作《東齋記事》，亦略存其概。大抵逸、瑗以爲黃鍾之管，積八百一十分，容一千二百黍。又以九章圓田算法計之，黃鍾管每長一分，積九分，容十三黍三分黍之一，空徑三分四釐六毫，圍十分三釐八毫，圍徑用徑三圍九古率，而改圍九分爲九方分，別遷就之術也。司馬光曰：『古律已亡，非黍無以見度，非度無以見律。律不生於度與黍，將何從生？非謂太古以來律必生於度也，特以近世古律不存，故返從度法求之耳！』其論最明。范鎮譏其以度起律，誠爲過當。然鎮以秬、黍、律、尺、龠、鬴、斛、算數、權衡、鐘聲十者，必相合而不相戾，然後爲得，亦不爲無見也。以律起度，與以度起律，源流本無異同。而二家算術不精。逸、瑗等得之於橫黍，而失之於圍徑。又以大黍累尺，小黍實管，自相乖反。房庶以千二百黍實之管中，隨其長短，斷之以爲九寸之管，取三分以度空徑。則空徑不生於黍，而別有一物爲度以起分，竟不必實黍於管，亦未見其爲通論也。是書上卷具載律呂、黍尺、四量權衡之法，皆以橫黍起度，故樂聲失之於高。中、下二卷攷定鐘磬、晉鼓及三牲鼎、鸞刀制度，則精核可取云。」至拙著《陳振孫之生平及其著述研究》第六章、第八節〈皇祐新樂圖記題識〉，亦可參考。

大樂演義三卷

《大樂演義》三卷，館臣案：《文獻通考》「《大樂演義》」上有《補亡樂書》三卷。成都房審權撰。皇祐中宋祁、田況薦益州進士房庶曉音律，上其《樂書補亡》三卷。庶自言得古本《漢書》，云：「度起於黃鍾之長，以子穀秬黍中者，一黍之起，積一千二百黍之廣，度之九十分，黃鍾之長，一為一分。」今本脫「之起，積一千二百黍」八字，故前世累黍為尺，以制律。是律生於尺，非尺生於律也。且「一為一分」者，蓋九十分之一也。後世誤以一黍為一分，非是。當以秬黍中者一千二百實管中，黍盡得九十分，為黃鍾之長九寸，加一，以為尺，則律定矣。惟范鎮是之。時胡瑗、阮逸制樂，已有定議，遂格不行，詳見《國史‧律曆志》。審權，庶之子也，元豐四年為此書，以述父之意。

廣棪案：《玉海》卷第一百五〈音樂‧樂〉三「皇祐紫宸殿奏新樂」條載：「（皇祐）二年九月丁亥，上御崇政殿閱雅樂，謂輔臣曰：『作樂崇德，薦之上帝，以配祖考。今將有事明堂，其令太常益講求之。』十一月乙酉，召太子中舍致仕胡瑗赴大樂所，同定鐘磬制度。晁氏〈志〉：『《皇祐樂記》三卷，胡瑗等撰。瑗同阮逸等二十餘人再定。』言者以鑄鐘、特磬，大小未合古制，詔令改作。閏十一月丁卯，詔中書、門下集兩制，及太常官置局祕閣，詳定大樂。五年四月甲午，命劉沈、梁適監議大樂。四年二月庚寅，益州進士試校書郎房庶上《律呂旋相圖》，〈志〉：『房庶《補亡樂書》三卷。庶字次元。』而胡瑗、阮逸制樂已有定議，止以圖送詳定所。推恩而遣之。先是三年十二月甲辰，以庶為校書郎，命上圖。六月乙酉，直秘閣范鎮上書曰：『陛下制樂三年，有司之論紛然未決，由不識其本而爭其末也。樂者，和氣也。發和氣者，聲音；而聲音生於無形，古人以有形之物傳其法，然後無形之聲音得有形者，秬黍也，律也，尺也，龠、鬴、斛、算數、權衡、鐘磬也。十者必相合，然後為得，今皆相戾。許慎云：「秠一稃二米，今秬黍一米云云。」今方定雅樂，願令有司人人各議，合為一書，請罷詳定、修制二局，俟真黍至，然後為樂。』詔送詳定所。又論於執政，以為庶自言其法依古，以律而起尺，此至真之法也。鎮自謂得古法，然集賢校理司馬光數與論難，以為弗合。世鮮鐘律學，莫辯其是非。」足供參證。房庶，又名昭庶；審權，昭庶子。《宋史》均無傳。《宋人傳記資料索引》載：「房昭庶，蜀人。洞曉樂道之學，仁宗朝以大臣薦，得旨賜對，特授秘書郎。著有《樂書》。」又載：「房審權，蜀人，昭庶子。熙寧間著《周易義海》一百卷，又有《大樂演義》。」可供參考。至房庶所撰《樂書補亡》三卷，《郡齋讀書志》卷第二〈樂類〉著錄：

「《補亡樂書》三卷。右皇朝房庶撰。古律既亡，後世議樂者，縱黍爲之則尺長，律管容黍爲有餘，王朴是也；橫黍爲之則尺短，律管容黍爲不足，胡瑗是也。故庶欲先以一千二百黍，納之於律管中，黍盡乃得九十分，爲黃鍾之長，其說大要以律生尺耳，范蜀公本之以製雅樂。」是庶於王朴、胡瑗二家之說均有所未協也。

其後元祐初，范蜀父老矣，自爲新樂，奏之於朝，蓋用其說云。

案：《郡齋讀書志》同卷同類著錄：「《范蜀公樂書》一卷。右皇朝范鎮景仁撰。景仁論樂宗房庶，潛心四十餘年，出私財鑄樂器。元祐中奏御。」是范鎮奏御之《樂書》，皆本庶之《補亡樂書》及審權之《大樂演義》而爲說。

樂書二百卷

《樂書》二百卷，秘書省正字三山陳暘晉之撰。建中靖國元年進之，_{廣棪案：盧校本「進之」作「進」。校注曰：「『進』下，《通考》有『之』字。」}為《禮書》陳祥道者，其兄也。其書雅、俗、胡部音器、歌舞，下及優伶、雜戲，無不備載。博則博矣，未免於蕪穢也。賜_{廣棪案：盧校本「賜」作「暘」。}紹聖元年制科，終禮部侍郎。

廣棪案：《文獻通考》卷一百八十六〈經籍考〉十三〈經樂〉此條下引「陳氏曰」，其句末尚有「楊誠齋〈序〉曰：『其書遠自唐、虞、三代，近逮漢、唐、本朝。上自六經，下逮子、史、百氏。內自王制，外逮戎索。網羅放失，貫綜煩悉。放鄭而一之雅，引今而復之古。使人味其論，玩其圖，忽乎先王金鐘、天球之音，粲乎前代鷺羽、玉戚之容。後有作者，不必求之於野，證之於杞、宋，而損益可知焉。』」此段文字恐非《解題》原文，乃《通考》板刻處理失當也。《玉海》卷第一百五〈音樂・樂〉三「崇寧陳暘《樂書》」條載：「二年九月六日壬午，何執中奏禮部郎陳暘撰《樂書》二百卷，欲加優獎。_{靖國初給筆札寫進。}暘欲考定中聲，更乞送講議司施行，遷暘一秩。暘《樂書》首采《禮記》諸經言樂處爲訓義，次取成周至本朝事爲之〈圖論〉，又有〈正誤〉一卷。_{暘兄祥道爲《禮書》，並行于世。}楊萬里〈序〉曰：『遠自唐、虞、三代，近逮漢、唐、本朝。上自六經，下逮子史百氏。內自王制，外逮戎索。網羅放失，貫綜煩悉，放鄭而一之雅，引今而復之古。味其論，玩其圖，忽乎先王金鐘、天球之音，鏘如於左右也，粲乎前代鷺羽、玉戚之容，躍如於

前後也。』」《四庫全書總目》卷三十八〈經部〉三十八〈樂類〉著錄：「《樂書》二百卷，福建巡撫採進本。宋陳暘撰。暘字晉之，閩清人。紹聖中登制科，官禮部侍郎。事蹟具《宋史》本傳。此書乃建中靖國間暘為秘書省正字時所進。自第一卷至九十五卷，引《三禮》、《詩》、《書》、《春秋》、《周易》、《孝經》、《論語》、《孟子》之言，各為之訓義。其第九十六卷至二百卷，則專論律呂本義、樂器、樂章，及五禮之用樂者，為〈樂圖論〉。引據浩博，辨論亦極精審，視其兄祥道《禮書》，殆相伯仲。第《禮書》所載，祇詳於三代器數。是書則又推及律呂本原，及後世雅俗諸部。故陳振孫《書錄解題》謂《樂書》『博則博矣，未能免於蕪穢也』。然暘書包括歷代，總述前聞，既欲備悉源流，自不得不兼陳正變。使振孫操筆而修史，將舉古來秕政亂法，一切刪之不載乎？此南宋人迂謬之見，不足據也。其中惟辨『二變』、『四清』二條，實為紕繆。自古論四清者，舉民臣相避以為尊卑立說，本屬附會。暘則曰：『黃鍾至夾鍾四清聲，以附正聲之次。』其意蓋謂夷則至應鍾四宮而設。既謂黃鍾至夾鍾為清，又謂為夷則至應鍾而設，是兩四清也。不知每一均必具五聲，夷則一均以夷、南、無、應為次，而闕角聲。必須黃鍾清為角。南呂一均以南、無、應為次，而闕羽、角二聲，必須黃清為羽，大清為角。以調而論，則謂夷、南、無、應四律。以聲而言，則為黃、大、太、夾四清，非有二也。其不用正聲而用清聲者，樂之高下以漸，無驟高驟下之理。以夷則一均言之，如用夷、南、無、應四正律，則其聲以次而高；而忽用黃鍾正律，雖同在一均，而高下不協，故必以黃清協之也。暘引李照十二鍾之說，殊為舛誤。又論二變曰：『五聲者，樂之拇指也。二變者，五聲之駢枝也。』五聲可益為七音，則五星、五行、五常亦可益而七之乎？二變之說始於《尚書》，而曼衍於《左傳》、《國語》、《書傳》、〈漢志〉。是不知《書》之在治忽，有五聲而無七始。《國語》之七同，有四宮而無徵也。《左氏》為七音之說，蓋八音耳。八音以土為主，而七音非土不和。故《書》之〈益稷〉，《禮》之〈樂記〉，其言八者皆虛其一，猶大衍虛其一也云云。不知二變之生，由於高下之次。蔡元定相去二律則音節遠之說，最有根據。若不究其理之所由然，而但以數相較，則七較之五而多其二者，將十二較之五而亦多其七。是音不得有其七，而律亦不得有其十二乎？且五聲二變，有管律弦度之不同。半太簇與正黃鍾應，半夾鍾與正大呂應。此理尤為暘所不知也。至以七音為八音虛土而言，尤為牽強矣。又其釋《周官》三宮之樂，以圜黃、太、姑為宮之旋而在天者，故其合別而為四。函太、姑、南為宮之旋而在地者，故其合降而為三。黃大、

太應爲宮之旋而在人者，故其合降而爲三。黃、大、太應爲宮之旋而在人者，故其合降而爲二。若然，則天宮用八律，地宮用六律，人宮用四律，以多少爲差別也。而圜丘樂六變，方丘樂八變，宗廟樂九變，又何以解耶？凡此之類，皆不可據爲典要。然唐以來樂書無傳。北宋樂書惟《皇祐新樂圖記》及此書存耳。遺文緒論，條理可徵，又安可以一眚廢耶？」可供參證。暘，《宋史》卷四百三十二〈列傳〉第一百九十一有傳，載：「陳暘字晉之，福州人。中紹聖制科，授順昌軍節度推官。徽宗初，進《迓衡集》以勸導紹述，得太學博士、秘書省正字。禮部侍郎趙挺之言：『暘所著《樂書》二十卷，貫穿明備，乞援其兄祥道進《禮書》故事給札。』既上，遷太常丞，進駕部員外郎，爲講議司參詳禮樂官。魏漢津議樂，用京房二變四清。暘曰：『五聲十二律，樂之正也。二變四清，樂之蠹也。二變以變宮爲君，四清以黃鐘清爲君。事以時作，固可變也，而君不可變。太簇、大呂、夾鐘，或可分也，而黃鐘不可分，豈古人所謂尊無二上之旨哉！』時論方右漢津，絀暘議。」祥道附〈暘傳〉，載：「祥道字用之。元祐中，爲太常博士，終秘書省正字。所著《禮書》一百五十卷，與暘《樂書》並行于世。」可供參考。

大晟樂書二十卷

《大晟樂書》二十卷，大中大夫開封劉炳子蒙撰。「大晟」者，本方士魏漢津妄出新意，以祐陵指節定尺律，傅會身爲度之說。炳爲大司樂，精爲緣飾。

廣棪案：盧校本「緣飾」下無「又有《圖譜》一卷」六字。校注曰：「此下《通考》有『又有《圖譜》一卷』，蓋因晟〈志〉有《大晟樂府雅樂圖》一卷，《通考》刪其辭而附其目於此，陳氏元本無之。」又有《圖譜》一卷。

廣棪案：《玉海》卷一百五〈音樂・樂〉三「崇寧大晟樂」條載：「崇寧三年正月二十九日，魏漢津言請三指爲法，均絃裁管，爲一代樂，從之。本朝大樂繇建隆迄崇寧，凡六改。和峴、李照、阮逸、劉几、范鎮、魏漢津。詳見〈律類〉。四年八月二十六日庚寅，崇政殿奏新樂，詔曰：『迺者得隱逸之士，於草茅之賤；獲英莖之器，於受命之邦。時端州上古銅器，有樂鐘。適時之宜，以身爲度。鑄鼎以起律，因律以制器。按協於庭，八音克諧，宜賜名曰大晟，舊樂更不行用。九月朔，大慶殿稱慶。大觀元年五月九日甲午，詔令大晟府頒新樂於天下。置大晟府，設大司樂一員，典樂一員。三年五月十二日，詔賜宴辟雍，用雅樂。四年八月一日，御製〈大晟樂記〉。政和三年五月二十九日，御崇政

殿。按燕樂三十日，詔頒之天下。八月大晟府奏增入徵、角二調，及土、石、匏三音，詔頒天下。六年閏正月九日，大晟府編集燕樂八十四調，并《圖譜》。令劉炳撰文。七年二月十一日，賜高麗雅樂。大晟府撰樂府諸辭，乃賜樂譜。宣和四年，臣僚言一歲凡一百一十八祀，作樂者六十二，所用樂章五百六十九。二年二月，依月律撰〈燕樂詞〉八十四調。大觀二年六月，劉炳上《樂書》二十卷、〈論〉八篇。五聲、八音、七均、十二律、八十四調，度量權衡二舞，各有〈圖序〉，并〈候氣〉、〈軍律〉、〈教樂〉、〈運譜〉四議，共二十卷，上之，刊印頒四方。《書目》卷同。」《宋史》卷二百二〈志〉第一百五十五〈樂類〉著錄：「劉昺《大晟樂書》二十卷，又〈樂論〉八卷。」足資參證。昺，《宋史》卷三百五十六〈列傳〉第一百一十五有傳，載：「劉昺字子蒙，開封東明人，初名炳，賜今名。元符末，進士甲科，起家太學博士，遷秘書省正字、校書郎。兄煒，通樂律。煒死，蔡京擢昺大司樂，付以樂正。遂引蜀人魏漢津鑄九鼎，作《大晟樂》。昺撰《鼎書》、《新樂書》，皆漢津妄出己意，而昺為緣飾，語在〈樂志〉。累遷給事中。」可供參考。

隆韶導和集一卷

《隆韶導和集》一卷，館臣案：《文獻通考》題《隆韶道百和集》，誤。保義郎大晟府案協律廣棪案：盧校本「協律」下有「聲」字。校注曰：「館本無『聲』字，《通考》同。」姚公立撰。以律呂、節氣、陰陽為說，凡四十九條。

廣棪案：此書及撰人均不可考。

雜藝類　廣棪案：盧校本作卷四十五〈雜藝類〉。校注曰：「有元本。」

九鏡射經一卷

《九鏡射經》一卷，館臣案：《文獻通考》「九鏡」作「几鏡」。唐檢校太子詹事韋韞撰。〈制弓矢法〉三篇，〈射法〉九篇。

　　廣棪案：《宋史》卷二百七〈志〉第一百六十〈藝文〉六〈雜藝術類〉著錄：「韋蘊《九鏡射經》一卷。」即此書，惟「韞」作「蘊」。《玉海》卷第七十五〈禮儀・射〉「唐《射經》」條載：「《書目》：『《射訣》一卷，唐王堅道。案：田逸、張宗、琚環、韋蘊等〈經〉纂爲此書。有〈四戒〉、〈三謹〉、〈五善〉、〈五難〉、〈二合〉、〈三開〉、〈五病〉，隨題立注，從注加詩。」是此書嘗收入王堅道《射訣》中。蘊，兩《唐書》無傳。《新唐書》卷七十四上〈表〉第十四上《宰相世系》四上載：「蘊，檢校太子詹事。」是《解題》名作韞，應誤。

射訣一卷

《射訣》一卷，韋韞撰。敘其學射之初，有張宗者授之訣，遂著於篇。

　　廣棪案：《宋史》卷二百七〈志〉第一百六十〈藝文〉六〈雜藝術類〉著錄：「韋蘊《射訣》一卷。」即此書。張宗，生平不可考，《玉海》卷第七十五〈禮儀・射〉「唐《射經》」條有張宗姓名，列韋蘊前。蘊蓋曾師事張宗學射。

射評要略一卷

《射評要略》一卷，稱李廣撰。固依託也，而亦鄙淺亡奇。

　　廣棪案：《郡齋讀書志》卷第十五〈藝術類〉著錄：「《射評要略》一卷。右題日李廣撰。凡十五篇。」《玉海》卷第七十五《禮儀・射》「唐《射經》」條載：「《書目》：《射評要略》一卷，題漢李廣撰。論學射體法之病，凡十五篇，淺近，蓋依託也。」《解題》所記，或據《中興館閣書目》。

射訓一卷

《射訓》一卷，監察御史張仲殷撰。《中興書目》云本朝人，果也，不應名犯廟諱。

　　廣棪案：《玉海》卷第七十五〈禮儀·射〉「宋朝神射式」條載：「《書目》：『張仲商《射訓》一卷。』」《宋史》卷二百七〈志〉卷一百六十〈藝文〉六〈雜藝術類〉著錄：「張仲商《射訓》一卷。」即此書。《中興館閣書目》及〈宋志〉名作仲商，蓋避諱改。仲殷，生平無可考。

射議一卷

《射議》一卷，元城王越石仲寶撰。凡七條。

　　廣棪案：《玉海》卷第七十五〈禮儀·射〉「宋朝神射式」條載：「《書目》：『王越石《射議》一卷，有〈選弓〉、〈擇矢〉、〈容體〉、〈引挽〉、〈斷發〉、〈去病〉、〈取親〉，凡七篇。』」越石，《宋史》無傳。《宋詩紀事補遺》卷之十九載：「王越石，元城人，以父乙蔭入仕，授秦州觀察推官，見《廣陵集》。治平四年尚書都官員外郎，知瓊州軍州事。」可供參考。

增廣射譜七卷

《增廣射譜》七卷，淳熙中，詔進士習射，書坊為此以射利。末二卷為盧宗邁《射法》，亦簡要可觀。廣棪案：《文獻通考》末句闕「要可觀」三字。

　　廣棪案：此書無可考。有關淳熙中詔進士習射，《玉海》卷第七十五〈禮儀·射〉「淳熙試進士射」條載：「孝宗嘗諭輔臣，欲令文士能射御，武臣知詩書。淳熙元年三月庚子，禮部胄監言：『知道州樓源請令太學生習射，州縣學置射圃。今欲舉行舊法，令太學生講習射禮，進士殿設上二甲人，擇日試射，庶合射宮試士之意。』從之。二年五月己丑，御射殿，引新進士按射。元年七月二十六日，太學置射圃。孝宗課儒生以金穀，懼空言之無補。角進士以弧矢，慮戎備之或忘。」可供參考。盧宗邁及其《射法》，無可考。

書品七卷

《書品》七卷，梁度支尚書庾肩吾撰。

廣棪案：《新唐書》卷五十七〈志〉第四十七〈藝文〉一〈小學類〉著錄：「庾肩吾《書品》一卷。」《崇文總目》卷一〈小學類〉下著錄：「《書品》一卷，庾肩吾撰。東垣按：《書錄解題》七卷。」錢東垣輯釋本。《玉海》卷第四十五〈藝文·小學〉「《書品》」一卷，〈唐志〉：『庾肩吾撰。集草隸者一百二十八人，以張芝居首，品為九例。』」是此書〈新唐志〉及《崇文總目》、《中興館閣書目》均作一卷，疑《解題》作七卷者，誤。《四庫全書總目》卷一百十二〈子部〉二十二〈藝術類〉一著錄：「《書品》一卷，浙江鮑士恭家藏本。梁庾肩吾撰。肩吾字子慎，新野人。起家晉安王國常侍，元帝時官至度支尚書，事蹟具《梁書·文學傳》。是書載漢至齊、梁能真草者一百二十八人，分為九品。每品各繫以論，而以〈總序〉冠於前。考竇泉〈述書賦〉稱：『肩吾通塞，并乏天性，工歸文華，拙見草正。徒聞師阮，何至遼敻。使鉛刀之均鋒，稍並利而則佞』云云。其於肩吾書學，不甚推許。又其『論述作』一條，稱『庾中庶品格，拘於文華』，則於是書亦頗致不滿。然其論列多有理致，究不失先民典型。如〈序〉稱：『尋隸體發源，秦時隸人下邳程邈所作。始皇見而重之，以奏事繁多，篆字難製，遂作此法，故曰隸書。今時正書是也。』此足正歐陽修以八分為隸之誤。惟唐之魏徵，與肩吾時代邈不相及，而並列其間，殊為顛舛。故王士禎《居易錄》詆毛晉刊本之訛。又〈序〉稱一百二十八人，而書中所列實止一百二十三人，數亦不符，殆後人已有所增削。然張彥遠《法書要錄》，全載此書，已同此本。併魏徵之謬亦同，則其來久矣。」可供參考。肩吾，《梁書》卷四十九〈列傳〉第四十三〈文學〉上、《南史》卷五十〈列傳〉第四十均有傳。

書評一卷

《書評》一卷，梁侍中袁昂撰。

廣棪案：此書無可考。袁昂字千里，陳郡陽夏人。《梁書》卷三十一〈列傳〉第二十五、《南史》卷二十六〈列傳〉第十六有傳。梁武帝時為侍中。

藥石論一卷

《藥石論》一卷,唐昇州司馬張懷瓘撰。

廣棪案:《新唐書》卷五十七〈志〉第四十七〈藝文〉一〈小學類〉著錄:「張懷瓘《書斷》三卷,開元中翰林院供奉。又《評書藥石論》一卷。」是此書應稱《評書藥石論》。《全唐文》卷四百三十二「張懷瓘」項下收此篇,文長不錄。《四庫闕書目・小學類》著錄:「張懷瓘《評書樂石論》一卷。」作「樂」字,蓋字形相近而誤。懷瓘,兩《唐書》無傳,《全唐文》卷四百三十二載:「懷瓘,海陵人。開元中官鄂州司馬,翰林院供奉。」與《解題》著錄不同,未知孰是。

六體論一卷、書斷三卷、書估一卷、論書一卷

《六體論》一卷、《書斷》三卷、《書估》一卷、《論書》一卷,以上四種亦皆張懷瓘撰。

廣棪案:《玉海》卷第四十五〈藝文・小學〉「唐《六體論》」條載:「《書目》:『一卷,張懷瓘論大篆、小篆、八分、隸書、行書、草書六體。《書詁》一卷、《評書藥石論》一卷,天寶中獻。《古文大篆書祖》一卷,懷瓘論古文、大篆、籀文、小篆、八分、隸書、章草、行書、飛白、草書十體,皆有贊。《書斷》三卷。卷末云:「開元甲子歲草枌。」』《崇文目》云:『懷瓘《書斷論》三卷,采古人以書名家,差為三品。』李淑《書目》云:『上論書述讚文,下每書分神、妙、能品。』」《宋史》卷二百二〈志〉第一百五十五〈藝文〉一〈小學類〉著錄:「張懷瓘《書詁》一卷,又《評書藥石論》一卷、《六體論》一卷、《古文大篆書祖》一卷、《書斷》三卷。」疑《解題》之《書估》應作《書詁》,又直齋所藏尚闕《古文大篆書祖》一卷。《全唐文》卷四百三十二收有懷瓘〈書斷序〉、〈文字論〉、〈二王書錄〉、〈玉堂禁經〉、〈書議〉、〈書估〉、〈書斷評〉、〈書斷論〉、〈六體書論〉、〈古賢能書錄〉、〈評書藥石論〉、〈書斷贊〉等文,而《書詁》亦作《書估》。

翰林禁書三卷

《翰林禁書》三卷,無名氏。館臣案:《文獻通考》有《翰林禁經》八卷,引晁公武《讀書志》曰:「唐李陽冰撰,論書勢、筆法所禁,故以名書。」疑即此書也。

廣棪案:《崇文總目》卷一〈小學類〉下著錄:「《翰林禁經》一卷,李陽冰撰。

東垣按：《書錄解題》三卷，『經』作『書』，云無名氏。《通考》八卷。〈宋志〉三卷，亦不著撰人。」錢東垣輯釋本。《郡齋讀書志》卷第四〈小學類〉著錄：「《翰林禁經》八卷。右唐李陽冰撰。論書勢、筆法所禁，故以名書。」孫猛《郡齋讀書志校證》曰：「按此書不見兩〈唐志〉，《崇文總目》卷一〈小學類〉下題同《讀書志》，作一卷，亦云李陽冰撰，《書錄解題》卷十四〈雜藝類〉題作《翰林禁書》三卷，稱無名氏撰。〈宋志〉卷一題同《讀書志》，三卷。《通志·藝文略》卷二《小學類·法書種》有《書禁經》一卷，並不題撰人。余紹宋《書畫書錄解題》卷十云：『今《書苑菁華》卷二有〈翰林密論〉二十四條用筆法及《翰林禁經》九生法，未知是否由此書中摘錄者。』」可供參證。

書後品一卷

《書後品》一卷，唐御史中丞李嗣真撰。

　　廣棪案：《新唐書》卷五十七〈志〉第四十七〈藝文〉一〈小學類〉著錄：「李嗣真《書後品》一卷。」《崇文總目》卷一〈小學類〉下著錄：「《書後品》一卷。原釋：李嗣真因庾肩吾之品，更分十等，各為評讚。見《玉海·藝文類》。東垣按：《玉海》引《崇文目》同。」錢東垣輯釋本。《玉海》卷第四十五〈藝文·小學類〉「《書品》」條載：「《書目》：『李嗣真《書後品》一卷。』《崇文目》云：『因庾肩吾之品，更分十等，各為評讚。』《唐書》：『嗣真撰《書品》一卷。今本無評讚。』」可供參證。嗣真，《舊唐書》卷一百九十一〈列傳〉第一百四十一〈方伎〉、《新唐書》卷九十一〈列傳〉第十六有傳。《舊唐書》載：「李嗣真，滑州匡城人也。……永昌中，拜右御史中丞。……撰《明堂新禮》十卷，《孝經指要》、《詩品》、《書品》、《畫品》各一卷。」案：《舊唐書》永昌，疑作永徽，唐高宗年號。唐代各帝未有年號作永昌者。又所載之《書品》，應作《書後品》。

墨藪一卷

《墨藪》一卷，館臣案：《文獻通考》作十卷。　廣棪案：盧校注：「晁〈志〉有十卷者，許歸與編。」不知何人所集。凡十八篇。又一本二十一篇。

　　廣棪案：《崇文總目》卷一〈小學類〉下著錄：「《墨藪》五卷。東垣按：《書錄解題》一卷，《通考》十卷，並不著撰人。陳詩庭云：『今本二卷，題唐韋續編。』」錢東垣輯釋本。《郡齋讀書志》卷第四〈小學類〉著錄：「《墨藪》十卷。右高揚

許歸與編。未詳何代人。李氏《書目》止五卷，而梁武《評書》、王逸少《筆勢論》皆別出。」《宋史》卷二百二〈志〉第一百五十五〈藝文〉一〈小學類〉著錄：「《墨藪》一卷，不知作者。」《四庫全書總目》卷一百十二〈子部〉二十二〈藝術類〉一著錄：「《墨藪》二卷，附《法帖釋文刊誤》一卷，浙江巡撫採進本。舊本題唐韋續撰。續，不知何許人。是書〈唐志〉亦不著錄。惟《文獻通考》載《墨藪》十卷，引晁公武《讀書志》曰：『高陽許歸與編，未詳何代人。李氏《書目》祇五卷。』又引陳振孫《書錄解題》曰：『不知何代所集，凡十八篇。又一本二十一篇。此本爲明程榮所刻校，其門目上卷，五十六種。〈書〉第一，〈九品書人〉第二，〈書品優劣〉第三，〈續書品〉第四，〈梁武帝評〉第五，〈書論〉第六，〈論篆〉第七，〈用筆法并口訣〉第八。〈筆陣圖〉第九，〈又筆陣圖〉第十。下卷，〈張長史十二意法〉第十一，〈王逸少筆勢傳〉第十二，〈指意筆髓〉第十三，〈王逸少筆勢圖〉第十四，〈筆意〉第十五，〈晉衛恆等書勢〉第十六，〈勸學〉第十七，〈貞觀論〉第十八，〈書訣〉第十九，〈徐氏書記〉第二十，〈唐朝書法〉第二十一，與振孫所言又一本合。蓋即所見書中所記止於唐文宗柳公權事，當出於開成後人。然題爲韋續，則不知其何所據也。」是此書或作一卷，或作二卷，或作五卷，或作十卷；而編集者或不知何人，或作許歸與，或作韋續。相異若此，殊難究詰矣。

古今法書苑十卷

《古今法書苑》十卷，廣棪案：盧校本作一卷。主客郎中臨淄周越撰。越與兄起皆有書名。起書未見，越書間有之，俗甚。館臣案：「越書」二句原本脱去，今據《文獻通考》補入。

廣棪案：《郡齋讀書志》卷第四〈小學類〉著錄：「《周越書苑》十五卷。右皇朝周越撰。越以善書名世，天聖八年四月成此書，奏御。故其〈序〉稱『臣越、臣兄起』，於柳公權書，又云『亡兄』，間稱名而不臣，似未經討論也。」《玉海》卷第四十五〈藝文·小學〉「景祐《書苑》」條載：「《實錄》：『三年乙巳朔，國子博士周越上。纂集古今人書并隸體法，〈傳〉云：「并所更體法。」名《書苑》，凡二十卷。命知國子監書學。』〈志〉云：『二十九卷。』〈傳〉云：「十卷。」《中興書目》：『周越《古今法書苑》十卷。其〈序〉云：「自蒼史逮皇朝，善書者得三百九十八人，以古文、大篆、小篆、隸書、飛白、八分、行書、草書，通爲八髓，附以雜書。以正書、正行、行草、草書分爲四等。」』晁氏〈志〉云：『十

五卷，天聖八年四月成此書，奏御。」《宋史》卷二百二〈志〉第一百五十五〈藝文〉一〈小學類〉著錄：「周越《古今法書苑》十卷。」足供參證。惟此書或作十卷，或作十五卷，或作三十卷，未知孰是。周起，《宋史》卷二百八十八〈列傳〉第四十七有傳，載：「周起字萬卿，淄州鄒平人。……起能書。弟超，亦能書，集古今人書并所更體法，爲《書苑》十卷，累官主客郎中。」即記此事。疑《宋史·起傳》之「弟超」，乃「弟越」之誤。

金壺記一卷

《金壺記》一卷，僧適之撰。集書家故事，以二字爲題，而注所出於其下，凡三百餘條。

　　廣校案：《四庫全書總目》卷一百十四〈子部〉二十四〈藝術類存目〉著錄：「《金壺記》三卷。兩淮鹽政採進本。宋僧適之撰。適之始末未詳。案《拾遺記》載：『周時浮提國獻書生二人，有金壺，壺中墨汁灑水石，皆成篆籀或科斗文字。』〈記〉之取名，蓋出於此。適之原有《金壺字考》一卷，取書之異音者以類相從，標題二字而音其下。其書具有條理。是書雜述書體及能書人名，乃頗爲蕪雜。如『項籍記姓名』，『揚雄心畫』之類，雜敍於五十六種書體內，殊爲不類。又皆不著出處，亦乖傳信之道也。」足供參證。惟此書《解題》作一卷，《四庫全書總目》作三卷，或分卷有所不同耳。

書史一卷

《書史》一卷，禮部員外郎廣校案：盧校本作「禮部郎」。米芾元章撰。

　　廣校案：《郡齋讀書志》卷第十五〈藝術類〉著錄：「《書畫史》二卷。右皇朝米芾元章撰。輯本朝公卿士庶家藏法書、名畫，論其優劣眞僞。」《郡齋讀書志校證》曰：「按米芾撰有《書史》一卷、《畫史》一卷，《讀書志》乃合二書爲一條著錄，〈經籍考〉卷五十六同《讀書志》。」足供參考。《玉海》卷第四十五〈藝文·小學〉「書學」條載：「《書目》：『米芾《書評》一卷，元祐六年撰。」《宋史》卷二百二〈志〉第一百五十五〈藝文〉一〈小學類〉著錄：「米芾《書評》一卷。」疑《書評》與《書史》實爲一書，名異實同也。芾，《宋史》卷四百四十四〈列傳〉第二百三〈文苑〉六載：「米芾字元章，吳人也。以母侍宣仁后，藩邸舊恩，補含光尉。歷知雍丘縣、漣水軍，太常博士，知無爲軍。召爲書畫

學博士，賜對便殿，上其子友仁所作〈楚山清曉圖〉，擢禮部員外郎，出知淮陽軍。卒，年四十九。芾爲文奇險，不蹈襲前人軌轍。特妙於翰墨，沈著飛翥，得王獻之筆意。畫山水人物，自名一家，尤工臨移，至亂眞不可辨。」是芾書畫皆精也。至芾所任者乃禮部員外郎，盧校本作禮部郎，實誤。此書《四庫全書總目》卷一百十二〈子部〉二十二〈藝術類〉一著錄：「《書史》一卷，謝江鮑士恭家藏本。宋米芾撰。是編評論前人眞蹟，皆以目歷者爲斷。故始自西晉，迄於五代，凡印章跋尾，紙絹裝褾，俱詳載之。中如言敍帖，辨爲右軍書，而斥柳公權之誤作子敬。智永《千文》，驗爲鍾紹京、歐陽詢書，魏泰收虞世南草書，則又定爲智永作。類皆辨別精微，不爽錙黍。所錄詩文，亦多出於見聞之外。如許渾詩『湘潭雲盡暮山出』句，此載渾手寫烏絲欄墨蹟內，『暮山』實作『暮煙』，知今世所行《丁卯集》本爲誤。楊愼作《丹鉛錄》，嘗攘其說而諱所自來。是亦足資考證，不但爲鑒賞翰墨之資也。惟卷末〈論私印〉一條，謂印關吉凶，歷引當時三省印、御史臺印、宣撫使印，皆以篆文字畫卜官之休咎。《隋書·經籍志》有《魏征東將軍程申伯相印法》一卷。《三國志》註〈夏侯尙傳〉末附許允相印事，引相印書曰：『相印法本出陳長文，以語韋仲將。印工楊利從仲將受法，以語許士宗。案士宗即許允之字。利以法術占吉凶，十可中八九。仲將又問長文從誰得法，長文曰：『本出漢世，有《相印相笏經》，又有《鷹經》、《牛經》、《馬經》。印工宗養以法語程申伯，於是有一十二家相法。』』是古原有此法。然芾未必能得其傳，殆亦謬爲附會，徒爲好異而已矣。」余紹宋《書畫書錄解題》卷六〈第六類·著錄〉四〈鑒賞〉著錄：「《米海嶽書史》二卷，宋米芾譔。此書記其目見法書，詳其藏家、紙本，及印章、跋尾，實爲後世著錄家之祖。敍述中兼及故事軼聞，時有評論，讀之覺有生氣，不似後來著錄家但事迻錄，依樣胡盧，幾成胥吏簿書也。上卷皆記晉唐人墨跡，下卷記唐人墨跡，及摹本刻石，兼述裝褾印章等事，色色精到。〈自序〉謂『所以指南，識者不點俗目』，絕非夸詞。卷末〈論印〉一條，內有小注，言印主吉凶，原無關於弘恉，《四庫》摭此，斥其謬爲附會，未免過當。《四庫》於古書，每喜毛舉細故，肆爲譏彈，類如此。」均可資參考。

秘閣法帖跋一卷

《秘閣法帖跋》一卷，米芾撰。

廣棪案：此書不可考。

翰墨志一卷

《翰墨志》一卷，高宗皇帝御製。

　　廣校案：《宋史》卷二百二〈志〉第一百五十五〈藝文〉一〈小學類〉著錄：
　　「宋高宗《評書》一卷，亦名《翰墨志》。」《四庫全書總目》卷一百十二〈子
　　部〉二十二〈藝術類〉一著錄：「《翰墨志》一卷，浙江鮑士恭家藏本。宋高宗
　　皇帝御撰。《宋史・藝文志》載高宗《評書》一卷，亦名《翰墨志》，高似孫
　　《硯箋》引作高宗《翰墨志》，岳珂《法書贊》引作思陵《翰墨志》，後人所
　　追題也。高宗當臥薪嘗膽之時，不能以修練戎韜，爲自強之計，尙耽心筆札，
　　效太平治世之風，可謂舍本而營末。然以書法而論，則所得頗深。陸游《渭
　　南集》稱其『妙悟八法，留神古雅，訪求法書名畫，不遺餘力。清暇之燕，
　　展玩摹搨不少怠』。王應麟《玉海》稱其『初喜黃庭堅體格，後又采米芾，已
　　而皆置不用，專意羲、獻父子，手追心摹。嘗曰：「學書當以鍾、王爲法，然
　　後出入變化，自成一家。」』今觀是編，自謂『五十年未嘗舍筆墨』。又謂『宋
　　代無字法可稱』。於北宋但舉蔡襄、李時雍及蘇、黃、米、薛，於同時但舉吳
　　說、徐兢，而皆有不滿之詞。惟於米芾行草，較爲許可。其大旨所宗，惟在
　　羲、獻。與《玉海》所記皆合，蓋晚年所作也。其論『效米芾法者，不過得
　　其外貌，高視闊步，氣韻軒昂。不知其中本六朝妙處，醞釀風骨，自然超越』。
　　可謂入微之論。其論徽宗『留意書法，立學養士，惟得杜唐稽一人。今書家
　　無舉其姓名者』。中間論『端研』一條，謂『欲如一段紫玉，磨之無聲，而不
　　以眼爲貴』。今賞鑒家猶奉爲指南。岳珂〈寶眞齋法書贊〉引此書『評米芾詩
　　文』一條，此本無之，殆經明人刪節，已非完書歟？」余紹宋《書畫書錄解
　　題》卷三〈第三類・論述〉四〈雜論〉著錄：「《翰墨志》一卷，宋高宗撰。
　　今本是編僅二十二則，《四庫提要》疑經明人刪節，惜未得皕宋樓所藏宋刊本
　　一爲校勘也。其論『學書宜先學正書』，又謂『正草不可不兼有』。洵爲不刊
　　之言。《提要》列舉其長，而未及此，因更言之。」可供參考。

法帖刊誤二卷

《法帖刊誤》二卷，黃伯思長睿撰。〈淳化法帖〉出於待詔王著去取，時秘府
墨跡真贗雜居，著不能辨也，但欲備晉、宋間名跡，遂至以江南人一手偽帖，
竄入其間，鄙惡之甚。米南宮辨之，十已得七八，至長睿，益精詳矣。

廣棪案:《宋史》卷二百二〈志〉第一百五十五〈藝文〉一〈小學類〉著錄:
「黃伯思《法帖刊誤》一卷。」疑一卷乃二卷之誤。《四庫全書總目》卷八十
六〈史部〉四十二〈目錄類〉二著錄「《法帖刊誤》二卷,內府藏本。宋黃伯
思撰。伯思有《東觀餘論》,已著錄。初,米芾取〈淳化閣帖〉一一評其真偽,
多以意斷制,罕所考證。伯思復取芾之所定,重為訂正,以成此書。前有大
觀戊子〈自序〉,稱『芾疏略甚多,或偽蹟甚著而不覺者,若李懷琳所作〈衛
夫人書〉,逸少〈闊別稍久帖〉之類。有審其偽而譏評未當者,若知伯英夫人
〈諸草帖〉為唐人書,而不知乃書晉人帖語之類。有譏評雖當,主名昭然而
不能辨者,若以田疇字為非李斯書,而不知乃李陽冰〈明州碑〉中字之類。
有誤著其主名者,若以晉人章草〈諸葛亮傳〉中語,遂以為亮書之類。』其
論多確。其他亦指摘真偽,率有依據。末有政和中王珍、許翰二〈跋〉。據珍
〈跋〉,乃伯思官洛中時觀珍家所藏閣帖作也。其書本自為一編,故至今有別
行之本,諸家書目亦別著錄。後其子訆乃編入《東觀餘論》中耳。湯垕《畫
鑒》曰:『宋人賞鑒精妙,無如米元章。然此公天資極高,立論時有過處。後
有黃伯思長睿者出,作《法帖刊誤》,專攻米公之失。僕從而辨析其詳,作《法
帖正誤》,專指長睿之過。』今未見垕書,不知所正者何誤。然垕亦空談鑒別,
而不以考證為事者,恐所正亦未必確也。」足供參證。考王著字知微,《宋史》
卷二百九十六〈列傳〉第五十五有傳。其〈傳〉曰:「著善攻書,筆跡甚媚,
頗有家法。太宗以字書訛舛,欲令學士刪定,少通習者。太平興國三年,轉
運使侯陟以著名聞,改衛寺丞、史館祗候,委以詳定篇韻。六年,召見,賜
緋,加著作佐郎、翰林侍書與侍讀,更直于御書院。太宗聽政之暇,嘗以觀
書及筆法為意,諸家字體,洞臻精妙。嘗令中使王仁睿持御札示著,著曰:『未
盡善也。』太宗臨學益勤,又以示著,著答如前。仁睿詰其故,著曰:『帝王
始攻書,或驟稱善,則不復留心矣。』久之,復以示著。著曰:『功已至矣,
非臣所能及。』其後真宗嘗對宰相語其事,且嘉著之善於規益,於侍書待詔
中亦無其比。」可知其生平甚受知遇。黃伯思,《宋史》卷四百四十三〈列傳〉
第二百二載:「黃伯思字長睿,……伯思好古文奇字,洛下公卿家商、周、秦、
漢彝器款識,研究字畫體製,悉能辨正是非,道其本末,遂以古文名家,凡
字書討論備盡。初,淳化中博求古法書,命待詔王著續正法帖,伯思病其乖
偽龐雜,考引載籍,咸有依據,作《刊誤》二卷。由是篆、隸、正、行、草、
章草、飛白皆至妙絕,得其尺牘者,多藏弆。」即記此事。

籀史二卷

《籀史》二卷，翟耆年伯壽撰。裒諸家鐘鼎圖說為一編，頗有考究。

廣棪案：《四庫全書總目》卷八十六〈史部〉四十二〈目錄類〉二著錄：「《籀史》一卷，_{編修汪如藻家藏本}。宋翟耆年撰。耆年字伯壽，參政汝文之子，別號黃鶴山人。是書首載《宣和博古圖》，有『紹興十有二年二月帝命臣耆年』云云，蓋南宋初所作。本上、下二卷，歲久散佚。惟嘉興曹溶家尚有鈔本，然已僅存上卷，今藏弆家所著錄，皆自曹本傳寫者也。王士禎嘗載其目於《居易錄》，欲以訪求其下卷，卒未之獲，知無完本久矣。其以籀名史，特因所載多金石款識，篆隸之體為多，實非專述籀文。所錄各種之後，皆附論說，括其梗概。於岐陽石鼓，不深信為史籀之作，與唐代所傳特異。亦各存所見，然未至如金馬定國堅執宇文周所作也。所錄不及薛尚功《鍾鼎彝器款識》備載篆文，而所述原委則較薛為詳。二書相輔而行，固未可以偏廢。其中所云趙明誠《古器物銘碑》十五卷，稱〈商器〉三卷、〈周器〉十卷、〈秦漢器〉二卷、河間劉跂〈序〉，洛陽王壽卿篆。據其所說，則十五卷皆古器物銘，而無石刻，當於《金石錄》之外別為一書。而士禎以為即《金石錄》者，其說殊誤。豈士禎偶未檢《金石錄》歟？」可供參證。耆年，《宋史翼》卷二十八〈列傳〉第二十八〈文苑〉三有傳，曰：「翟耆年字伯壽。父汝文，《宋史》有傳。以父任入官，自少知友名士劉器之甚愛之，而以著〈騷〉見稱于張耒。好古博雅，偏介不苟，自謂為吏必以戀。罷，放浪山水間，著書自娛。范宗尹欲召之，蘇庠曰：『翟子清濁太明，善惡太分，此張惠恕所以不容於當世也。』既老，自號髯落老隱，善篆、隸、八分，著有《籀史》二卷。《嘉定鎮江志》，參《籀史》、《書史會要》。」可知其生平概況。

續書譜

《續書譜》一卷，鄱陽姜夔堯章撰。

廣棪案：《四庫全書總目》卷一百十二〈子部〉二十二〈藝術類〉一著錄：「《續書譜》一卷，_{浙江鮑士恭家藏本}。宋姜夔撰。有《絳帖平》，已著錄。是編其論書之語，曰《續書譜》者，唐孫過庭先有《書譜》故也。前有嘉定戊辰天台謝采伯〈序〉，稱『略識夔於一友人處，不知其能書也。近閱其手墨數紙，筆力遒勁，波瀾老成；又得其所著《續書譜》一卷，議論精到，三讀三嘆，因為鋟木』。蓋夔撰是書，至采伯始刊行也。此本為王氏《書苑》補益，所載凡二十則。一

日〈總論〉，二曰〈眞書〉，三曰〈用筆〉，四曰〈草書〉，五曰〈用筆〉，六曰〈用墨〉，七曰〈行書〉，八曰〈臨摹〉，九曰〈書丹〉，十曰〈情性〉，十一曰〈血脈〉，十二曰〈燥潤〉，十三曰〈勁媚〉，十四曰〈方圓〉，十五曰〈向背〉，十六曰〈位置〉，十七曰〈疏密〉，十八曰〈風神〉，十九曰〈遲速〉，二十曰〈筆鋒〉。其〈燥潤〉、〈勁媚〉二則，均有錄無書。〈燥潤〉下註曰：『見〈用筆〉條。』〈勁媚〉下註曰：『見〈情性〉條。』然〈燥潤〉之說，實在〈用墨〉條中，疑有舛誤。又〈眞書〉、〈草書〉之後，各有〈用筆〉一則。而〈草書〉後之論〈用筆〉，乃是八法，並非論草，疑亦有訛。敬考《欽定佩文齋書畫譜》第七卷中，全收是編。〈臨摹〉以前八則，次序相同，〈臨摹〉以下則九曰〈方圓〉，十曰〈向背〉，十一曰〈位置〉，十二曰〈疏密〉，十三曰〈風神〉，十四曰〈遲速〉，十五曰〈筆勢〉，十六曰〈情性〉，十七曰〈血脈〉，十八曰〈書丹〉，先後小殊。而〈燥潤〉、〈勁媚〉二則，則並無其目。蓋所據之本稍有不同，而其文則無所增損也。《書史會要》曰：『趙必𤫉字伯暐，宗室也，官至奏院中丞。善隸楷，作《續書譜辨妄》，以規姜夔之失。』案必𤫉之書今已佚，不知其所規者何語。然夔此《譜》自來爲書家所重，必𤫉獨持異論，似恐未然，殆世以其立說乖謬，故棄而不傳歟？」可供參考。夔，《宋史》無傳。《宋史翼》卷二十八〈列傳〉第二十八〈文苑〉三載：「姜夔字堯章，鄱陽人。先世出九眞唐中會門下侍郎公輔之裔，八世祖泙官饒州教授。父噩，紹興進士，以新喻丞知漢陽縣。夔從父宦游，流落古沔，沖淡寡欲，不樂時趨，氣貌若不勝衣。工書法，著《續書譜》以繼孫過庭，頗造翰墨閫域。」即記此事。

絳帖評一卷

《絳帖評》一卷，姜夔撰。

廣桉案：《四庫全書總目》卷八十六〈史部〉四十二〈目錄類〉二著錄：「《絳帖平》六卷，_{兩江總督採進本}。宋姜夔撰。夔字堯章，鄱陽人。案曹士冕《法帖譜系》云：『絳本舊帖，尚書郎潘師旦以官帖私自摹刻者，世稱潘駙馬帖。』又稱：『潘氏析居，《法帖》石分而第二，其後絳州公庫乃得其一，於是補刻餘帖，是名東庫本。逐卷各分字號，以「日月光天德，山河壯帝居。太平何以報，願上登封書」爲別。』今夔所論，每卷字號與士冕所說相合。然則夔所得者，即東庫本也。宋之論《法帖》者，米芾、黃長睿以下，互有疏密。夔欲折衷其論，故取漢官廷尉平之義，以名其書。首有嘉泰癸亥〈自序〉云：『帖雖小技，而上

下千載，關涉史傳爲多。」觀是書考錄精博，可謂不負其言。惟第五卷內〈論智果書梁武帝評書語〉，武帝藏鍾、張、二王書，嘗使虞龢、陶隱居訂正。案虞龢，宋人，其〈上法書表〉在宋孝武帝之世，去梁武帝甚遠，斯則考論之偶疏耳。據《墨莊漫錄》，其書本二十卷。舊止鈔本相傳，未及雕刻。所載字號止於『山』字。其『河』字以下，亡佚十四卷，竟不可復得。然殘珪斷璧，終可寶也。」是此書書名疑應作《絳帖平》，原二十卷，《四庫全書》本六卷，已闕佚甚多，而直齋所藏僅一卷，則所闕更甚矣。

法帖要錄十卷

《法帖要錄》十卷，唐大理卿河東張彥遠愛賓撰。彥遠，宏靖之孫。三世相門。其父文規嘗刺湖州，著《吳興雜錄》。廣棪案：盧校本此條在《書後品》條後。

廣棪案：《新唐書》卷五十七〈志〉第四十七〈藝文〉一〈小學類〉著錄：「張彥遠《法書要錄》十卷，弘靖孫，乾符初大理卿。」《崇文總目》卷一〈小學類〉下著錄：「《法書要錄》十卷，張彥遠撰。」錢東垣輯釋本。〈宋志〉同。是此書應稱作《法書要錄》，《解題》誤矣。此書《四庫全書總目》卷一百十二〈子部〉二十二〈藝術類〉一亦著錄，曰：「《法書要錄》十卷，浙江巡撫採進本。唐張彥遠撰。書首有彥遠〈自序〉，但署河東郡望。郭若虛《圖書見聞志》、晁公武《讀書志》亦但稱其字曰愛賓，而仕履時代皆不及詳。今以《新唐書·世系表》、〈藝文志〉、〈列傳〉與彥遠〈自序〉參考，知彥遠乃明皇時宰相嘉貞之元孫。〈序〉稱『高祖河東公』，即嘉貞；其稱『曾祖魏國公』者，爲同平章事延賞；案延賞封魏國公，本傳失載，僅見於此〈序〉中。稱『大父高平公』者，爲同平章事宏靖，稱『先公尙書』者，爲桂管觀察使文規；《唐書》皆有傳。此書之末，附載《畫譜》本傳，不知何人所作，乃稱彥遠大父名稔。考《歷代名畫記》中有彥遠叔祖名諗之文，非其大父，亦非稔字，顯然舛謬。至《本傳》稱彥遠博學有文辭，乾符中至大理寺卿。〈藝文志〉亦同。而〈世系表〉作祠部員外郎，則未詳孰是也。是編集古人論書之語，起於東漢，迄於元和，皆具錄原文。如王愔〈文字志〉之未見其書者，亦特存其目。惟一卷中〈王羲之教子敬筆論〉一篇，三卷中〈蔡惲書無定體論〉一篇，四卷中〈顏師古註急就章〉一篇、〈張懷瓘六體書〉一篇，有錄無書。然目錄下俱註『不錄』字，蓋彥遠所刪，非由闕佚。其〈急就章註〉，當以無關書法見遺，餘則不知其故矣。其書採摭繁富，漢以來佚文緒論，多賴以存。即庾肩吾《書

品》、李嗣眞《後書品》、張懷瓘《書斷》、竇臮《述書賦》，各有別本者，實
亦於此書錄出。〈自序〉謂『好事者得此書及《歷代名畫記》，書畫之事畢矣』，
殆非夸飾也，末爲〈右軍書記〉一卷，凡王羲之帖四百六十五，附王獻之帖
十七，皆具爲釋文。知劉克莊《閣帖釋文》，亦據此爲藍本，則其沾漑於書家
者非淺尟矣。」足供參證。

飛白敍錄一卷

《飛白敍錄》一卷，錢惟演希聖撰。天聖四年序進。<small>廣棪案：盧校本此條在《金</small>
<small>壺記》條後。</small>

　　廣棪案：《玉海》卷第三十三〈聖文・御書〉「淳化賜《飛白玉堂書》」條載：「《書
　　目》：『天聖四年，錢惟演爲《飛白書敍錄》一卷。首錄太宗御書，帝王名臣飛
　　白，以次編記。』」足資參證。演字希聖，吳越王俶之子也。《宋史》卷三百一
　　十七〈列傳〉第七十六有傳，曰：「惟演出于勳貴，文辭清麗，名與楊億、劉筠
　　相上下。於書無所不讀，家儲文籍侔祕府，尤喜獎厲後進。……所著《典懿集》
　　三十卷，又著《金坡遺事》、《飛白書敍錄》、《逢辰錄》、《奉藩書事》。」所記即
　　有此書。

蘭亭博議十五卷

《蘭亭博議》十五卷，淮海桑世昌澤卿撰。世昌居天台，放翁陸氏諸甥也。
博雅能詩，又嘗爲《西湖紀逸》，考林逋遺事甚詳。

　　廣棪案：《宋詩紀事》卷六十三「桑世昌」條載：「世昌字澤卿，淮海人，居
　　天台。陸放翁諸甥，著《蘭亭博議》、《回文類集》、《莫庵詩集》。」可供參證。
　　樓鑰《攻媿集》卷七十五〈題跋・跋桑澤卿蘭亭博議〉曰：「禊序之傳歌詩序
　　跋，不知其幾，愈出愈新，贊揚不盡，澤卿又從而鳩集之，後之作者殆未已
　　也，余復何言。嘗記本長老赴闕之時，遇金山，佛印見其樸野，強使賦詩。
　　仍誦唐人以來佳句，本忽使人代書云：『水裏有塊石，石上有箇寺。千人萬人
　　題，只是這箇事。』印深服之，余輒用其語，曰：『定州有片石，石上幾行字。
　　千人萬人題，只是這箇事。』可以發好事者一笑。」是樓攻媿不盡以世昌撰
　　作此書爲然也。

蘭亭考十二卷

《蘭亭考》十二卷，_{廣枚案：盧校本作十三卷。}即前書。_{廣枚案：盧校本「書」下有}「也」字。浙東庾司所刻，視初本頗有刪改。初十五篇，今存十三篇，去_{廣枚}_{案：盧校本「去」上有「書」字。}其〈集字篇〉後人集〈蘭亭〉字作書帖、詩銘之類者。又〈附見篇〉兼及右軍他書蹟，於〈樂毅論〉尤詳。其書始成，本名《博議》，高內翰文虎炳如為之〈序〉。及其刊也，其子似孫主為刪改，去此二篇固當，而其他務從省文，多失事實，或戾本意。其最甚者，〈序〉文本亦條達可觀，亦竄改無完篇，首末闕漏，文理斷續，於其父猶然，深可怪也。此書累十餘卷，不過為晉人一遺帖，自是作無益，玩物喪志，本無足云。其中所錄諸家跋語，有昭然偽妄而不能辨者，未暇疏舉。

廣枚案：《四庫全書總目》卷八十六〈史部〉四十二〈目錄類〉二著錄：「《蘭亭考》十二卷，_{浙江鮑士恭家藏本。}舊本題宋桑世昌撰。世昌，淮海人，世居天台，陸游之甥也。案陳振孫《書錄解題》載《蘭亭博議》十五卷，註曰：『桑世昌撰。』葉適《水心集》亦有〈蘭亭博議跋〉，曰：『字書自〈蘭亭〉出，上下數千載，無復倫擬，而定武石刻遂為今世大議論。桑君此書，信足以垂名矣。君事事精習，詩尤工。其即事云：「翠添鄰墅竹，紅照屋山花。」蓋著色畫也』。《書錄解題》又載《蘭亭考》十二卷，註曰：『即前書。浙東庾司所刻，視初本頗有刪改。初十五篇，今存十三篇。去其〈集字篇〉後人集〈蘭亭〉字作詩銘之類者。又〈附見篇〉兼及右軍他書跡，於〈樂毅論〉尤詳。其書始成，本名《博議》，高內翰文虎炳如為之〈序〉。及其刊也，其子似孫主為刪改，去此二篇固當。而其他務從省文，多失事實，或戾本意。其最甚者，〈序〉文本亦條達可觀，亦竄改無完篇。首末闕漏，文理斷續，於其父猶然，深可怪也。』云云，是此書經高似孫竄改，已非世昌之舊矣。今未見《博議》原本，無由驗振孫所論之是非。然是書為王羲之〈蘭亭序〉作，集字為文，其事無預於羲之。羲之他書，其事無預於〈蘭亭〉，似孫所刪，深合斷限，振孫亦不能不以為當也。其中評議不同者，如或謂『梁亂，〈蘭亭〉本出外，陳天嘉中為智永所得』。又或謂『王氏子孫傳掌，至七代孫智永』。此〈蘭亭〉真跡流傳之不同也。又如或謂『石晉之亂，棄石刻於中山，宋初歸李學究。李死，其子摹以售人。後負官緡，宋祁為定武帥，出公帑買之，置庫中』。又或謂『有遊士攜此石走四方，其人死營妓家，伶人取以獻宋祁』。又或謂『唐太宗以搨本賜方鎮，惟定武用玉石刻之，世號定武本。薛紹彭見公廚有石鎮肉，乃別刻石以易之』。此又定武石刻流傳之不同也。

『推評』條下，據王羲之生於晉惠帝太安二年癸亥，則蘭亭修禊時年五十有一，辨〈筆陣圖〉所云『羲之年三十三書〈蘭亭〉之誤』，是矣。然前卷既引王銍語，以劉餗之說爲是矣，而又云『於東墅閱高似孫校書畫，見蕭翼宿雲門留題二詩，云使御史不有此行，烏得是語』。則雜錄舊文，亦未能有所斷制。至其〈八法〉一門，以『書苑禁經』諸條專屬之〈蘭亭〉，尤不若姜夔〈禊帖偏旁考〉之爲精密。是以曾宏父、陶宗儀諸家皆稱姜〈考〉，而不用是書。然其徵引諸家，頗爲賅備，於宋人題識，援據尤詳。世昌之原本既佚，存此一編，尚足見禊帖之源流，固不得以陳氏之排擊，遽廢是書矣。」足資參證。

法書撮要十卷

《法書撮要》十卷，吳興蔡嵩山父撰。以書家事實，分門條類，亦無所發明。淳熙中人，云紹聖御史之孫，吾鄉不聞有此人也，當攷。然其名嵩而字山父，「嵩」者，物之初生，從「屮」，不從「山」也。館臣案：「屮」原本作「而」，誤。《文獻通考》自「紹聖御史」以下俱刪去，今據文義改正。偏旁之未審，何取其爲法書？余於小學家黜書法於〈雜藝〉，有以也。

廣棪案：此書及撰人均不可考。

武岡法帖釋文二十卷

《武岡法帖釋文》二十卷，館臣案：《文獻通考》作十卷。劉次莊元祐中爲《官帖釋文》，刻石於臨江。而武岡又嘗傳刻絳州民廣棪案：盧校本「絳州民」作「絳州」。校注曰：「『絳州』下《通考》有『民』字。」《潘氏帖》。嘉定中，汪立中取劉本分入二十卷中。《官帖》所無者增附之。

廣棪案：《郡齋讀書志》卷第四〈小學類〉著錄：「右《淳化法帖》既已焚扳，元祐中，有劉次莊者模刻之石，復取《帖》中草書世所病讀者，爲《釋文》行於世。」《四庫全書總目》卷八十六〈史部〉四十二〈目錄類〉二著錄：「《法帖釋文》十卷，兩淮鹽政採進本。宋劉次莊撰。次莊字中叟，長沙人。崇寧中嘗官御史。曹士冕《法帖譜系》云：『〈臨江戲魚堂帖〉，元祐間劉次莊以家藏《淳化閣帖》十卷摹刻其上，除去卷尾篆題，而增釋文。』曾敏行《獨醒雜志》曰：『劉殿院次莊自幼喜書，嘗寓於新淦，所居民屋，窗牖牆壁題寫殆遍。臨江郡庫有《法帖》十卷，釋以小楷，他《法帖》之所無也。』觀二書所記，則次莊之作

《法帖釋文》，本附註石刻之中，未嘗別爲一集。此本殆後人於〈戲魚堂帖〉中鈔合成帙，而仍以閣本原第編之者也。陳振孫《書錄解題》又稱：『武岡人嘗傳刻絳州〈潘氏帖〉。嘉定中，汪立中又取劉本分入二十卷中，《官帖》所無者增附之。』蓋《絳帖》本《閣帖》而廣之，故立中《釋文》亦因次莊《釋文》而廣之，與此又別一書矣。」足供參證。

書苑菁華二十卷

《書苑菁華》二十卷，臨安書肆陳思者集。廣棪案：盧校本「集」下有「刻」字。

　　廣棪案：《四庫全書總目》卷一百十二〈子部〉三十二〈藝術類〉一著錄：「《書苑菁華》二十卷，浙江汪汝瑮家藏本。宋陳思撰。是編集古人論書之語，與《書小史》相輔而並行。卷一、卷二曰法。卷三曰勢、曰狀、曰體、曰旨。卷四曰品。卷五曰評、曰議、曰估。卷六曰斷。卷七曰錄。卷八曰譜、曰名。卷九、卷十曰賦。卷十一、卷十二曰論。卷十三曰記。卷十四曰表、曰啓。卷十五曰箋、曰判。卷十六曰書、曰序。卷十七曰歌、曰詩。卷十八曰銘、曰贊、曰敍、曰傳。卷十九曰訣、曰意、曰志。卷二十曰雜著。所收凡一百六十餘篇。以意主閎博，故編次叢雜，不免疏舛。如序古無作敍者，因蘇軾避其家諱而改，本非二體，《昌黎集》內所載皆序而非敍。思乃列序、敍爲二目，且以韓愈〈送高閑上人〉一篇載入敍中，殊無根據。又《晉書·王羲之傳》唐太宗稱制論斷，即屬傳贊之流，而思別題作〈書王羲之傳後〉，列之雜著中，尤爲不知體製。然自唐以來，惟張彥遠《法書要錄》、韋續《墨藪》兼採群言，而篇帙無多，未爲賅備。其裒錄諸家緒言，薈粹編排以資考訂，實始於是編。《欽定佩文齋書畫譜》中〈論書〉一門，多採用之。雖思書規模草創，萬不及後來之精密。而大輅肇自椎輪，層冰成於積水，其造始之功，固亦未可泯焉。」足供參證。

齊梁畫目錄一卷

《齊梁畫目錄》一卷，唐竇蒙子泉錄。館臣案：此條原本脫去，今據《文獻通考》補入。

　　廣棪案：此書不可考。《全唐文》卷四百四十七「竇蒙」條載：「蒙字子全，肅宗時試國子司業兼太原縣令。」傅璇琮、張忱石、許逸民編撰《全五代人物傳記資料綜合索引》曰：「〈新表〉、〈新志〉、《姓纂》未載竇蒙字，直齋謂蒙字子

泉，而《書小史》、《書史》及《全詩》、《全文》皆云字子全，未詳孰是。」可供參考。

古今畫人名一卷

《古今畫人名》一卷，唐李嗣真錄。

廣棪案：此書不可考。李嗣真字承冑，趙州柏人人。《舊唐書》卷一百九十一〈列傳〉第一百四十一〈方伎〉、《新唐書》卷九十一〈列傳〉第十六有傳。

唐朝畫斷一卷

《唐朝畫斷》一卷，唐翰林學士朱景玄撰。一名《唐朝名畫錄》。前有目錄，後有天聖三年商宗儒〈後序〉，與《畫斷》大同小異。館臣案：「一名《唐朝名畫錄》」以下原本刪去，今據《文獻通考》補入。

廣棪案：《新唐書》卷五十九〈志〉第四十九〈藝文〉三〈雜藝術類〉著錄：「《唐畫斷》三卷，會昌人。」即此書，惟未著錄撰人，而所著錄卷數亦不同。朱景玄，兩《唐書》無傳。《全唐文》卷七百六十三「朱景元」條載：「景元，吳郡人。」「元」即「玄」字，清人避康熙諱改。天聖，宋仁宗年號。三年，歲次乙丑（1025）。商宗儒，生平無可考。

唐朝名畫錄一卷

《唐朝名畫錄》一卷，廣棪案：此條據盧校本補。盧用元本補，《文獻通考》以此併入《唐朝畫斷》條下，館臣遂據《通考》補陳氏原文。即《畫斷》也。前有目錄，後有天聖三年商宗儒〈後序〉，與前本大同小異。

廣棪案：《全唐文》卷七百六十三「朱景元」條收有景玄〈唐朝名畫錄序〉，曰：「古今畫品，論之者多矣。隋梁已前，不可得而言。自國朝以來，惟李嗣真《畫品錄》空錄人名而不論其善惡，無品格高下，俾後之觀者何所考焉。景元竊好斯藝，尋其蹤跡不見者不錄。見者必書，推之至心，不愧拙目。以張懷瓘《畫品斷》神、妙、能三品定其等格，上、中、下又分為三。其格外有不拘常法，又有逸品以表其優劣也。夫畫者，以人物居先，禽獸次之，山水次之，樓殿屋木次之。何者？前朝陸探微屋木居第一，皆以人物、禽獸移

生動質，變態不窮，凝神定照，固爲難也。故陸探微畫人物極其妙絕。至於山水草木，粗成而已。且蕭史〈木鴈〉、〈風俗〉、〈洛神〉等圖書尚在人間，可見之矣。近代畫者，但工一物以擅其名，斯即幸矣。惟吳道子天縱其能，獨步當世，可齊蹤於陸、顧，又周昉次焉。其餘作者一百二十四人，直以能畫定其品格，不計其冠冕賢愚，然於品格之中略序其事，後之至鑒者可以詆訶其理爲不謬矣。伏聞古人云：『畫者聖也。』蓋以窮天地之不至，顯日月之不照，揮纖毫之筆，則萬類由心；展方寸之能，而千里在掌。至於移神定質，輕墨落素，有象因之以立，無形因之以生。其麗也，西子不能掩其妍；其正也，嫫母不能易其醜，故畫閣標功臣之烈，宮殿彰貞節之名，妙將入神，靈則通聖，豈止開廚而或失，掛壁則飛去而已哉。此《畫錄》之所以作也。」可供參考。《四庫全書總目》卷一百十二〈子部〉二十二〈藝術類〉一著錄：「《唐朝名畫錄》一卷，浙江范懋柱家天一閣藏本。唐朱景元撰。景元，吳郡人，官翰林學士。《圖畫見聞志》作朱景眞，避宋諱也。是書〈唐·藝文志〉題曰《唐畫斷》，故《通考》稱『《畫斷》一名《唐朝名畫錄》』。今考景元〈自序〉，實稱《畫錄》，則《畫斷》之名非也。〈通志略〉、《通考》均稱三卷。此本不分卷，蓋後人合併。《通考》又稱『前有天聖三年商宗儒〈序〉』，此本亦傳寫佚之。所分凡神、妙、能、逸四品，神、妙、能又各別上、中、下三等，而逸品則無等次，蓋尊之也。初，庾肩吾、謝赫以來，品書畫者多從班固〈古今人表〉分九等。《古畫品》錄『陸探微』條下稱上上品之外，無他奇言，故屈標第一等。蓋詞窮而無以加也。李嗣眞作《書品後》，始別以李斯等五人爲逸品。張懷瓘作《書斷》，始立神、妙、能三品之目。合兩家之所論定爲四品，實始景元，至今遂因之不能易。四品所載，其一百二十四人。卷首列唐代親王三人，皆不入品第，猶之懷瓘《書斷》，帝后不貴貴之禮云。」足供參證。

歷代名畫記十卷

《歷代名畫記》十卷，唐張彥遠撰。彥遠家世藏法書、名畫，收藏鑒識，自謂有一日之長。既作《法書要錄》，又爲此〈記〉，且曰：「有好事者傳余二書，書畫之事畢矣。」

廣梭案：《新唐書》卷五十九〈志〉第四十九〈藝文〉三〈雜藝術類〉著錄：「張彥遠《歷代名畫記》十卷。」《崇文總目》卷三〈藝術類〉著錄同。錢東垣輯釋本。《玉海》卷第五十七〈藝文·圖繪名臣〉「唐《歷代名畫記》」條載：「《書目》：

『十卷，唐張彥遠撰。首論畫源流興廢，至敘畫人姓名。自始皇至唐王默，凡三百三十餘人。〈唐志〉十卷。」《四庫全書總目》卷一百十二〈子部〉二十二〈藝術類〉一著錄：「《歷代名畫記》十卷，兩江總督採進本。唐張彥遠撰。〈自序〉謂：『家世藏法書、名畫，收藏鑒識，自謂有一日之長。』案《唐書》稱彥遠之祖宏靖，家聚書畫侔祕府。李綽《尚書故實》亦多記張氏書畫名蹟，足證〈自序〉之不誣。故是書述所見聞，極爲賅備。前三卷皆畫論。一敘畫之源流，二敘畫之興廢，三、四敘古畫人姓名，五論畫六法，六論畫山水樹石，七論傳授南北時代，八論顧、陸、張、吳用筆，九論畫體工用搨寫，十論名價品第，十一論鑒識收藏閱玩，十二敘自古跋尾押署，十三敘自古公私印記，十四論裝褙褾軸，十五記兩京外州寺觀畫壁，十六論古今之祕畫珍圖。自第四卷以下，皆畫家小傳。然即第一卷內所錄之三百七十人，既俱列其傳於後，則第一卷內所出姓名一篇，殊爲繁複。疑其書初爲三卷，但錄畫人姓名，後裒輯其事蹟評論續之於後，而未刪其前之姓名一篇，故重出也。書中徵引繁富，佚文舊事往往而存。如顧愷之〈論畫〉一篇、〈魏晉勝流名畫讚〉一篇、〈畫雲臺山記〉一篇，皆他書之所不載。又古書畫中褚氏書印乃別一褚氏，非遂良之跡，可以釋《石刻靈飛經》前有褚氏一印之疑，亦他書之所未詳。即其論杜甫詩『幹惟畫肉不畫骨』句，亦從來註杜詩者所未引，則非但鑒別之精，其資考證者亦不少矣。晁公武《讀書志》別載彥遠《名畫獵精》六卷，記歷代畫工名姓，自始皇以降至唐朝，及論畫法並裝褙裱軸之式，鑒別閱玩之方，毛晉刻是書〈跋〉，謂彥遠〈自序〉止云《歷代名畫記》，不及此書，意其大略相似。考郭若虛《圖畫見聞志》敘諸家文字，列有是書，註曰：『無名氏撰。』其次序在張懷瓘《畫斷》之後，李嗣眞《後畫品錄》之前，則必非張彥遠之作，晁氏誤也。」足供參證。

五代名畫記

《五代名畫記》，廣校案：《文獻通考》作《五代名畫記》一卷，盧校本同。**大梁劉道醇撰。嘉祐四年陳洵直序。**館臣案：「洵」，《文獻通考》作「詢」。

廣校案：《郡齋讀書志》卷第十五〈藝術類〉著錄：「又《五代名畫補遺》一卷。右皇朝劉道成纂。符嘉應撰〈序〉，云『胡嶠嘗有《梁朝名畫目》，因廣之，故曰《補遺》。』」《郡齋讀書志校證》曰：「按『成』當『醇』之訛。《書錄解題》卷十四、〈宋志〉卷六皆云劉道醇撰。《四庫全書總目》卷一一二著錄毛晉繙宋本、《百宋樓藏書志》卷五十二明刊本、及今通行本皆作劉道醇撰。袁本、諸衢

本、〈經籍考〉卷五十六俱誤。」又曰：「『符嘉應撰〈序〉』，袁本『應』作『祥』。按為《五代名畫補遺》撰〈序〉者乃陳洵直，《讀書志》殆以符嘉應為劉道醇《聖朝名畫評》撰〈序〉，遂誤題此書撰〈序〉人，而袁本又誤『應』作『祥』。洵直〈序〉見今本《補遺》，公武所引〈序〉中語，正見嘉祐四年十二月洵直〈序〉。」可供參證。《四庫全書總目》卷一百十二〈子部〉二十二〈藝術類〉一著錄：「《五代名畫補遺》一卷，<small>兩江總督採進本</small>。宋劉道醇撰。考晁公武《讀書志》曰：『《五代名畫補遺》一卷，皇朝劉道醇纂。符嘉應撰〈序〉云：「胡嶠嘗作《梁朝名畫錄》，因廣之，故曰《補遺》。」』又別載《宋朝名畫評》三卷，亦註劉道成纂，符嘉應〈序〉。則劉道醇當作道成。又陳振孫《書錄解題》曰：『《五代名畫記》一卷，大梁劉道醇撰，嘉祐四年陳詢直序。』則『補遺』字又當作『記』。然此本為毛晉汲古閣影摹宋刻，楮墨精好，纖毫無闕，不應卷首題名乃作訛字。蓋本此一書，振孫誤題書名，公武誤題人名，馬端臨作《文獻通考》又偶未見其書，但據兩家之目，遂重載之。觀卷首陳詢直〈序〉，與振孫所言合。而公武所載符嘉應〈序〉，又即詢直〈序〉中語。知公武併以〈宋朝名畫評序〉誤註此條，不但『成』字之訛也。胡嶠名見《五代史・契丹傳》。郭若虛《圖畫見聞志》稱其為《廣梁朝畫目》，註曰：『皇朝胡嶠撰。』則已入宋，其書今不傳。道醇不知其仕履，此書所錄凡二十四人，蓋已見於胡嶠錄者不載，故五十年中寥寥僅此云。」可供參考。

聖朝名畫評一卷

《聖朝名畫評》一卷，<small>館臣案：《文獻通考》作三卷。　廣棪案：盧校注：「晁〈志〉有三卷者。」</small>劉道醇撰。

　　廣棪案：《郡齋讀書志》卷第十五〈藝術類〉著錄：「《聖朝名畫評》三卷。右皇朝劉道成纂，符嘉應撰〈序〉。集本朝畫工之名世者，第其品，以王瓘為神品，云在吳生上。」《郡齋讀書志》之「劉道成」應為「劉道醇」。《宋史》卷二百七〈志〉第一百六十〈藝文〉六〈雜藝術類〉著錄：「劉道醇《宋朝畫評》四卷。」與《解題》著錄異。《四庫全書總目》卷一百十二〈子部〉二十二〈藝術類〉一著錄：「《宋朝名畫評》三卷，<small>浙江范懋柱家天一閣藏本</small>。宋劉道醇撰。書分六門。一曰人物，二曰山水林木，三曰畜獸，四曰花草翎毛，五曰鬼神，六曰屋木。每門之中，分神、妙、能三品；每品又各分上、中、下。所錄凡九十餘人。首有敘文，不著名氏，其詞亦不類序體，疑為書前發凡，後人以原書無序，析出

別爲一篇也。案朱景元《名畫錄》分神、妙、能、逸四品，而此仍從張懷瓘例，僅分三品，殆謂神品足以該逸品，故不再加分析，抑或無其人以當之，姑虛其等也。又黃休復《益州名畫錄》，列黃筌及其子居寀於妙格下，而此書於〈人物門〉則筌、居寀並列入妙品。〈花木翎毛門〉則筌、居寀又列入神品。蓋即一人，亦必隨其技之高下而品騭之，其評論較爲平允。其所敘諸人事實，詞雖簡略，亦多有足資考核者焉。」可供參考。

益州名畫錄三卷

《益州名畫錄》三卷，黃休復_{廣棪案：盧校本「復」下有「歸本」二字。}撰。《中興書目》以為李畋_{廣棪案：盧校本「畋」作「畋」，下同。}撰，而謂休復書今亡。案：此書有景祐三年〈序〉，不著名氏，其為休復所錄明甚。_{廣棪案：盧校本「明甚」作「甚明」。校注曰：「『甚明』，《通考》倒。」}又有休復自為〈後序〉，則固未嘗亡也。未知題李畋者，與此同異？_{館臣案：《文獻通考》有《益州名畫錄》三卷，載陳氏之言。此本脫去，今補入。}

廣棪案：《郡齋讀書志》卷第十五〈藝術類〉著錄：「《益州名畫錄》三卷。右皇朝黃休復纂。唐乾符初至宋乾德歲，休復在蜀中，目擊圖畫之精者五十八人，品以四格云。」《宋史》卷二百七〈志〉第一百六十〈藝文〉六〈雜藝術類〉著錄：「李畋《益州名畫錄》三卷。」至此書之撰者爲誰？《四庫全書總目》卷一百十二〈子部〉二十二〈藝術類〉一亦有考，曰：「《益州名畫錄》二卷，_{安徽巡撫採進本。}宋黃休復撰。前有景德三年李畋〈序〉，稱：『江夏黃氏休復字歸本，通《春秋》學，校《左氏》、《公》、《穀》書，鬻丹養親。游心顧、陸之藝，深得厥趣。』考休復別有《茅亭客話》，陳振孫《書錄解題》亦不詳其里貫，但以所言多蜀事，又嘗著《成都名畫記》，疑爲蜀人。則此書一名《成都名畫記》，而舊本與《茅亭客話》皆未題里貫，故振孫云然。今本皆題江夏人，疑後人以畋〈序〉補書歟？然畋〈序〉作於宋初，或沿唐、五代餘習，題黃氏郡望，亦未可知，未必果生於是地也。所記凡五十八人，起唐乾元，迄宋乾德。品以四格，曰逸、曰神、曰妙、曰能。其四格之目雖因唐朱景元之舊，而景元置逸品於三品外，示三品不能伍。休復此書又躋逸品於三品上，明三品不能先，其次序又復小殊。逸格凡一人。神格凡二人。妙格上品凡七人，中品凡十人，下品凡十一人，而寫眞二十二處，無姓名者附焉。能格上品凡十五人，中品凡五人，下品凡七人，而有畫無名、有名無畫者附焉。其大慈寺六祖院羅漢閣圖畫，休

復評妙格中品，而列能品之末，不與寫眞二十二處一例。非妙字誤刊，則編次時偶疏也。畋〈序〉又稱：『益都自唐二帝播越，諸侯作鎮，畫藝之傑者多從遊而來。』故是編所集，皆取其事蹟之係乎蜀者，而不盡爲蜀產。考鄧椿《畫繼》稱『蜀道僻遠，而畫手獨多於四方。李方叔載《德隅齋畫品》，蜀筆居半』云云，則休復之詳錄益州，非夸飾矣。其書敍述頗古雅，而詩文典故所載尤詳，非他家畫品泛題高下，無所指據者比也。《書錄解題》又稱『《中興書目》以爲李畋撰。休復書今亡。此書有景德三年〈序〉，不著姓名，而敍休復所錄明甚。又有休復自爲〈序〉，則固未嘗亡也』云云，據其所說，則別本但題李畋之名，不以〈序〉文出李畋。今本直作畋〈序〉，又與宋時本不合。然諸刻本皆作畋〈序〉，故姑從舊本，仍存畋名焉。」是《四庫全書總目》仍以此書爲休復撰。《郡齋讀書志校證》曰：「〈宋志〉卷六題李畋撰，《書錄解題》卷十四、〈經籍考〉卷五十六同《讀書志》。《書錄解題》云：『黃休復撰。《中興書目》以爲李略撰，（按「略」當作「畋」）而謂休復書今亡。案此書有景祐三年〈序〉，不著名氏，以爲休復所錄明甚，又有休復自爲〈後序〉，則固未嘗亡也。未知題李略者與此同異。』按今本無休復〈序〉，而有景德三年五月虞曹員外郎李畋〈序〉，《讀書志》解題即採畋〈序〉爲之，陳振孫所見蓋偶失其名。而《中興書目》、〈宋志〉著錄蓋別有一本，題李畋之名。公武未著撰序人名姓，豈亦失其名歟？」是孫猛亦以此書休復撰，而撰〈序〉者爲李畋。

山水受筆法一卷

《山水受筆法》一卷，唐沁水荊浩浩然撰。

> 廣梭案：《新唐書》卷五十七〈志〉第四十七〈藝文〉一〈小學類〉著錄：「荊浩《筆法記》一卷。浩稱洪谷子。」與此應同一書。荊浩，兩《唐書》無傳。《全唐文》卷九百「荊浩」條載：「浩字浩然，沁水人。北漢時隱太行洪谷，自號洪谷子。」《全唐文》有浩〈畫山水賦〉一篇，曰：「凡畫山水，意在筆先。丈山尺樹，寸馬豆人。遠人無目，遠樹無枝。遠山無皴，隱隱似眉。遠水無波，高與雲齊。此其訣也。山腰雲塞，石壁泉塞，樓臺樹塞，道路人塞。石分三面，路有兩蹊。樹觀頂顙，水看岸基。此其法也。凡畫山水，尖峭者峰，平夷者嶺，峭壁者崖，有穴者岫。懸石者巖，形圓者巒，路通者川，兩山夾路者壑，兩山夾水者澗。注水者溪，通泉者谷。路下小土山者坡，極目而平者坂。若能辨別此類，則粗知山水之髣髴也。觀者先看氣象，後辨清濁。分賓主之朝揖，列群

峰之威儀。多則亂，少則慢。不多不少，要分遠近。遠山不得連近山，遠水不得連近水。山腰迴抱，寺觀可安。斷岸頹堤，小橋可置。有路處人行，無路處林木。岸斷處古渡，山斷處荒村。水闊處征帆，林密處店舍。懸崖古木，露根而藤纏。臨流怪石，嵌空而水痕。凡作林木，遠者疏平，近者森密。有葉者枝柔，無葉者枝硬。松皮如鱗，柏皮纏身，生於土者修長而挺直，長於石者拳曲而伶仃。古木節多而半死，寒林扶疏而蕭森。春景則霧鎖煙籠，樹林隱隱，遠水拖藍，山色堆青。夏景則林木蔽天，綠蕪平坂，倚雲瀑布，行人羽扇，近水幽亭。秋景則水天一色，簌簌疏林，雁橫煙塞，蘆裊沙汀。冬景則樹枝雪壓，老樵負薪，漁舟倚岸，水淺沙平，凍雲黯淡，酒帘孤村。風雨則不分天地，難辨東西，行人傘笠，漁父簑衣。有風無雨，枝葉斜披。有雨無風，枝葉下垂。雨霽則雲收天碧，薄靄依稀，山光淺翠，網曬斜暉。曉景則千山欲曙，霧靄霏霏，朦朧殘月，曉色熹微。暮景則山銜殘日，犬吠疏籬，僧投遠寺，帆卸江湄，路人歸急，半掩柴扉。或煙斜霧橫，或遠岫雲歸。或秋江遠渡，或荒家斷碑。如此之類，須要筆法布置，更看臨期。山形不得犯重，樹頭不得整齊。山借樹爲衣，樹借山爲骨。樹不可繁，要見山之秀麗；山不可亂，要顯樹之精神。若留意於此者，須會心於元微。」可供參證。

圖畫見聞志六卷

《圖畫見聞志》六卷，廣棪案：《文獻通考》作「《名畫聞見志》六卷」。小注：「乃看畫之綱領也。」太原郭若虛撰。元豐中〈自序〉稱「大父司徒公」，未知何人。郭氏在國初無顯人，但有郭承祐耳。其書欲繼張彥遠之後。

廣棪案：《郡齋讀書志》卷第十五〈藝術類〉著錄：「《名畫見聞志》六卷。右皇朝郭若虛撰。若虛以張愛賓之《畫記》絕筆永昌元年，因續之，歷五代，止國朝熙寧七年。分〈敘論〉、〈紀藝〉、〈故事〉、〈近事〉四門。」《宋史》卷二百七〈志〉第一百六十〈藝文〉六〈雜藝術類〉著錄：「郭若虛《圖畫見聞志》六卷。」此書若虛有〈序〉，曰：「余大父司徒公，雖貴仕，而喜廉逊恬養。自公之暇，惟以詩書琴畫爲適。時與丁晉公、馬正惠蓄書畫，均故，畫府彌富焉。先君少列，躬蹈懿節，鑒裁精明，珍藏罔墜。欲養不遠，臨言感噎。後因諸族人間取分玩，緘縢罕嚴，日居月諸，漸成淪棄。賤子雖甚不肖，然於二世之好，敢不欽藏。嗟乎！逮至弱年，流散無幾。近歲方購尋遺失，或於親戚間以他玩交酬，凡得十餘卷，皆傳世之寶。每晏坐虛庭，高懸素壁，終日幽對，愉愉然不知有

天地之大、萬物之繁，況乎驚寵辱於勢利之場，料得喪於奔馳之域者哉！復遇
朋遊觀止，互出名蹤，柬論得以資深，銓較由之廣搏，雖不與戴、謝並生，愚
竊慕焉。又好與當世名手，甄明禮法，講練精微，凡所見聞，當從實錄。昔唐
張彥遠字愛賓嘗著《歷代名畫記》，其間自黃帝時史皇而下，總括畫人姓名，絕
筆於會昌元年。厥後撰集者率多相亂，事既重疊，文亦繁衍。今考諸傳記，參
較得失，續自會昌元年，後歷五季，通至本朝熙寧七年，名人藝士，編而次之。
其有畫蹟尚晦於時，聲聞未喧於眾者，更俟將來。亦嘗覽諸家畫記，多陳品第，
今之作者，互有所長。或少也嫩，而老也壯；或始也勤，而終也怠。今則不復
定品，惟筆其可紀之能、可談之事，暨諸家畫說略而未至者，繼以傳記中述畫
故事，并本朝事蹟，採摭編次，離爲六卷，目之曰《圖畫見聞誌》。後之博雅君
子，或加點竄，將可取於萬一。郭若虛序。」《四庫全書總目》卷一百十二〈子
部〉二十二〈藝術類〉一著錄：「《圖畫見聞志》六卷，內府藏本。宋郭若虛撰。
若虛不知何許人。書中有『熙寧辛亥冬，被命接勞北使，爲輔行』語。則嘗爲
朝官，故得預接伴。陳振孫《書錄解題》云：『〈自序〉在元豐中，稱大父司徒
公，未知何人。郭氏在國初無顯人，但有郭承祐耳。』然今考史傳，并郭承祐
亦不載，莫之詳也。是書馬端臨《文獻通考》作《名畫見聞志》，而《宋史·藝
文志》、鄭樵《通志略》則所載與今本並同。蓋《通考》乃傳寫之誤。若虛以張
彥遠《歷代名畫記》絕筆唐、宋，因續爲裒輯，自五代至熙寧七年而止。分〈敘
論〉、〈紀藝〉、〈故事拾遺〉、〈近事〉四門。鄧椿《畫繼》嘗議其評孫位、景朴
優劣倒置，由未嘗親至蜀中，目睹其畫。又謂『江南王凝之花鳥，潤州僧修範
之湖石，道士劉貞白之松石梅雀，蜀童祥、許中正之人物仙佛，邱仁慶之花，
王延嗣之鬼神，皆熙寧以前名筆，而遺略不載』。然一人之耳目，豈能遍觀海內
之丹青，若虛以見聞立名，則遺略原所不諱。況就其所載論之，一百五六十年
之中，名人藝士，流派本末，頗稱賅備。實視劉道醇《畫評》爲詳，未可以偶
漏數人，遽見嗤點。其論製作之理，亦能深得畫旨，故馬端臨以爲看畫之綱領，
亦未可以一語失當爲玷也。」余嘉錫《四庫提要辨證》卷十四〈子部〉五〈藝
術類〉一「《圖畫見聞志》六卷」條載：「嘉錫案：勞格《讀書雜識》卷十一云：
『《華陽集》案宋王珪著。三十九〈東平郡王追封相王諡孝定允弼墓誌銘〉，次女
永安縣主，適供備庫使郭若虛。原注熙寧三年。《續通鑑長編》二百五十五熙寧
七年八月丁丑，衛尉少卿宋昌言爲遼國母正旦使，西京左藏庫副使郭若虛副之。』
陸心源《儀顧堂題跋》卷九〈圖畫見聞志跋〉所考略同，并云：『若虛，太原人，
見《直齋書錄解題》。熙寧八年爲文思副使，坐使遼不覺翰林司卒逃遼地，降一

官，見《續通鑑長編》。嘉錫案：《宋會要》第九十八冊〈職官〉六十五云：「熙寧八年八月九日，通判涇州左藏庫副使郭若虛降一官，坐奉使從人失金酒器故也。」與此不同。郭氏顯人，宋初有郭守文、郭進、郭從義及其子承祐。進，深州博野人，案《宋史》卷二百七十三有傳。從義，沙陀人。《宋史》二百五十二有傳，子承祐即附見傳中，《提要》謂史傳不載，非也。惟守文，太原并州人，贈侍中，封譙王，女爲眞宗章穆皇后，《宋史》卷二百五十九有傳。子崇德、崇信、崇儼、均見〈守文傳〉。崇仁。見《宋史》卷四百六十三〈外戚傳〉。崇德子承壽，承壽子若水。均見〈守文傳〉。若虛與若水同以若字命名，同貫太原，家世顯官又同，其爲兄弟可知。陳氏直齋謂宋初無顯人，而獨舉承祐，竟忘外戚之有譙王乎？亦百密之一疏矣。崇德官至太子中舍，崇信官至西京左藏庫使，崇儼官至崇儀使，崇仁官至四廂都指揮使。史稱崇仁性愼靜，不樂外官，與〈序〉所稱雖貴仕而喜廉退合，司徒蓋所贈之官，史不書者，略之也。所稱大父司徒公，於崇仁爲近，然不可考矣。惟若虛里貫并州，爲守文之後，則無可疑耳。」李慈銘《荀學齋日記》壬集下亦謂：『宋制后父多贈三公，疑若虛出自眞宗、仁宗二后家，而史略之。然不能得若虛仕履，不若勞氏、陸氏所考之詳也。』余紹宋《書畫書錄解題》卷一〈第一類・史傳〉一〈歷代史〉著錄：『《圖畫見聞志》六卷，宋郭若虛撰。案是書爲續張氏《歷代名畫記》而作，久有定評，信堪步武。書凡六卷，第一卷〈敘論〉十六篇，蓋仿張氏前三卷之作，其中論〈製作楷模〉及〈婦人形相〉二篇，說作畫之精意至爲透徹。論〈氣韻非師〉及〈古今優劣〉兩篇，尤爲精到之作。敘〈自古規鑒〉篇中，言後漢光武明德馬皇后云云，明德實爲明帝之后，非光武后也。此是僞誤，姑爲拈出，附識於此。第二至第四卷〈紀藝〉，即畫人傳。自唐會昌二年迄於宋熙寧七年，計唐宋得二十七人，五代得九十一人，宋得一百六十六人。其敘述事實固佳，然以較張氏則少遜。其於宋代忽爲分類，而王公大人、高尙二類又別於人物傳。寫山水、花鳥、雜畫諸門，不無可議。至其傳中不加品第，毛子晉〈跋〉謂其弗欲類謝赫之低昂太著，李嗣眞之空列人名，未爲篤論。品評書畫之風，至宋漸替，蓋其時已知此業之無甚實益，相率不談。郭氏〈自序〉中已微露其旨，所謂風會使然，郭氏亦莫能外也。第五卷爲〈故事拾遺〉，皆記唐宋朱梁、王蜀故事，凡二十七則。〈自序〉謂記諸家畫說略而未至者，故云〈拾遺〉。然如張璪事，則《歷代名畫記》已有其文，不知緣何又收入也。第六卷爲〈近事〉，記宋代、孟蜀、江南、大遼、高麗故事，凡三十二則，俱足以資談助。此兩卷皆張氏《名畫記》所無者，續前人之書而不襲其舊式，亦是書長處也。自來言畫之書，義例每嫌蕪雜，是編首敘諸家文

字，意在著錄前人論述，以明其述作之淵源。末一篇敘術畫斥方術怪誕之謬，以明畫道之正軌。章法謹嚴，得未曾有。前有郭氏〈自序〉。」均足資參證。

畫史一卷

《畫史》一卷，米芾撰。

廣棪案：《郡齋讀書志》卷第十五〈藝術類〉著錄：「《書畫史》二卷。右皇朝米芾元章撰。輯本朝公卿士庶家藏法書、名畫，論其優劣真偽。」《郡齋讀書志校證》曰：「按米芾撰有《書史》一卷、《畫史》一卷，《讀書志》乃合二書爲一條著錄。〈經籍考〉卷五十六同《讀書志》。」考《宋史》卷二百七〈志〉第一百六十〈藝文〉六〈雜藝術類〉著錄正作「米芾《畫史》一卷」。《四庫全書總目》卷一百十二〈子部〉二十二〈藝術類〉一著錄：「《畫史》一卷，兩江總督採進本。宋米芾撰。芾字元章。史浩《兩鈔摘腴》曰：『芾自號鹿門居士。』黃溍《筆記》曰：『元章自署姓名，米或爲芊、芾或爲黻。又稱海岳外史，又稱襄陽漫士。』周必大《平園集》有〈章友直畫蟲跋〉曰：『後題無礙居士，即米元章。』蓋芾性好奇，故屢變其稱如是。《宋史》本傳作吳人。都穆《寓意編》曰：『米氏父子本襄陽人，而寓居京口。嘗觀海岳翁表吾郡朱樂圃先生墓曰：「余昔居郡，與先生游。」則海岳又嘗寓蘇。修《宋史》者直云吳人，而後之論撰者遂以爲吳縣人，失之遠矣。』據其所考，則史稱吳人，誤也。芾初以其母侍宣仁后，藩邸舊恩，補浛洭尉。官至禮部員外郎，知淮南軍。史稱其妙於翰墨繪圖，自名一家，尤精鑒裁。此書皆舉其平生所見名畫，品題真偽，或問及裝褙收藏及考訂訛謬，歷代賞鑒之家奉爲圭臬。中亦有未見其畫而載者，如王球所藏兩漢至隋帝王像，及李公麟所說王獻之畫之類。蓋芾作《書史》，皆所親見。作《寶章待訪錄》，別以目睹、的聞，分類編次。此則已見未見相雜而書，其體例各異也。他如〈渾天圖〉及〈五聲六律十二宮旋相爲君圖〉，自爲圖譜之學，不在丹青之列，芾亦附載，殆張彥遠《歷代名畫記》兼收〈日月交會九道諸圖〉之例歟？芾不以天文名，而其論天，以古今百家星歷盡爲妄說，欲以所作〈晝夜六十圖〉上之御府，藏之名山，已爲誇誕。又不以韻學名，而其論韻，謂沈約只知四聲，求其宮聲而不得，乃分平聲爲上下，以欺後世。考約《集》載〈答陸厥書〉，雖稱宮商之音有五，而《梁書》約本傳及《南史》厥本傳並云四聲，〈隋志〉亦作沈約《四聲》一卷。芾所謂求其宮聲不得者，不知何據，殆誤記唐徐景安《樂書》，以上下平分宮商歟？案景安書今不傳，其說見王應麟《玉海》。卷首題詞，謂

唐代五王之功業，不如薛稷之二鶴，尤爲誕肆。是亦以顛得名之一端，存而不論可矣。」《書畫書錄解題》卷六〈第六類・著錄〉四〈鑒賞〉著錄：「《米海嶽畫史》二卷，宋米芾撰。此編體例與《書史》略同，實爲著錄名畫祖本。其間亦間及裱褙印章，並評論其優劣，實賞鑒家不可不讀者。其間敘賞鑒、收藏、雜事數則，足以窺知當時風氣，不特解頤，亦爲絕好史料。又時因畫而論及他事，中有〈辨古服制〉一條最精，乃作故事畫不可不知者。論〈天文〉、〈音韻〉兩條，《四庫》斥其謬妄，然亦姑備一說，本與畫無甚關涉也。記〈江神索韓馬〉一條，未免涉於神奇，實爲疵累。《宣和畫譜》辨其記〈鍾隱〉一條，當是偶誤。前有〈自序〉。」均可資參考。

德隅堂畫品一卷

《德隅堂畫品》一卷，李廌方叔撰。趙令時德麟官襄陽，行橐中諸畫，方叔皆為評品之。元符元年也。

廣桉案：《宋史》卷二百七〈志〉第一百六十〈藝文〉六〈雜藝術類〉著錄：「李薦《德隅堂畫品》一卷。」「薦」、「廌」，蓋因字形相近而誤。《四庫全書總目》卷一百十二〈子部〉二十二〈藝術類〉一著錄：「《德隅齋畫品》一卷，兩江總督採進本。宋李廌撰。廌字方叔，陽翟人。事蹟具《宋史・文苑傳》。廌少以文字見知於蘇軾，後軾知舉，廌乃不第，竟偃蹇而卒。軾所謂『平生浪說古戰場，到眼空迷日五色』，至今傳爲故實者，即爲廌作也。是編所記名畫凡二十有二人，各爲序述品題。陳振孫《書錄解題》稱『元符元年趙令時官襄陽，行橐中諸畫，方叔皆爲之評品』，蓋即此書。惟德隅齋作德隅堂。考鄧椿《畫繼》稱『李方叔載《德隅齋畫品》』云云，則振孫所記誤矣。廌本善屬文，故其詞致皆雅，令波瀾意趣，一一妙中理解。葉夢得《石林詩話》論寇國寶詩，所謂從蘇黃門庭中來者。惟〈寒龜出曝圖〉條中，有『頃在丞相尤公家見黃一龜』云云。考元祐、紹聖之間，丞相未有尤姓者，豈傳寫之訛耶？」《書畫書錄解題》卷六〈第六類・著錄〉三〈一家所藏〉著錄：「《德隅齋畫品》一卷，宋李廌撰。是編雖名《畫品》，實就所見畫而加以評論，與各家分別等第，或比況形容者不同。故不入〈品藻類〉編中。所著錄之畫，皆趙德麟令時襄陽行橐中所貯者，其文或即當時題畫之作，持論甚精。《四庫》稱其『妙中理解』，是也。《說郛》本與詹氏補益本先後次第不同，補益本少〈感應公像〉一首。未有〈自跋〉及趙令時〈跋〉。」可供參證。

林泉高致集一卷

《林泉高致集》一卷，直^{廣棪案：盧校本無「直」字。}徽猷閣待制河陽郭思撰。其父熙，字淳夫，善畫。思，元豐五年進士。既貴，追述其父遺迹、事實。待制許光疑為之〈序〉。曰〈畫訓〉、〈畫意〉、〈畫題〉、〈畫訣〉。^{館臣案：《文獻通考》「〈畫訓〉」上多〈畫記〉二字。}而〈序〉又稱〈詩歌〉、〈贊記〉、〈詔誥〉、〈銘誌〉，今本闕。

廣棪案：《四庫全書總目》卷一百十二〈子部〉二十二〈藝術類〉一著錄：「《林泉高致集》一卷，^{浙江范懋柱家天一閣藏本。}舊本題宋郭思撰。思父熙，字淳夫，溫縣人。官翰林待詔直長，以善畫名於時。思字得之，登元豐年進士，官至徽猷閣待制、秦鳳路經略安撫使。書首有思所作〈序〉，謂『卯角侍先子，每聞一說，旋即筆記。收拾纂集，用貽同好。』故陳振孫《書錄解題》以此書爲思追述其父遺蹟事實而作。今案書凡六篇：曰〈山水訓〉，曰〈畫意〉，曰〈畫訣〉，曰〈畫題〉，曰〈畫格拾遺〉，曰〈畫記〉，其篇首實題贈正議大夫郭熙撰。又有政和七年翰林學士河南許光凝〈序〉，亦謂『公平日講論小筆範式，燦然盈編，題曰《郭氏林泉高致》。』而書中多附思所作釋語，并稱間以所聞註而出之。據此，則自〈山水訓〉至〈畫題〉四篇，皆熙之詞，而思爲之註。惟〈畫格拾遺〉一篇，紀熙平生眞蹟，〈畫記〉一篇，述熙在神宗時寵遇之事，則當爲思所論譔，而併爲一編者也。許光凝〈序〉，尚有〈元豐以來詩歌贊記〉，陳振孫即稱已闕。」《書畫書錄解題》卷三〈第三類・論述〉二〈通論〉著錄：「《林泉高致集》一卷，宋郭熙撰，子思纂。書凡六篇，《四庫》以前四篇爲郭熙作，後兩篇爲其子思作，極是。其〈山水訓〉、〈畫訣〉兩篇，所論至爲精到。北宋以前言畫法之書，今傳者多不足信，此編絕非僞託，是以可貴。今本前有思〈序〉，陳振孫《書錄解題》及《四庫》著錄本云前有政和七年許光凝〈序〉，今本闕。」郭熙，《宋史翼》卷三十八〈列傳〉第三十八〈方技〉有傳。思，附〈郭熙傳〉。

廣川畫跋五卷

《廣川畫跋》五卷，^{廣棪案：盧校注：「今有六卷。」}董逌撰。

廣棪案：《四庫全書總目》卷一百十二〈子部〉二十二〈藝術類〉一著錄：「《廣川畫跋》六卷，^{兩江總督採進本。}宋董逌撰。逌在宣和中，與黃伯思均以考據賞鑒擅名。毛晉嘗刊其《書跋》十卷，而《畫跋》則世罕傳本。此本爲元至正乙

巳華亭孫道明所鈔，云從宋末書生寫本錄出，則爾時已無鋟本矣。紙墨歲久剝
蝕，然僅第六卷末有闕字，餘尚完整也。古圖畫多作故事及物象，故逌所跋皆
考證之文。其論山水者，惟〈王維〉一條、〈范寬〉二條、〈李成〉三條、〈燕肅〉
二條，〈時記室所收〉一條而已。其中如辨正〈武皇望仙圖〉、〈東丹王千角鹿圖〉、
〈七夕圖〉、〈兵車圖〉、〈九主圖〉、〈陸羽點茶圖〉、〈送窮圖〉、〈乞巧圖〉、〈勘
書圖〉、〈擊壤圖〉、〈沒骨花圖〉、〈舞馬圖〉、〈戴嵩牛圖〉、〈秦王進餅圖〉、〈留
瓜圖〉、〈王波利獻馬圖〉，引據皆極精核。其〈封禪圖〉一條，立義未確。〈媆
魚圖〉一條，附會太甚。〈分鏡圖〉一條，拘滯無理。〈地獄變相圖〉，誤以盧棱
伽為在吳道元前。皆偶然小疵，不足以為是書累也。」《書畫書錄解題》卷五〈第
五類・題贊〉二〈題詠〉著錄：「《廣川畫跋》六卷，宋董逌撰。題跋凡一百三
十四篇，《畫苑》本卷三原缺三篇，僅存其目。其文偏重考據及論議，俱極樸實。
逌與蘇、黃同為宋人，而題跋風趣迥殊，題故事圖畫應以此種為正宗，然非學
有本源者不辨，故後來無能效之者。逌尚有《書跋》，皆攷證碑板，間及書籍，
故未采錄附記之。舊本後有至正乙巳孫道明〈跋〉，《愛日精廬藏書志》黃廷鑑
云：『嘉靖本前尚有劉大謨〈序〉。』今俱未見。」可供參考。

畫繼十卷

《畫繼》十卷，鄧椿公壽撰。以繼郭若虛之後。張彥遠〈記〉止會昌元年，
若虛〈志〉止熙寧七年，今書止乾道三年。

　　廣棪案：《四庫全書總目》卷一百十二〈子部〉二十二〈藝術類〉一著錄：「《畫
　　繼》十卷，兩江總督採進本。宋鄧椿撰。椿，雙流人。祖洵武，政和中知樞密院。
　　其時最重畫學，椿以家世聞見，綴成此書。其曰《畫繼》者，唐張彥遠作《歷
　　代名畫記》，起軒轅，止唐會昌元年。宋郭若虛作《圖畫見聞志》起會昌元年，
　　止宋熙寧七年。椿作此書起熙寧七年，止乾道三年，用續二家之書，故曰繼也。
　　所錄上而帝王，下而工技，九十四年之中，凡得二百一十九人。一卷至五卷以
　　人分，曰聖藝，曰侯王貴戚，曰軒冕才賢，曰縉紳韋布，曰道人衲子，曰世冑
　　婦女及宦者。各為區分類別，以總括一代之技能。六卷、七卷以畫分，曰仙佛
　　鬼神，曰人物傳寫，曰山水林石，曰花竹翎毛，曰畜獸蟲魚，曰屋木舟車，曰
　　蔬果藥草，曰小景雜畫。各為標舉短長，以分闡諸家之工巧。蓋互相經緯，欲
　　俾一善不遺。八卷曰銘心絕品，記所見奇跡愛不能忘者，為書中之特筆。九卷、
　　十卷皆曰雜說，分論遠論近二子目，則書中之總斷也。論遠多品畫之詞，論近

則多說雜事。論近之末，附〈綴雜事〉一條，或傳寫失次歟？椿以當代之人，記當代之藝，又頗議郭若虛之遺漏，故所收未免稍寬。然網羅賅備，俾後來得以考核。其持論以高雅爲宗，不滿徽宗之尙法度，亦不滿石恪等之放佚，亦爲平允，因賞鑒家所據爲左驗者矣。」《書畫書錄解題》卷一〈第一類·史傳〉一〈歷代史〉著錄：「《畫繼》十卷，宋鄧椿撰。是書爲繼張氏、郭氏之書而作，郭氏書止熙寧七年，即以其年爲始，訖於乾道三年，故名《畫繼》。凡九十四年間，得畫人二百十九。其書不用張、郭二家體裁，別立門類，卷一至卷五以人分，曰聖藝，曰侯王貴戚，曰軒冕才賢，曰巖穴上士，曰縉紳韋布，曰道人衲子，曰世胄婦女，附宦者。卷六、卷七以藝分，曰仙佛鬼神，曰人物傳寫，曰山水林石，曰花卉翎毛，曰畜獸蟲魚，曰屋木舟車，曰蔬果藥草，曰小景雜畫。作畫不純以時代爲次，而以事類立名，如正史世家及食貨、游俠之例，原無不可，此正是書之所長。特此外則不宜更以藝能爲別。今觀其六、七兩卷，所列諸人多爲畫院供奉，則何不更立一類專紀院體畫人，俾後人有所攷稽耶？此則稍留遺憾者也。至其所收之人，多由諸家詩文集中采輯而得，用力頗勤，足以傳信，雖稍覺寬濫，究與絕無依據者不同；又於諸人短處，時有論列，亦不失褒貶之公。第八卷曰銘心絕品，專記所見名畫，惜僅有目而不加疏說，後人遂無由考稽。然爾時著錄圖繪之風氣未開，亦難責備。卷九、卷十曰雜說。論遠者十三則，論近者十六則，遠近之名，未詳其取義，其中半屬論議，半記雜事，持論頗得其平。《四庫》所論是也。記事亦多爲畫苑軼聞，通覽全編，雖不若張、郭兩家之精，然自出心裁，絕無勦襲通同之弊，固自可傳。前有公壽〈自序〉。」椿，《宋史》無傳。《宋人傳記資料索引》載：「鄧椿字公壽，雙流人，洵武孫。官至郡守，撰《畫繼》十卷。」足資參證。

文房四譜五卷

《文房四譜》五卷，參政梓潼蘇易簡太簡撰。

　　廣棪案：《郡齋讀書志》卷第十四〈類書類〉著錄：「《文房四譜》五卷。右皇朝蘇易簡撰。集古今筆、硯、紙、墨本原故實，繼以賦頌述作，有徐鉉〈序〉。」《四庫全書總目》卷一百十五〈子部〉二十五〈譜錄類〉著錄：「《文房四譜》五卷，_{浙江吳玉墀家藏本}。宋蘇易簡撰。易簡字太簡，梓州銅山人。太平興國五年進士，官至參知政事，以禮部侍郎出知鄧州，移知陳州，卒。事蹟具《宋史》本傳。是書凡〈筆譜〉二卷，〈硯譜〉、〈墨譜〉、〈紙譜〉各一卷，而〈筆格〉、〈水

滴〉附焉。各述原委本末及其故實，殿以詞賦詩文，合爲一書。前有徐鉉〈序〉，末有雍熙三年九月〈自序〉，謂因閱書秘府，集成此《譜》。考歐陽詢《藝文類聚》，每門皆前列事蹟，後附文章。易簡蓋仿其體式。然詢書兼羅眾目，其專舉一器一物，輯成一譜，而用歐陽氏之例者，則始自易簡。後來《硯箋》、《蟹錄》，皆沿用成規，則謂自易簡初法可也。其搜採頗爲詳博，如梁元帝《忠臣傳》、顧野王《輿地志》之類，雖不免自類書之中轉相援引。其他徵引，則皆唐、五代以前之舊籍，足以廣典據而資博簡。當時甚重其書，至藏於祕閣，亦有以矣。《宋史》本傳但稱《文房四譜》，與此本同。尤袤《遂初堂書目》作《文房四寶譜》，又有《續文房四寶譜》。考洪邁〈歙硯說跋〉，稱揭蘇氏《文房譜》於四寶堂，當由是而俗呼『四寶』，因增入書名。後來病其不雅，又改題耳。」足供參考。易簡，《宋史》卷二百六十六〈列傳〉第二十五有傳。其〈傳〉曰：「易簡常居雅善筆札，尤善談笑，旁通釋典，所著《文房四譜》、《續翰林志》及《文集》三十卷，藏於秘閣。」所載中有此書。

歙硯圖譜一卷

《歙硯圖譜》一卷，太子中舍知婺源縣唐積撰。治平丙午歲。館臣案：《歙硯圖譜》以下三種，俱係洪适撰，其弟邁有〈跋〉可證。此以《歙硯圖譜》為唐積撰，而下二種俱不知名氏。《文獻通考》、《宋史・藝文志》及《說郛》遂因之。然适本有《譜》無《圖》，或《圖》係唐積所補邪？

廣棪案：《宋史》卷二百七〈志〉第一百六十〈藝文〉六〈雜藝術類〉著錄：「唐績《硯圖譜》一卷。」即此書。惟「積」作「績」。《四庫全書總目》卷一百十五〈子部〉二十五〈譜錄類〉著錄：「《歙州硯譜》一卷，浙江鮑士恭家藏本。不著撰人名氏。惟卷末題有『大宋治平丙午歲重九日』十字。考之陳振孫《書錄解題》，載有『《歙硯圖譜》一卷，稱太子中舍知婺源縣唐積撰，治平丙午歲』云云。其年月與此相合，然則此即積書矣。中分採發、石坑、攻取、品目、修斲、名狀、石病、道路、匠手、攻器十門。所誌開鑿成造之法甚詳，蓋歙石顯於南唐，宋人以其發墨，頗好用之。土人藉是爲生，往往多作形勢以希售。米芾嘗議其好爲端樣，以平直斗樣爲貴，滯墨甚可惜。而此書〈名狀門〉內實首列端樣，亦可以考見一時風尚也。《書錄解題》作《圖譜》，米芾亦稱今之製見《歙州硯圖》，而此本有譜無圖，蓋左圭刊入《百川學海》時病繪圖繁費，削而不載。今則無從考補矣。」是《四庫全書總目》亦以此書爲唐積撰，與《解題》

館臣案語以《譜》爲洪适撰，《圖》爲唐積所補不同。治平，英宗年號，丙午爲治平三年（1066）。

歙硯說一卷，又辨歙石說一卷

《歙硯說》一卷、又《辨歙石說》一卷，皆不著名氏。

廣棪案：《四庫全書總目》卷一百十五〈子部〉二十五〈譜錄類〉著錄：「《歙硯說》一卷、《辨歙石說》一卷，_{浙江鮑士恭家藏本。}不著撰人名氏。陳振孫《書錄解題》載之，亦云皆不著姓名。左圭《百川學海》列於唐積《譜》後，卷末有〈跋〉，稱『紹興三十年十二月，弟左承議郎、尚書禮部員外郎、兼國史院編修官邁跋』。〈跋〉中稱『景伯兄治歙，既揭蘇氏《文房譜》於四寶堂，又別刻《硯說》三種』云云。案景伯爲洪邁兄洪适之字，則此二書似出於适。然與邁〈跋〉三種之說不合。考适《盤洲集》有〈蘇易簡文房四譜跋〉，稱說歙硯者凡三家，品諸李者有《墨苑》，以躋此編。然則此二種蓋與唐積之《譜》共爲三種，皆适所刻，以附於《文房譜》之後者，實非适所自撰也。《硯說》兼紀採石之地、琢石之法及其品質之高下。《歙石說》則專論其紋理星暈，凡二十七種，辨別頗爲詳悉。唐詢《北海公硯錄》見於《郡齋讀書志》者，今其本久已失傳，惟此書引有兩條，及無名氏《硯譜》引有一條，猶可以考見什一云。」可供參考。

墨苑三卷

《墨苑》三卷，趙郡李孝美伯揚撰。曰〈圖〉，曰〈式〉，曰〈法〉。元符中馬涓、_{廣棪案：盧校本「馬涓」作「馮涓」。}李元膺爲之〈序〉。

廣棪案：《宋史》卷二百七〈志〉第一百六十〈藝文〉六〈雜藝術類〉著錄：「李孝美《墨苑》三卷。」孝美，生平不可考。馬涓，《宋史》無傳。《宋人傳記資料索引》載：「馬涓字巨濟，四川保寧人。元祐元年進士第一。上疏忤蔡京，坐貶，後入黨籍，遂廢不用。」李元膺，《宋史》亦無傳。《宋人傳記資料索引》載：「李元膺，東平人。爲南京教官，與蔡京同時，京深知其才。京在翰苑，因賜宴西池，失腳落水，幾至沈溺。元膺聞之笑曰：『蔡元長都溼了肚裡文章。』京聞之大怒，卒不得召用，士論惜之。」據是，則孝美亦爲哲宗時人。馬、李二〈序〉，茲不可考。

硯史一卷

《硯史》一卷，米芾撰。

廣棪案：《四庫全書總目》卷一百十五〈子部〉二十五〈譜錄類〉著錄：「《硯石》一卷，浙江鮑士恭家藏本。宋米芾撰。芾有《畫史》，已著錄。是書首冠以〈用品〉一條，論石當以發墨爲上。後附〈性品〉一條，論石質之堅軟。〈樣品〉一條，則備列晉硯、唐硯以迄宋代形製之不同。中記諸硯，自玉硯至蔡州白硯，凡二十六種，而於端、歙二石辨之尤詳，自謂皆曾目擊經用者，非此則不錄。其用意殊爲矜愼。末記所收青翠疊石一，正紫石一，皆指爲歷代之瓌寶，而獨不及所謂南唐硯山者，或當時尚未歸寶晉齋中，或已爲薛紹彭所易歟？芾本工書法，凡石之良楛皆出親試，故所論具得硯理，視他家之耳食者不同。其論歷代制作之變，考據尤極精確，有足爲文房鑒古之助者焉。」可供參考。

北海公硯錄一卷

《北海公硯錄》一卷廣棪案：此條據盧校本補。《文獻通考》題作《硯譜》二卷，小注：「又名《北海公硯錄》。」唐詢彥猷撰。專以青州紅絲石為貴。

廣棪案：《郡齋讀書志》卷第十四〈類書類〉著錄：「《硯譜》二卷。右皇朝唐詢撰。記硯之故事及其優劣，以紅絲石爲第一，端石次之。」與此應同一書。《宋史》卷二百七〈志〉第一百六十〈藝術〉六〈雜藝術類〉則著錄：「唐詢《硯錄》二卷。」是則此書或簡稱《硯錄》，而卷數似應作二卷。考唐詢字彥猷，《宋史》卷三百三〈列傳〉卷第六十二附父《唐肅》。其〈傳〉載：「詢少刻勵自修，已而不固所守，及知湖州，悅官妓取以爲妾。好畜硯，客至，輒出而玩之，有《硯錄》三卷。」所載卷數，又有所不同。

閑堂雜記四卷

《閑堂雜記》四卷，不著名氏。廣棪案：《文獻通考》作「不著姓名」。述《文房四譜》，而首載唐氏《硯錄》。

廣棪案：《文房四譜》，凡五卷，蘇易簡撰。《硯錄》，即《北海公硯錄》，《解題》著錄作一卷，唐詢撰。

硯箋一卷

《硯箋》一卷，高似孫撰。

廣棪案：《宋史藝文志補・史部・食貨類》著錄：「高似孫《硯箋》四卷。」《四庫全書總目》卷一百十五〈子部〉二十五〈譜錄類〉著錄：「《硯箋》四卷，浙江巡撫採進本。宋高似孫撰。似孫有《剡錄》，已著錄。是書成於嘉定癸未，前有〈自序〉，〈序〉末數語，隱澀殆不可解，與所作〈蟹略序〉，體格彷彿相似。陳振孫稱『似孫之文好以怪僻爲奇』，殆指此類歟？其書第一卷爲端硯，分子目十九。卷中硯圖一類，列四十二式，註曰歙石亦如之。然圖已不具，意傳寫佚之也。第二卷爲歙硯，分子目二十。第三卷爲諸品硯，凡六十五種。第四卷則前人詩文。其詩文明題曰端硯、歙硯者，已附入前二卷內。是卷所載皆不標名品，故別附之諸品後耳。〈宋志〉所錄《硯譜》，今存者尚有四五家，大抵詳於材產質性，而罕及其典故。似孫此書獨晚出，得備採諸家之說。又其學本淹博，能旁徵群籍以爲之佐證，故敘述頗有可觀。中間稍有滲漏者，如『李後主青石硯爲陶穀所碎』一條，乃出無名氏《硯譜》中，爲曾慥《類說》所引。今其原書收入左圭《百川學海》，尚可檢核。似孫竟以爲出自《類說》，未免失於根據。然其大致馴雅，終與龐雜者不同。如端州綠石爲諸品所不載，據王安石詩增入，亦殊眩洽。錢曾《讀書敏求記》亦稱唐人言吳融〈八韻賦〉古今無敵，惜乎亡來已久。此存得〈古瓦研賦〉一篇，巋然魯靈光也，則亦頗資考據矣。」足供參考。惟此書應作四卷，直齋著錄作一卷，其所得者乃非完本。

續文房四譜五卷

《續文房四譜》五卷，司農卿李洪秀穎撰。館臣案：《文獻通考》馬端臨曰：「晁、陳二家書錄以醫、相牛馬、茶經，酒譜之屬俱入〈雜藝術〉門，蓋仍諸史之舊。原本自論畫以下至博戲、酒令皆附音樂之末，與馬氏所言互異，蓋係誤編。今以評畫及文房之類次於書法，而《香譜》以下俱附算學之後，庶有次第。」

廣棪案：《宋史》卷二百七〈志〉第一百六十〈藝文〉六〈雜藝術類〉著錄：「李洪《續文房四譜》五卷。」洪，《宋史》無傳。考《宋史》卷一百五十七〈志〉第一百一十〈選舉〉三載：「建炎三年，復明法新科，進士預薦者聽試。紹興元年，復刑法科。凡問題號爲假案，其合格分數，以五十五通分作十分，以所通

定分數，以分數定等級：五分以上入第二等下，四分半以上入第三等上，四分以上入第三等中，以曾經試法人爲考官。五年，以李洪嘗中刑法入第二等，命與改秩，中書駁之。趙鼎謂：『古者以刑弼教，所宜崇獎。』高宗曰：『刑名之學久廢，不有以優之，則其學絕矣。』卒如前詔。」是洪乃高宗時人，嘗中刑法科入第二等者。至其任司農卿，當在其後。

算經三卷

《算經》三卷，_{館臣案：《文獻通考》作一卷。}夏侯陽撰。大抵乘除法。〈隋志〉二卷；〈唐志〉一卷，甄鸞注。今本無注，元豐京監本。

　　廣棪案：《隋書》卷三十四〈志〉第二十九〈經籍〉三〈子·曆數〉著錄：「夏侯陽《算經》二卷。」《舊唐書》卷四十七〈志〉第二十七〈經籍〉下〈曆算類〉著錄：「夏侯陽《算經》三卷，甄鸞注。」《新唐書》卷五十九〈志〉第四十九〈藝文〉三〈曆算類〉著錄：「夏侯陽《算經》一卷，_{甄鸞注。}」《解題》著錄卷數與〈舊唐志〉同。夏侯陽，生平不可考。甄鸞，《解題》卷十二〈曆象類〉「《周髀算經》二卷、《音義》一卷」條著錄：「甄鸞，後周司隸也。」可知其官職。

算經三卷

《算經》三卷，張丘建撰。有〈序〉，首言：「算者不患乘除之爲難，而患分之爲難，是以序列諸分之本原，宣明約通之要法。」案：〈唐志〉作一卷，甄鸞注。今本稱漢中郡守、前司隸甄鸞注，太史令李淳風等注釋，算學博士劉孝孫撰《細草》。「細草」者，乘除法實之詳悉也。

　　廣棪案：《隋書》卷三十四〈志〉第三十九〈經籍〉三〈子·曆數〉著錄：「張丘建《算經》二卷。」《舊唐書》卷四十七〈志〉第二十七〈經籍〉下《曆算》著錄：「張丘建《算經》一卷，甄鸞撰。」《新唐書》卷五十八〈志〉第四十九〈藝文〉三〈曆算類〉著錄：「李淳風注《張丘建算經》三卷。」各書著錄卷數頗不一致。張丘建，生平無可考。李淳風，岐州雍人，《舊唐書》卷七十九〈列傳〉第二十九、《新唐書》卷二百四〈列傳〉第一百二十九〈方技〉有傳。《舊唐書》本傳載：「先是，太史監候王思辯表稱《五曹》、《孫子》十部算經，理多踳駁。淳風復與國子監算學博士梁述、太學助教王眞儒等受詔注《五曹》、《孫子》十

部算經。書成，高宗令國學行用。」是淳風等注此書，在唐高宗時。劉孝孫，《舊唐書》卷七十二〈列傳〉第二十二，《新唐書》卷一百二〈列傳〉第二十七有傳。《新唐書》本傳載：「劉孝孫者，荊州人。祖貞，周石臺太守。孝孫少知名，大業末，爲王世充弟杞王辯行臺郎中。辯降，眾引去，獨孝孫攀援號慟，送于郊。貞觀六年，遷著作佐郎、吳王友，歷諮議參軍，遷太子洗馬，未拜，卒。」惟孝孫本傳未載曾任算學博士及撰《細草》事。

應用算法一卷

《應用算法》一卷，夷門叟郭京元豐三年〈序〉，稱「平陽奇士蔣舜元撰」。凡八篇，曰〈釋數〉、〈田畝〉、〈粟米〉、〈端匹〉、〈斤秤〉、〈修築〉、〈差分〉、〈雜法〉，總為百五十七門。前〈志〉在〈曆算類〉。案：射、御、書、數，均一藝也，不專為曆算設，故列於此。

廣棪案：《郡齋讀書志》卷第十五〈藝術類〉著錄：「《應用算》三卷。右皇朝蔣舜元撰。」即此書。郭京，《宋史》無傳。《宋元學案補遺》卷三〈高平學案補遺‧附錄〉「郭先生京」條載：「郭京，□□人。慶曆初，范文正仲淹過潤州，問徐復以衍卦占之，今夷狄無動乎？復爲占西邊用兵日月，無少差。其後與先生同被召，賜對。問以天時、人事，先生好言兵，文正及滕宗諒數薦之，故與復同召焉。《隆平集》。」是京乃仁宗時人而善卜筮者。蔣舜元，生平不可考。

香譜一卷

《香譜》一卷，不知名氏。

廣棪案：《郡齋讀書志》卷第十四〈類書類〉著錄：「《香譜》一卷。右皇朝洪芻駒父撰。集古今香法，有鄭康成漢宮香，《南史》小宗香、《眞誥》嬰香、戚夫人迎駕香、唐員半千香，所記甚該博。然《通典》載歷代祀天用沈水香，獨遺之，何哉？」疑此書乃洪芻撰。洪，《宋史》無傳，《宋人傳記資料索引》載：「洪芻，字駒父，南昌人，朋弟。紹聖元年進士，放蕩江湖，不求聞達。嘗主晉州州學，靖康中爲諫議大夫，坐事貶海上。與兄朋、炎、弟羽俱負才名，芻詩尤工。有《香譜》、《老圃集》。」可知其生平。周紫芝《太倉稊米集》卷十七有〈書洪駒父香譜後〉一文，曰：「歷陽沈諫議家，昔號藏書最多者。今世所傳《香譜》，蓋諫議公所自集也，以謂盡得諸家所載香事矣。以今洪駒

父所集觀之，十分未得其一二也。余在富川，作〈妙香寮永興郭元壽賦長篇〉。其後，貴池丞劉君穎與余凡五賡其韻，往返十篇，所用香事頗多，猶有一二事駒父《譜》中不錄者，乃知世間書豈一耳目所能盡知。自昔作類書者不知其幾家，何嘗有窮。頃年在武林，見丹陽陳彥育作類書，自言今三十年矣，如〈荔枝〉一門，猶有一百二十餘事。嗚呼！博聞洽識之士固足以取重一時，然迷入黑海蕩而不反者，亦可爲書淫傳癖之戒云。」可供參考。

萱堂香譜一卷

《萱堂香譜》一卷，稱侯氏萱堂，而不著名。廣棪案：《文獻通考》小注：「又《侯氏萱堂香錄》二卷。譜或作錄。」

廣棪案：《四庫全書總目》卷一百十五〈子部〉二十五〈譜錄類〉著錄：「《香譜》二卷，內府藏本。舊本不著撰人名氏，左圭《百川學海》題爲宋洪芻撰。芻字駒父，南昌人，紹聖元年進士。靖康中，官至諫議大夫，謫沙門島以卒。所作《香譜》，《宋史·藝文志》著錄。周紫芝《太倉稊米集》有〈題洪駒父香譜後〉曰：『歷陽沈諫議家，昔號藏書最多者。今世所傳《香譜》，蓋諫議公所自集也，以爲盡得諸家所載香事矣。以今洪駒父所集觀之，十分未得其一二也。余在富川，作〈妙香寮永興郭元壽賦長篇〉。其後貴池丞劉君穎與余凡五賡其韻，往返十篇，所用香事頗多，猶有一二事駒父《譜》中不錄者』云云。則當時推重芻《譜》在沈立《譜》之上。然晁公武《讀書志》稱芻《譜》『集古今香法，有鄭康成漢宮香、《南史》小宗香、《眞誥》嬰香、戚夫人迎駕香、唐員半千香，所記甚該博。然《通典》載歷代祀天用水沈香獨遺之』云云。此本有〈水沈香〉一條，而所稱鄭康成諸條乃俱不載。卷數比《通考》所載芻《譜》亦多一卷，似非芻作。沈立《譜》久無傳本。《書錄解題》有《侯氏萱堂香譜》二卷，不知何代人，或即此書耶？其書凡分四類，曰香之品、香之異、香之事、香之法，亦頗賅備，足以資考證也。」可供參考。

香嚴三昧一卷

《香嚴三昧》一卷，館臣案：《文獻通考》作十卷。　廣棪案：盧校本同。不知名氏。

廣棪案：此書不可考。

南蕃香錄一卷

《南蕃香錄》一卷，_{廣棪案：此條據盧校本補。}知泉州葉廷珪撰。

　　廣棪案：《宋史》卷二百五〈志〉第一百五十八〈藝文〉四〈農家類〉著錄：
　　「葉庭珪《南蕃香錄》一卷。」廷珪，《宋史翼》卷二十七〈列傳〉第二十七
　　〈文苑〉二有傳。《宋人傳記資料索引》載：「葉廷珪，一作庭珪，字嗣忠，
　　號翠巖，甌寧人。政和五年進士，出知德興縣。紹興中爲太常寺丞，議與秦
　　檜忤，以左朝議大夫出知泉州。後移潭州，奉祠歸。廷珪喜讀書，每聞士大
　　夫家有異書，無不借讀，擇其可用者手抄之，名《海錄碎事》。」可供參證。
　　然未載廷珪撰有此書。

茶經一卷

《茶經》一卷，_{館臣案：《文獻通考》作三卷。}　_{廣棪案：盧校注：「晁〈志〉三卷。」}
唐陸羽鴻漸撰。羽自號竟陵子，又號桑苧翁。

　　廣棪案：《郡齋讀書志》卷第十二〈農家類〉著錄：「《茶經》三卷。右唐太子
　　文學陸羽鴻漸撰。載產茶之地、造作器具、古今故事，分十門。」《宋史》卷
　　二百五〈志〉第一百五十八〈藝文〉四〈農家類〉著錄：「陸羽《茶經》三卷。」
　　疑此書應作三卷，《解題》著錄者非完本。《四庫全書總目》卷一百十五〈子
　　部〉二十五〈譜錄類〉著錄：「《茶經》三卷，_{浙江鮑士恭家藏本。}唐陸羽撰。
　　羽字鴻漸，一名疾，字季疵，號桑苧翁，復州竟陵人。上元初，隱於苕溪。
　　徵拜太子文學，又徙太常寺太祝，並不就職。貞元初卒。事跡具《唐書・隱
　　逸傳》，稱：『羽嗜茶，著〈經〉三篇。』〈藝文志〉載之〈小說家〉，作三卷，
　　與今本同。陳師道《後山集》有〈茶經序〉，曰：『陸羽《茶經》，《家書》一
　　卷，畢氏、王氏書三卷，張氏書四卷，內外書十有一卷，其文繁簡不同。王、
　　畢氏書繁雜，意其舊本。張書簡明，與《家書》合，而多脫誤。《家書》近古，
　　可考正。曰七之事以下，其文乃合三書以成之。錄爲二篇，藏於家。』此本
　　三卷，其王氏、畢氏之書歟？抑《後山集》傳寫多訛，誤三篇爲二篇也。其
　　書分十類，曰一之源，二之具，三之造，四之器，五之煮，六之飲，七之事，
　　八之出，九之略，十之圖。其曰具者，皆採製之用。其曰器者，皆煎飲之用，
　　故二者異部。其曰圖者，乃謂統上九類，寫以絹素張之，非別有圖。其類十，
　　其文實九也。言茶者莫精於羽，其文亦朴雅有古意。七之事所引多古書，如

司馬相如《凡將篇》一條三十八字，爲他書所無，亦旁資考辨之一端矣。」
可供參考。羽，《新唐書》卷一百九十六〈列傳〉第一百二十一〈隱逸〉有傳。
其〈傳〉曰：「羽嗜茶，著〈經〉三篇，言茶之原、之法、之具尤備，天下益
知飲茶矣。時鬻茶者，至陶羽形，置煬突間，祀爲茶神。」足資參證。

煎茶水記一卷

《煎茶水記》一卷，唐涪州刺史張又新撰。館臣案：《館閣書目》作「江州刺史」。
本刑部侍郎劉伯芻稱水之與茶，宜者凡七等。又新復言得李季卿所筆錄陸鴻
漸《水品》凡二十。歐公〈大明水記〉嘗辨之，今亦載卷末。余足跡所至不
廣，於《水品》僅嘗三四，若惠山泉甘美，置之第二不忝，特未知康王谷水
何如爾。其次，吳淞第四橋水亦不惡。虎丘劍池殊未佳，而在第四，已不可
曉。至於雪水，清甘絕佳，而居其末，尤不可曉也。大抵水活而後宜茶，活
而不清潔猶不宜，故乳泉、石池、漫流者爲上，館臣案：「乳」，《文獻通考》作「浮」。
為其活且潔也。若夫天一生水，烝廣桉案：盧校本「烝」作「蒸」。為雲雨，水之
活且潔者，何以過此？余嘗用淨器承雨水，試以烹煎，不減雪水，故知又新
之說妄也。

廣桉案：《新唐書》卷五十九〈志〉第四十九〈藝文〉三〈小說家類〉著錄：
「張又新《煎茶水記》一卷。」《郡齋讀書志》卷第十二〈農家類〉著錄：「《煎
茶水記》一卷。右唐張又新撰。其所嘗水凡二十種，因第其味之優劣。」《四
庫全書總目》卷一百十五〈子部〉二十五〈譜錄類〉著錄：「《煎茶水記》一
卷，內府藏本。唐張又新撰。又新字孔昭，深州陸澤人。司門員外郎薦之曾孫、
工部侍郎薦之子也。元和九年進士第一。案本傳但稱元和中，及進士高第，知為
九年者，據此書中所述；知為第一者，據元人所編《氏族大全》，稱其狀元及第也。
歷官右補闕。黨附李逢吉，爲八關十六子之一。逢吉出爲山南東道節度使，
以又新爲行軍司馬。坐田伾事，貶江州刺史。案〈新〉、《舊唐書》皆云江州刺史，
而書中自稱刺九江，則為江州無疑，以二字形近而訛也。《書錄解題》作涪州，則更
誤矣。後又黨緣李訓，遷刑部郎中，爲申州刺史。訓死，復坐貶，終於左司郎
中。事蹟具《新唐書》本傳。其書前列刑部侍郎劉伯芻所品七水，次列陸羽
所品二十水，云元和九年初成名時，在薦福寺得於楚僧，本題曰《煮茶記》，
乃代宗時湖州刺史李季卿得於陸羽口授。後有葉清臣述《煮茶泉品》一篇，
歐陽修〈大明水記〉一篇、〈浮槎山水記〉一篇。考《書錄解題》載此書，已

稱〈大明水記〉，載卷末，則宋人所附入也。清臣所記，稱又新此書爲《水經》。案《太平廣記》三百九十九卷引此書，亦稱《水經》。或初名《水經》，後來改題，以別酈道元所誌歟？修所記極詆又新之妄，謂與陸羽所說皆不合。今以《茶經》校之，信然。又《唐書》羽本傳稱，李季卿宣慰江南，有薦羽者，召之。羽野服挈具而入，季卿不爲禮。羽愧之，更著《毀茶論》。則羽與季卿大相齟齬，又安有口授《水經》之理。殆以羽號善茶，當代所重，故又新託名歟？然陸游《入蜀記》曰：『史志道餉谷簾水數器，眞絕品也。甘腴清冷，具備諸美。前輩或斥水品，以爲不可信，水品固不必盡當。至谷簾泉，卓然非惠山所及，則亦不可誣也。』是游亦有取於是書矣。」可供參證。又新，《舊唐書》卷一百四十九〈列傳〉第九十九附父〈張薦〉，《新唐書》卷一百七十五〈列傳〉第一百有傳。

茶譜一卷

《茶譜》一卷，後蜀毛文錫撰。

廣枩案：《郡齋讀書志》卷第十二〈農家類〉著錄：「《茶譜》一卷。右僞蜀毛文錫撰。記茶故事，其後附以唐人詩文。」《宋史》卷二百五〈志〉第一百五十〈藝文〉四〈農家類〉著錄：「毛文錫《茶譜》一卷。」文錫字平珪，高陽人。《十國春秋》第四十一〈前蜀〉七〈列傳〉有傳。其〈傳〉謂文錫「有《前蜀紀事》二卷、《茶譜》一卷」。正有此書。

北苑茶錄三卷

《北苑茶錄》三卷，廣枩案：此條據盧校本補。三司戶部判官丁謂謂之撰。咸平中進。

廣枩案：《郡齋讀書志》卷第十二〈農家類〉著錄：「《建安茶錄》三卷。右皇朝丁謂撰。建州研膏茶起於南唐，太平興國中始進御。謂咸平中爲閩漕，監督州吏，創造規模，精緻嚴謹，錄其圍焙之數，圖繪器具及敘采製入貢法式。盧仝譏陽羨貢茶，有『安知百萬億蒼生，墜在顚崖受辛苦』之句，余於謂亦云。」與此應同一書。《宋史》卷二百五〈志〉第一百五十八〈藝文〉四〈農家類〉著錄：「丁謂《北苑茶錄》三卷。」著錄與《解題》同。丁謂，《宋史》卷二百八十三〈列傳〉第四十二有傳。其〈傳〉載：「丁謂字謂之，後更字公

言，蘇州長洲人。少與孫何友善，同袖文謁王禹偁，禹偁大驚，重之，以爲
自唐韓愈、柳宗元後，二百年始有此作。世謂之『孫、丁』。淳化三年，登進
士甲科，爲大理評事、通判饒州。踰年，直史館，以太子中允爲福建路採訪。
還，上茶鹽利害，遂爲轉運使，除三司戶部判官。峽路蠻擾邊，命往體量。
還奏稱旨，領峽路轉運使，累遷尚書工部員外郎，會分川峽爲四路，改夔州
路。」是則此書乃謂除三司戶部判官時撰。咸平，眞宗年號。

茶錄二卷

《茶錄》二卷，廣棪案：此條據盧校本補。右正言修起居注莆田蔡襄君謨撰。皇
祐中進。

> 廣棪案：《郡齋讀書志》卷第十二〈農家類〉著錄：「《試茶錄》二卷。右皇朝
> 蔡襄君謨撰。襄，皇祐中修注，仁宗嘗面諭云：『昨卿所進龍茶甚精。』襄退
> 而記其烹試之法，成書二卷，進御。世傳歐公聞君謨進小團茶，驚曰：『君謨，
> 士人，何故如此？』」《宋史》卷二百五〈志〉第一百五十八〈藝文〉四〈農
> 家類〉著錄：「蔡襄《茶錄》一卷。」《四庫全書總目》卷一百十五〈子部〉
> 二十五〈譜錄類〉著錄：「《茶錄》二卷，江蘇巡撫採進本。宋蔡襄撰。襄，莆
> 田人。仁宗賜字曰君謨。見集中〈謝御筆賜字詩序〉。仕至端明殿學士。諡忠惠，
> 事蹟具《宋史》本傳。是書乃其皇祐中爲右正言修起居注時所進，前後皆有
> 襄〈自序〉。〈前序〉稱：『陸羽《茶經》，不第建安之品；丁謂《茶圖》，獨論
> 採造之本。至於烹試，曾未有聞。輒條數事，簡而易明。』〈後序〉則治平元
> 年勒石時作也。分上、下二篇，上篇論茶，下篇論茶器，皆所謂烹試之法。《通
> 考》載之，作《試茶錄》。然考襄二〈序〉，俱自稱《茶錄》，石本亦作《茶錄》，
> 則『試』字爲誤增明矣。費袞《梁谿漫志》載有陳東此書〈跋〉曰：『余聞之
> 先生長者，君謨初爲閩漕，出意造密雲小團爲貢物。富鄭公聞之，嘆曰：「此
> 僕妾愛其主之事耳，不意君謨亦復爲此。」余時爲兒，聞此語，亦知感慕。
> 及見《茶錄》石本，惜君謨不移此筆書〈旅獒〉一篇以進』云云。案《北苑
> 貢茶錄》稱：『太平興國中，特置龍鳳模，造團茶。』則團茶乃正供之土貢。
> 《茗溪漁隱叢話》稱：『北苑宮焙，漕司歲貢爲上。』則造茶乃轉運使之職掌。
> 襄特精其製，是亦修舉官政之一端。東所述富弼之言，未免操之已蹙。《群芳
> 譜》亦載是語，而以爲出自歐陽修。觀修所作〈龍茶錄後序〉，即述襄造小團
> 茶事，無一貶詞。知其語出於依託，安知富弼之言不出依託耶！此殆皆因蘇

軾詩中有『前丁後蔡致養口體』之語，而附會其說，非事實也。況造茶自慶
歷中事，進錄自皇祐中事。襄本閩人，不過文人好事，夸飾土產之結習。必
欲加以深文，則錢惟演之貢姚黃花，亦爲軾詩所譏，歐陽修作《牡丹譜》，將
併責以惜不移此筆註《大學》、《中庸》乎？東所云云，所謂言之有故，執之
成理，而實非通方之論者也。」是則此書應名《茶錄》，且作二卷爲是。襄，
《宋史》卷三百二十〈列傳〉第七十九有傳。其任右正言，修起居注，在仁
宗慶曆時。皇祐，仁宗年號。

北苑拾遺一卷

《北苑拾遺》一卷，劉昇撰。館臣案：「昇」，《文獻通考》及《宋史・藝文志》俱作「异」。
慶曆元年序。

　　廣棪案：《郡齋讀書志》卷第十二〈農家類〉著錄：「《北苑拾遺》一卷。右皇
　　朝劉異撰。北苑，建安地名，茶爲天下最。異，慶曆初在吳興，采新聞，附
　　於丁謂《茶錄》之末。其書言滌磨調品之器甚備，以補謂之遺也。」《四庫闕
　　書目・農家類》著錄：「劉異《北苑拾遺》一卷。」徐松編輯本。《宋史》卷二
　　百五〈志〉第一百五十八〈藝文〉四〈農家類〉著錄：「劉异《北苑拾遺》一
　　卷。」是此書劉異撰。異、异同。劉異，生平無可考。《解題》作劉昇，誤。

補茶經一卷

《補茶經》一卷，知建州周絳撰。當大中祥符間。

　　廣棪案：《郡齋讀書志》卷第十三〈農家類〉著錄：「《補茶經》一卷，又一卷。
　　右皇朝周絳撰。絳，祥符初知建州，以陸羽《茶經》不載建安，故補之。又
　　一本有陳龜注。丁謂以爲茶佳不假水之助。絳則載諸名水云。」《四庫闕書目・
　　農家類》著錄：「周絳《補茶經》一卷。」絳，《宋史》無傳。《宋詩紀事補遺》
　　卷之二載：「周絳，溧陽人，幼入黃山鶴，從道士楊用柔爲《老子》學，名智
　　進。適縣令視水蓄，至觀，威儀甚肅，因悟所學之非，改業爲儒，更名絳。
　　攻苦問學，登太平興國八年進士第，由都官員外，出守毗陵郡。」大中祥符，
　　眞宗年號。

東溪試茶錄一卷

《東溪試茶錄》一卷，_{廣棪案：此條據盧校本補。}**宋子安撰。**

廣棪案：《郡齋讀書志》卷第十二〈農家類〉著錄：「《東溪試茶錄》一卷。右皇朝朱子安集拾丁、蔡之遺。東溪，亦建安地名。其〈序〉謂：『七閩至國朝，草木之異，則產臈茶、荔子；人物之秀，則產狀頭、宰相，皆前代所未有。以時而顯，可謂美矣。然其草木厚味，不宜多食；其人物雖多知，難於獨任，亦地氣之異云。』」《宋史》卷二百五〈志〉第一百五十八〈藝文〉四〈農家類〉著錄：「宋子安《東溪茶錄》一卷。」《四庫全書總目》卷一百十五〈子部〉二十五〈譜錄類〉著錄：「《東溪試茶錄》一卷，_{浙江鮑士恭家藏本。}原本題宋宋子安撰，載左圭《百川學海》中。而晁公武《郡齋讀書志》又作朱子安，未詳孰是。然《百川學海》為舊刻，且《宋史·藝文志》亦作宋子安，則《讀書志》為傳寫之訛也。其書蓋補丁謂、蔡襄兩家《茶錄》之所遺。曰東溪者，亦建安地名也。凡分八目，曰〈總敍焙名〉，曰〈北苑〉，曰〈壑源〉，曰〈佛嶺〉，曰〈沙溪〉，曰〈茶名〉，曰〈採茶〉，曰〈茶病〉。大要以品茶宜辨所產之地，或相去咫尺，而優劣頓殊，故《錄》中於諸焙道里遠近，最為詳盡。《宋史·藝文志》有呂惠卿《建安茶用記》二卷、章炳文《壑源茶錄》一卷、劉异《北苑拾遺》一卷，今俱失傳，所可考見建茶崖略者，惟此與熊蕃、趙汝礪二《錄》爾。」可供參證。子安，生平無可考。

北苑總錄十二卷

《北苑總錄》十二卷，_{廣棪案：此條據盧校本補。}**興化軍判官曾伉錄《茶經》諸書，而益詩歌二首。**

廣棪案：此書錄陸羽《茶經》諸書而成。伉，《宋史》無傳。《淳熙三山志》二十六〈人物類〉一〈科名〉載：「皇祐五年_{癸巳}鄭獬榜。曾伉字公立，侯官人，終朝散郎左司員外郎。」惟未載曾任興化軍判官。

茶山節對一卷

《茶山節對》一卷，攝衢州長史蔡宗顏撰。

廣棪案：《秘書省續編到四庫闕書目》卷二〈子類·小說〉著錄：「蔡宗顏《茶

山節對》一卷，輝按：陳《錄》入〈雜藝類〉。」宗顏，生平不可考。

宣和北苑貢茶錄一卷

《宣和北苑貢茶錄》一卷，建陽熊蕃叔茂撰。其子克又益寫其形製而傳之。

　　廣棪案：《宋史》卷二百五〈志〉第一百五十八〈藝文〉四〈農家類〉著錄：「熊
　　蕃《宣和北苑貢茶錄》一卷。」《四庫全書總目》卷一百十五〈子部〉二十五〈譜
　　錄類〉著錄：「《宣和北苑貢茶錄》一卷，附《北苑別錄》一卷，《永樂大典》本。
　　《宣和北苑貢茶錄》，宋熊蕃撰。所述皆建安茶園採焙入貢法式。淳熙中，其子
　　校書郎克始鋟諸木。凡爲圖三十有八，附以〈採茶詩〉十章。陳振孫《書錄解
　　題》謂蕃子克益寫其形製而傳之，則圖蓋克所增入也。……考茗飲盛於唐，至
　　南唐始立茶官，北苑所由名也。至宋而建茶遂名天下。壑源，沙溪以外，北苑
　　獨稱官焙，爲漕司歲貢所自出。文士每紀述其事，然書不盡傳，傳者亦多疏略。
　　惟此二書於當時任土作貢之制，言之最詳。所載模製器具，頗多新意，亦有可
　　以資故實而供詞翰者，存之亦博物之一端，不可廢也。蕃字叔茂，建陽人。宗
　　王安石之學，工於吟詠，見《書錄解題》。克有《中興小歷》，已著錄。」可供
　　參證。熊蕃，《宋史》無傳，《宋人傳記資料索引》載：「熊蕃，字叔茂，建陽人。
　　善屬文，宗王安石之學，工吟詠，築室顏曰獨善，學者號獨善先生。有《宣和
　　北苑貢茶錄》，所述皆建安茶園採焙入貢法式。」熊克，《宋史》卷四百四十五
　　〈列傳〉第二百四〈文苑〉七有傳。《宋人傳記資料索引》載：「熊克，字子復，
　　建陽人，蕃子。紹興二十七年進士，知諸暨縣，有惠政。以薦直學士院，後出
　　知台州，奉祠卒，年七十三。克博聞強記，淹習當代典故，有《九朝通略》、《中
　　興小曆》、《諸子精華》等書。」可悉其生平概況。

北苑別錄一卷

《北苑別錄》一卷，廣棪案：《文獻通考》有此條，盧校本據《通考》補。**趙汝礪撰**。

　　廣棪案：《四庫全書總目》卷一百十五〈子部〉二十五〈譜錄類〉著錄：「《宣和
　　北苑貢茶錄》一卷，附《北苑別錄》一卷，《永樂大典》本。《宣和北苑貢茶錄》，
　　宋熊蕃撰。……時福建轉運使主管帳司趙汝礪復作《別錄》一卷，以補其未備。
　　所言水數贏縮，火候淹亟，綱次先後，品目多寡，尤極該晰。……汝礪行事無
　　所見。惟《宋史‧宗室世系表漢王房》下，有漢東侯宗楷曾孫汝礪，意者即其

人歟?」可供參考。汝礪,《宋史》無傳。《宋詩紀事》卷二十九「趙汝礪」條
載:「汝礪,官監察御史裏行。」又錄其〈送越帥程公闢詩〉曰:「畫舫參差看
欲飛,紛紛車馬厭塵泥。右軍筆墨空蘭渚,安道風流訪剡溪。白首得時歸莫遽,
丹心懷國去猶稽。月明會醉蓬萊閣,應笑雲霄自有梯。《剡錄》。」足補《四庫
全書總目》所未及。

品茶要錄一卷

《品茶要錄》一卷,<small>廣棪案:《文獻通考》有此條,盧校本據《通考》補。</small>**建安黃儒**
道父撰。元祐中,東坡嘗跋其後。

> 廣棪案:《四庫全書總目》卷一百十五〈子部〉二十五〈譜錄類〉著錄:「《品茶
> 要錄》一卷,<small>安徽巡撫採進本。</small>宋黃儒撰。儒字道輔,陳振孫《書錄解題》作道
> 父者,誤也。建安人,熙寧六年進士。此書不載於《宋史・藝文志》,明新安程
> 百二始刊行之,有蘇軾〈書後〉一篇,稱:『儒博學能文,不幸早亡。云其文見
> 閣本《東坡外集》上,焦竑因錄附其後。』然《東坡外集》實偽本,<small>說詳集部</small>
> <small>本條下。</small>則此文亦在疑信間也。書中皆論建茶,分為十篇:一採造過時,二白
> 合盜葉,三入雜,四蒸不熟,五過熟,六焦釜,七壓葉,八清膏,九傷焙,十
> 辯壑源、沙溪。前後各為〈總論〉一篇,大旨以茶之採製烹試,各有其法,低
> 昂得失,所辨甚微,園民射利售欺,易以淆混。故特詳著其病以示人,與他家
> 《茶錄》惟論地產品目及烹試器具者,用意稍別。惟《東溪試茶錄》內有〈茶
> 病〉一條,所稱『烏蔕白合,蒸芽必熟』諸語,亦僅略陳端緒,不及此書之詳
> 明。錄存其說,亦可以互資考證也。」可供參考。儒,生平不可考。

酒譜一卷

《酒譜》一卷,汶上竇苹叔野<small>廣棪案:《文獻通考》作「子野」,盧校本同。</small>**撰。**

> 廣棪案:《宋史》卷二百五〈志〉第一百五十八〈藝文〉四〈農家類〉著錄:「竇
> 苹《酒譜》一卷。」《四庫全書總目》卷一百十五〈子部〉二十五〈譜錄類〉著
> 錄:「《酒譜》一卷,<small>浙江鮑士恭家藏本。</small>宋竇苹撰。苹字子野,汶上人。晁公武
> 《讀書志》載苹有《新唐書音訓》四卷,在吳縝、孫甫之前。當為仁宗時人。
> 公武稱其學問精博,蓋亦好古之士。別本有刻作竇革者,然詳其名字,乃有取
> 於〈鹿鳴〉之詩,作苹字者是也。其書雜敘酒之故事,寥寥數條,似有脫佚,

然〈宋志〉著錄實作一卷。觀其始於酒名，終於酒令，首尾已具，知原本僅止於此。大抵摘取新穎字句以供採綴，與譜錄之體亦稍有不同。其引杜甫〈少年行〉『醉倒終同臥竹根』句，謂以竹根爲飲器。考庾信詩有『山杯捧竹根』句，萃所說不爲杜撰。然核甫詩意，究以醉臥於竹下爲是。萃之所說，姑存以備異聞可也。」可供參考。

其人即著《唐書音訓》者。

案：《郡齋讀書志》卷第七〈史評類〉著錄：「《唐書音訓》四卷。右皇朝竇萃撰。《新書》多奇字，觀者必資訓釋。萃問學精博，發揮良多，而其書時有攻萃者，不知何人附益之也。萃，元豐中爲詳斷官。相州獄起，坐議法不一，下吏。蔡確筈掠之，誣服，遂廢死。」《解題》卷四〈正史類〉亦著錄：「《唐書音訓》四卷，宣義郎汶上竇萃叔野撰。」是萃實撰有此書。萃，《宋史》無傳，核以晁氏《郡齋讀書志》謂萃「元豐中爲評斷官」，則爲神宗時人。《四庫全書總目》謂「仁宗時人」，殆誤矣。

北山酒經三卷

《北山酒經》三卷，大隱翁撰。廣棪案：《文獻通考》作「不知撰人。」

廣棪案：《宋史》卷二百五〈志〉第一百五十八〈藝文〉四〈農家類〉著錄：「大隱翁《酒經》一卷。」《四庫全書總目》卷一百十五〈子部〉二十五〈譜錄類〉著錄：「《北山酒經》三卷，安徽巡撫採進本。宋朱翼中撰。陳振孫《書錄解題》稱大隱翁，而不詳其姓氏。考宋李保有《續北山酒經》，與此書並載陶宗儀《說郛》。保〈自敘〉云：『大隱先生朱翼中，著書釀酒，僑居湖上。朝廷大興醫學，起爲博士。坐書東坡詩，貶達州。』則大隱固翼中之自號也。是編首卷爲〈總論〉，二、三卷載製麴造酒之法頗詳。《宋史・藝文志》作一卷，蓋傳刻之誤。《說郛》所採僅〈總論〉一篇，餘皆有目無書，則此固爲完本矣。明焦竑〈原序〉稱『於田氏《留青日札》中考得作者姓名』，似未見李保〈序〉者。而程百二又取保〈序〉冠於此書之前，標曰〈題北山酒經後〉，亦爲乖誤。卷末有袁宏道〈觴政〉十六則、王績〈醉鄉記〉一篇，蓋胡之衍所附入。然古來著述言酒事者多矣，附錄一明人，一唐人，何所取義，今併刊除焉。」是此書應作三卷，大隱翁即朱翼中也。

鼎錄一卷

《鼎錄》一卷，_{廣棪案：《文獻通考》有此條，盧校本據《通考》補。}**梁中書侍郎虞荔纂。**

廣棪案：《玉海》卷第八十八〈器用・鼎鼐〉「禹九鼎」條載：「《書目》：『陳太子中庶子虞荔撰《鼎錄》一卷，錄自古鼎形象款識，始於夏九鼎，終於王羲之書鼎。』」《四庫全書總目》卷一百十五〈子部〉二十五〈譜錄類〉著錄：「《鼎錄》一卷，_{浙江鮑士恭家藏本。}舊本題梁虞荔撰。考《陳書》列傳，荔字山披，會稽餘姚人。釋褐爲梁西中郎行參軍，遷中書舍人。侯景亂，歸鄉里。陳初，召爲太子中庶子，領大著作，東陽、揚州二州大中正。贈侍中，諡曰德。是荔當爲陳人，稱梁者誤也。其書不見於本傳，〈唐志〉始著錄。然檢書中載有陳宣帝於太極殿鑄鼎之文，荔卒於陳文帝天嘉三年，下距臨海王光大二年宣帝嗣位時，首尾七年，安得預稱諡號，其爲後人所攙入無疑。又卷首〈序文〉乃紀夏鼎應在黃帝條後，亦必無識者以原書無序，移掇其文。蓋流傳既久，屢經竄亂，眞僞已不可辨，特以其舊帙存之耳。又按晁公武《讀書志》別出吳協《鼎錄》一條，《通考》與此書兩收之。然其書他無所見，疑吳字近虞，協字近荔，傳寫舛訛，因而誤分爲二也。」可供參考。上引《四庫全書總目》謂「荔當爲陳人，稱梁者誤」，殆未詳考《陳書》所載也。考《陳書》卷十九〈列傳〉第十三載：荔，梁元帝時徵爲中書舍人；陳文帝時除太子中庶子。是荔乃由梁入陳。至《陳書》稱荔梁時官中書舍人，《解題》稱中書侍郎，疑《解題》誤也。

古今刀劍錄一卷

《古今刀劍錄》一卷，_{廣棪案：此條據盧校本補。}**梁陶弘景撰。**

廣棪案：《郡齋讀書志》卷第十四〈類書類〉著錄：「《古今刀劍錄》一卷。右梁陶弘景撰。記古今刀劍。」《宋史》卷二百六〈志〉卷一百五十九〈藝文〉五〈小說類〉著錄：「陶弘景《古今刀劍錄》一卷。」應與此同。《四庫全書總目》卷一百十五〈子部〉二十五〈譜錄類〉著錄：「《古今刀劍錄》一卷，_{兩江總督採進本。}梁陶宏景撰。宏景字通明，丹陽秣陵人。齊初爲奉朝請。永明十年，上表辭祿，止於句曲山。梁大同二年卒，贈中散大夫，諡貞白先生。事蹟具《梁書・處士傳》。是書所記帝王刀劍，自夏啓至梁武帝凡四十事。諸國刀劍，自劉淵至赫連勃勃凡十八事。吳將刀，周瑜以下凡十事。魏將刀，鍾會以下凡六事。然

關、張、諸葛亮、黃忠皆蜀將，不應附入吳將中，疑傳寫誤佚『蜀將刀』標題三字。又董卓、袁紹不應附魏，亦不應在鄧艾、郭淮之間，均爲顛舛。至宏景生於宋代，齊高帝作相時已引爲諸王侍讀，而書中乃稱順帝準爲楊王所弒，不應以身歷之事，謬誤至此。且宏景先武帝卒，而『帝王刀劍』一條乃預著武帝諡號，並直斥其名，尤乖事理。疑其書已爲後人所竄亂，非盡宏景本文。然考唐李綽《尙書故實》引《古今刀劍錄》云：『自古好刀劍，多投伊水中，以攘膝人之妖。』與此本所記『漢章帝鑄劍』一條，雖文字小有同異，而大略相合。則其來已久，不盡出後人贗造，或亦張華《博物志》之流，眞僞參半也。」可供參考。弘景，《梁書》卷五十一〈列傳〉第四十五〈處士〉有傳。

泉志十五卷

《泉志》十五卷，洪遵_{廣棪案：盧校本「遵」作「邁」，改「适」。校注曰：「館本作『遵』，亦誤。」}景伯撰。記歷代錢貨。

　　廣棪案：《宋史》卷二百三〈志〉第一百五十六〈藝文〉三〈傳記類〉著錄：「洪邁《泉志》十五卷。」此書遵有〈自序〉，曰：「泉之興，蓋自燧人氏以輕重爲天下。太古杳邈，其詳叵得而記。至黃帝，成周其法寖具。秦漢而降，制作相踵，歲益久，類多湮沒無傳。梁顧烜始爲之書，凡歷代造立之原，若大小重輕之度，皆有倫序，使後乎此者可以概見。唐封演輩從而廣之。國朝金光襲、李孝美、董逌之徒，纂錄蠭出，然述事援據，頗有疏略。余嘗得古泉百有餘品，則又旁考傳記，下逮稗官所紀，攟摭大備，分彙推移，釐爲十五卷，號曰《泉志》。嗚呼！泉用于世舊矣，其始作之艱且勞者也，不幸則爲水之所溺，火之所燔，土之所蝕，又不幸則爲金工所鑠，童孺所鎚，夷航蠻舶之所負，其不耗也，危乎殆哉！幸其猶有存者，而世或未之見，余竊惜之，此《泉志》之所爲作也。紹興十有九年秋七月晦日，鄱陽洪遵序。」《四庫全書總目》卷一百十六〈子部〉二十六〈譜錄類存目〉著錄：「《泉志》十五卷，_{湖北巡撫採進本。}宋洪遵撰。遵有《翰苑群書》，已著錄。是書彙輯歷代錢圖，分爲九品。自皇王偏霸，以及荒外之國，凡有文字可紀，形象可繪者，莫不畢載，頗爲詳博。然歷代之錢，不能盡傳於後代。遵〈自序〉稱『嘗得古泉百有餘品』，是遵所目驗，宜爲之圖。他如周太公泉形圓函方，猶有〈漢·食貨志〉可據。若虞、夏、商泉，何由識而圖之。且〈漢志〉云：『太公爲圓函方形。』則前無是形可知。遵乃使虞、夏、商盡作周泉形，不亦謬耶！至《道

書》『天帝用泉』，語本俚妄，遵亦以意而繪形，則其誕彌甚矣。是又務求詳
博之過也。」可供參考。遵字景嚴，《宋史》卷三百七十三〈列傳〉第一百三
十三附其父〈洪皓〉。《宋人傳記資料索引》載：「洪遵（1120－1174），字景
嚴，號小隱，鄱陽人，适弟。自兒時端重如成人，紹興十三年中詞科，授正
字。中興以來，詞科中選即入選，自遵始。歷官多有建白，累進資政殿學士。
淳熙元年十一月卒，年五十五，諡文安。有《訂正史記眞本凡例》、《泉志》、
《翰苑群書》、《小隱集》。」景伯，洪适字，《解題》作遵字，誤也。

浸銅要略一卷

《浸銅要略》一卷，張甲撰。稱德興草澤紹聖元年序。蓋膽水浸鐵成銅之始。
甲，參政子公之祖。

　　廣棪案：《宋史》卷二百三〈志〉第一百五十六〈藝文〉二〈傳記類〉著錄：「張
　　甲《浸銅要略》一卷。」甲，《宋史》無傳。參政子公即張燾。《宋史》卷三百
　　八十二〈列傳〉第一百四十一〈張燾〉載：「張燾字子公，饒之德興人，秘閣修
　　撰根之子也。」正與《解題》「稱德興草澤紹聖元年序」相暗合。是則張根爲甲
　　之子，燾爲甲之孫。根，《宋史》卷三百五十六〈列傳〉第一百一十五有傳。其
　　〈傳〉載：「根性至孝，父病蠱戒鹽，根爲食淡。……子燾，自有傳。」則病蠱
　　戒鹽者即甲也。

冶金錄一卷

《冶金錄》一卷，泉司吏所爲也。_{館臣案：此條原本脫去，今據《文獻通考》增入。}
又卷數《通考》原闕。

　　廣棪案：此書不可考。

彈棋經一卷

《彈棋經》一卷，題張束之撰。

　　廣棪案：《郡齋讀書志》卷第十五〈藝術類〉著錄：「《彈棋經》一卷。右未詳撰
　　人。〈序〉稱《世說》曰：『魏武帝好彈棋，宮中皆效之，難得其局，以粧奩之
　　蓋形狀相類，就蓋而彈之，俗中因謂魏宮粧奩之戲。案《西京雜記》云：「劉向

作彈棋。」《典論》云:「前代馬合卿,張公子皆工彈棋。」然則起於漢朝,非自魏始,《世說》誤矣。」《郡齋讀書志校證》曰:「《彈棋經》一卷,〈隋志〉卷三〈兵類〉有徐廣撰《彈棋譜》一卷。〈宋志〉卷六有梁冀《彈棋經》一卷,《書錄解題》卷十四、《通志‧藝文略》卷七有張柬之《彈棋經》一卷,〈宋志〉卷六作《張學士棋經》,〈祕續目〉『柬』誤作『束』。」是則《郡齋讀書志》與《解題》所著錄者,恐非一書。《宋史》卷二百七〈志〉第一百六十〈藝文〉六〈雜藝術類〉著錄:「張學士《棋經》一卷。」此應與《解題》所著錄者同。考柬之字孟將,襄州襄陽人。《舊唐書》卷九十一〈列傳〉第四十一、《新唐書》卷一百二十〈列傳〉第四十五均有傳。

五木經一卷并圖例

《五木經》一卷并圖例,唐李翱撰,元革注。蓋古樗蒱之戲也。

　　廣棪案:此書有羅浮外史〈跋〉,曰:「五木者,樗蒱之戲也。古之言樗蒱者凡八,為經為采,名為象戲格,為廣象戲格,為樗蒱格,總是經為八部,今鄭夾漈之志藝術悉載焉。但初不錄作者姓氏,至于馬貴與作〈經籍考〉,迺收《五木經》於〈子類〉,稱唐李翱撰,元革注,而署其卷目為一。復及其圖例云者,今且軼脫,不可得而見矣。是卷也倖載《李文公集》,而其盧梟雉犢之采,既備紀乎帙中,後之癖染劉毅容寶之好者,當一披豁而嘉賞焉。庚申夏孟至日,羅浮外史漫識。」《四庫全書總目》卷一百十四〈子部〉二十四〈藝術類存目〉著錄:「《五木經》一卷,直隸總督採進本。唐李翱撰。記樗蒱之戲,元革為之注。其法有圖有例。考陳氏《書錄解題》載《五木經》一卷並圖例,今圖例已佚,非全書矣。程大昌《演繁露》疑所述與史語不合,然謂樗蒱久廢不傳,賴有此文而五木之形製、齒數粗亦可考。顧大韶作《五木經辨》,則謂按以古六博格五之法,殊相繆戾。知此《經》是翱所戲作,借古樗蒱、盧白、雉犢之名,以行打馬之法,實非古之五木。所引《後漢書‧梁冀傳》註,及《列子‧揚朱篇》註,考證甚詳。合二人所論觀之,則是書為翱自出新意,明矣。」可供參考。

三象戲圖一卷

《三象戲圖》一卷,汲陽成師仲編。

　　廣棪案:此書及撰人均不可考。

打馬格局一卷

《打馬格局》一卷，無名氏。

　　廣棪案：《郡齋讀書志》卷第十五〈藝術類〉著錄：「《三國圖格》一卷、《金龍戲格》一卷、《打馬格》一卷、《旋棋格》一卷。右不題撰人。」疑《打馬格》與《打馬格局》為同一書。

打馬圖式一卷

《打馬圖式》一卷，鄭寅子敬撰。用五十馬。

　　廣棪案：此書不可考。鄭寅，《宋史》無傳。《宋元學案》卷四十六〈玉山學案·鄭氏家學〉「直閣鄭先生寅」條戰：「鄭寅，字子敬，忠惠子也，累官知吉州。召對，以言濟王冤狀忤權臣，黜。端平初，召為左司郎，兼權樞密副都承旨。首請為濟王立廟，又力陳三邊無備，宿患未除，正紀綱，抑僥倖，裁濫賞，汰冗兵，以張國勢。出知漳州，進直寶章閣。先生博習典故，得其外王父玉山之傳，李燔、陳宓皆重之。」可知其生平概況。

打馬賦一卷

《打馬賦》一卷，易安李氏撰。用二十馬。以上三者，各不同。今世打馬，大約與古之樗蒱相類。

　　廣棪案：易安李氏即李清照。《宋史》卷四百四十四〈列傳〉第二百三〈文苑〉六〈李格非〉載：「女清照，詩文尤有稱於時，嫁趙挺之子明誠，自號易安居士。」《打馬賦》一卷，今存。李調元《賦話》卷五曰：「宋李易安《打馬賦》云：『邅床大叫，五木皆盧：瀝酒一呼，六子盡赤。平生不十，遂成劍閣之師；別墅未輸，已破淮淝之賊。』意氣豪蕩，殊不類巾幗中人語。」王士祿《宮閨氏籍藝文考略》引《神釋堂脞語》曰：「易安落筆即奇工，《打馬》一賦尤神品，不獨下語精麗也。如此人自是天授。」評價均甚高。余近撰有〈讀李清照〈打罵賦〉等三篇札逡〉一文，載《第三屆國際辭賦學學術研討會論文集》，可參考。《解題》謂「以上三者，各不同」，乃指《打馬格局》一卷、《打馬圖式》一卷、《打馬賦》一卷，三者各不同也。

譜雙十卷

《譜雙》十卷，洪遵集。此戲今人不復為。

　　廣桉案：此書有洪遵〈自序〉云：「孔子有言：不有博奕者乎，為之猶賢乎也。
　　大氐人之從事百役，勞懛湫盅，不可以久，必務游息，以澄神渫氣，故取諸博。
　　博之名號不同，其志於戲，一也。然奕棋、象戲，家澈戶曉。至雙陸、打馬、
　　葉子，視明瓊為標的，非圖謀則無以得彷彿。雙陸最近古，號雅戲，以傳記考
　　之，獲四名。曰握槊，曰長行，曰波羅塞戲，曰雙陸，蓋始於西竺，行於曹魏，
　　盛於梁、陳、魏、齊。隋、唐之間。我太宗皇帝播之聲詩，紀於奎文，雙有光
　　焉。閱時益久，中州亦罕見，而殊方偏譯，類能為之。家君北歸，余虛侍從容，
　　始得北雙之說。南遷貞腸，嘗往觀，遂之番禺，又聞所謂南雙者。私竊自語，
　　以為四荒之戲，茲得其二。互遼以東，或謂與南無殊，惟西踔遠，叵得而詳，
　　當闕之以俟它日。於是摭古審今，悉輯諸遠所載，彙而著之。凡局馬之法，與
　　夫施置入出之度，粲然於此，謂之《譜雙》。憶余通判常州時，北客押至，乘舸
　　博雙，連日夜不厭，信使舉以訪余。余反復詶之，終不之解，則雙之不絕者無
　　幾矣。是書固未能盡，要已十得八九，覽者當自得云。紹興辛未六月庚午朔，
　　鄱陽洪遵敘。」可供參考。

進士采選一卷

《進士采選》一卷，趙明遠景昭撰。此元豐未改官制時遷轉格例也。

　　廣桉案：《宋史》卷二百七〈志〉第一百六十〈藝文〉六〈雜藝術類〉著錄：「趙
　　明遠《皇宋進士彩選》一卷。」即此書。明遠，生平不可考。

希古集一卷

《希古集》一卷，括蒼何宗姚取投壺新舊式及馮氏《射法》為一編。

　　廣桉案：此書及撰人均不可考。《宋史》卷二百七〈志〉第一百六十〈藝文〉六
　　〈雜藝術類〉著錄：「劉懷德《射法》一卷。」又：「黃損《射法》一卷。」《玉
　　海》卷第七十五〈禮儀・射〉「宋朝《神射式》」條載：「《書目》：『《神射式》一
　　卷，王德用分挽弓、遣箭、去病、射親四類。又劉懷德以所聞德用射法之要，
　　分為十篇，為《射法》一卷。」劉、黃之書雖與此同名《射法》，均恐非《解題》

所記之馮氏《射法》。

忘憂清樂集一卷

《忘憂清樂集》一卷，棋待詔李逸民撰集。

　　廣棪案：瞿鏞《鐵琴銅劍樓藏書目錄》卷第十五〈子部〉三〈藝術類・雜技〉
　　著錄：「《忘憂清樂集》一卷，宋刊本。此書無標題，亦無序跋。首列皇祐中張
　　學士《棋經》十三篇，次列劉仲甫《棋訣》四篇，張靖《論棋訣要雜說》，後列
　　孫吳至宋舊圖若干局，又列棋勢若干局，共裝三冊。案陳氏《書錄》有《忘憂
　　清樂集》，題棋待詔李逸民撰集，此本《棋經》後次徽宗〈御製詩〉，有『忘憂
　　清樂在棋枰』之句，又有『前御書院棋待詔賜緋李逸民重編』一行，黃復翁遂
　　據以定此名，想當時標題在〈序〉首，今失之耳。舊藏士禮居，後入藝芸書舍，
　　湖賈金仁甫攜以見示，購之以備〈雜藝〉一門。」可參證。逸民，《宋史》無傳。

通遠集一卷

《通遠集》一卷，無名氏。視《清樂》為略。

　　廣棪案：此書不可考。《清樂》者，指李逸民所撰《忘憂清樂集》也。

象棋神機集一卷

《象棋神機集》一卷，稱於陽葉茂卿撰。館臣案：《文獻通考》「於陽」作「杉陽」。

　　廣棪案：此書及撰人均不可考。

釣鰲圖一卷、採珠格局一卷、勸酒玉燭詩一卷

《釣鰲圖》一卷、《採珠格局》一卷、《勸酒玉燭詩》一卷，皆無名氏。

　　廣棪案：《郡齋讀書志》卷第十五〈藝術類〉著錄：「《釣鼇圖》一卷。右不題撰
　　人。凡四十類，各有一詩。」又：「《采珠局》一卷。右不題撰人。〈序〉云『王
　　公』，而不知其名。凡三十餘類，亦各有一詩。」《秘書省續編到四庫闕書目》
　　卷二〈藝術〉著錄：「《玉燭詩》一卷，闕。輝按：陳《錄》作《勸酒玉燭詩》，
　　云無名氏。」葉德輝考證本。考趙與旹《賓退錄》卷四載：「《釣鰲圖》一卷，不

知作者。刻木爲鼇魚之屬，沈水中，釣之以行勸罰。凡四十類，各有一詩。又有《採珠局》，亦此類。〈序〉稱撰人爲王公，不知其名。凡三十餘類，亦各有一詩。」均足資參證。

捉臥甕人事數一卷

《捉臥甕人事數》一卷，李庭中撰。以上四種皆酒邊雅戲。廣棪案：盧校注：「此卷館本脱漏尚多，其次序亦多不符，此爲遠勝矣。」

廣棪案：《郡齋讀書志》卷第十五〈藝術類〉著錄：「《捉臥甕人事數》一卷。右皇朝李庭中撰。以畢卓、嵇康、劉伶、阮孚、山簡、阮籍、儀狄、顏回、屈原、陶潛、孔融、陶侃、張翰、李白、白樂天爲目，有趙昌言〈序〉。」《賓退錄》卷四載：「又有《捉臥甕人格》皇朝李庭中撰。以畢卓、嵇康、劉伶、阮孚、山簡、阮籍、儀狄、顏回、屈原、陶潛、孔融、陶侃、張翰、李白、白樂天爲目，蓋與陳、李之《格》大同小異，特各更其名耳。」可供參考。庭中，《宋史》無傳，生平不可考。

類書類 <small>廣校案：盧校本作卷四十。校注曰：「有元本。」</small>

語麗十卷

《語麗》十卷，梁湘東王功曹參軍朱澹遠撰。採摭書語之麗者，為四十門。案：前〈志〉但有雜家而無類書，《新唐書‧志》始別出為一類。此書乃猶列雜家，要之實類書也，但其分門類無倫理。

　　廣校案：《隋書》卷三十四〈志〉第二十九〈經籍〉三〈子‧雜家〉著錄：「《語麗》十卷，<small>朱澹遠撰</small>。」《舊唐書》卷四十七〈志〉第二十七〈經籍〉下〈雜家〉著錄同。考《新唐書》卷五十九〈志〉卷四十九〈藝文〉三為〈類書類〉，惟朱澹遠此書仍著錄於卷五十九〈志〉第四十九〈藝文〉三〈雜家類〉中。是《解題》所考不誤。惟《日本國見在書目錄》三十〈雜家〉著錄：「《語麗》十一卷，<small>朱澹遠撰</small>。」則著錄較多一卷。澹遠，《梁書》無傳。

澹遠又有《語對》一卷，不傳。

　　案：《隋書》卷三十四〈志〉第二十九〈經籍〉三〈子‧雜家〉著錄：「《語對》十卷，<small>朱澹遠撰</small>。」《新唐書》卷五十九〈志〉第四十九〈藝文〉三〈雜家類〉著錄同。

修文殿御覽三百六十卷

《修文殿御覽》三百六十卷，北齊尚書左僕射范陽祖珽孝徵等撰。案〈唐志〉類書，在前者有《皇覽》、《類苑》、《華林遍略》等六家，今皆不存。則此書當為古今類書之首。

　　廣校案：《新唐書》卷五十九〈志〉第四十九〈藝文〉三〈類書類〉著錄：「何承天并合《皇覽》一百二十二卷、徐爰并合《皇覽》八十四卷、劉孝標《類苑》一百二十卷、徐勉《華林遍略》六百卷、祖孝徵等《脩文殿御覽》三百六十卷。」是〈新唐志〉著錄此書，前僅四家，疑《解題》作六家者或誤。此書《舊唐書》卷四十七〈志〉第二十七〈經籍〉下亦著錄，卷數同。今人張滌華《類書流別‧存佚》第六載：「《修文殿御覽》，〈隋志〉三百六十卷，無撰人姓名。（《北齊書》、

《北史》并稱祖珽等奉敕撰。無卷數。〈新唐志〉作祖孝徵等撰。孝徵，珽字。按：此書初名《玄洲苑御覽》，旋改《聖壽堂御覽》，最後始改今名。）「佚」。清光緒末，法人伯希和（P. Pelliot）于敦煌石室中，發見唐寫本類書殘卷，近人羅振玉考證，謂即此書，文見《雪堂校刊群書敘錄》卷下。（劉師培據所引諸書推論，亦疑即《御覽》，見所作《敦煌新出唐寫本提要》。）洪業駁之，以為是《華林遍略》，文見《燕京學報》第十二期，題為〈所謂修文殿御覽者〉。按：《文淵閣書目》盈字號第五廚有《修文御覽》一部，四十五冊，闕。又錢謙益《絳雲樓書目》尚列此書，似全帙清初猶存；然錢書真贗未可知，恐不足據。」是滌華疑此書清初猶存，又敦煌石室唐寫本類書殘卷中仍有此書。

珽之行事，姦貪凶險，盜賊小人之尤無良者，言之則汙口舌。而其所編集，乃獨至今傳於世。然珽嘗以他人所賣《遍略》質錢受杖。又嘗盜官《遍略》一部，坐獄論罪。今書冊乃亦盜《遍略》之舊，以為己功耶？

案：《宋史》卷二百七〈志〉第一百六十〈藝文〉六〈類事類〉著錄：「祖孝徵《修文殿御覽》三百六十卷。」是此書〈宋志〉猶著錄。祖珽，字孝徵，范陽遒人。《北齊書》卷三十九〈列傳〉第三十一載：「珽性疏率，不能廉慎守道。倉曹雖云州局，乃受山東課輸，由此大有受納，豐於財產。又自解彈琵琶，能為新曲，招城市年少歌儛為娛，遊集諸倡家。與陳元康、穆子容、任胄、元士亮等為聲色之遊。諸人嘗就珽宿，出山東大文綾并連珠孔雀羅等百餘疋，令諸嫗擲樗蒲賭之，以為戲樂。參軍元景獻，故尚書令元世雋子也，其妻司馬慶雲女，是魏孝靜帝姑博陵長公主所生。珽忽迎景獻妻赴席，與諸人遞寢，亦以貨物所致。其豪縱淫逸如此。常云：『丈夫一生不負身。』已文宣罷州，珽例應隨府，規為倉局之間，致請於陳元康，元康為白，由是還任倉曹。珽又委體附參軍事攝典籤陸子先，並為畫計，請糧之際，令子先宣教，出倉粟十車，為僚官捉送。神武親問之，珽自言不受署，歸罪子先，神武信而釋之。珽出而言曰：『此丞相天緣明鑒，然實孝徵所為。』性不羈放縱，曾至膠州刺史司馬世雲家飲酒，遂藏銅疊二面。廚人請搜諸客，果於珽懷中得之，見者以為深恥。所乘老馬，常稱驄駒。又與寡婦王氏姦通，每人前相聞往復。裴讓之與珽早狎，於眾中嘲珽曰：『卿那得如此詭異，老馬十歲，猶號驄駒；一妻耳順，尚稱娘子。』于時喧然傳之。後為神武中外府功曹，神武宴僚屬，於坐失金叵羅，竇泰令飲酒者皆脫帽，於珽髻上得之，神武不能罪也。後為秘書丞，領舍人，事文襄。州客至，請賣《華林遍略》。文襄多集書人，一日一夜寫畢，退其本日：『不須也。』

斑以《遍略》數帙質錢樗蒲，文襄杖之四十。又與令史李雙、倉督成祖等作晉
州啓，請粟三千石，代功曹參軍趙彥深宣神武教給，城局參軍事過典籤高景略，
疑其定不實，密以問彥深，彥深答都無此事，遂被推檢，斑即引伏。神武大怒，
決鞭二百，配甲坊，加鉗，其穀倍徵。」則斑小人之行可見。直齋疑此書乃斑
盜《華林遍略》之舊，以爲己功，蓋有由也。

《遍略》者，梁徐僧權所為也。

案：《隋書》卷三十四〈志〉第二十九〈經籍〉三〈子‧雜家〉著錄：「《華林通
略》六百二十卷，梁綏安令徐僧權等撰。」惟〈新唐志〉則作徐勉撰。勉，《梁
書》卷二十五〈列傳〉第十九、《南史》卷六十〈列傳〉第五十有傳，然未記及
勉撰《遍略》事。而徐僧權則正史無傳。

又案〈隋志〉作《聖壽堂御覽》，卷數同。聖壽者，實齊後主所居。

案：《隋書》卷三十四〈志〉第二十九〈經籍〉三〈子‧雜家〉著錄：「《聖壽堂
御覽》三百六十卷。」考《北齊書》卷八〈帝紀〉第八〈後主〉載：「（武平三
年二月）是月，敕撰《玄洲苑御覽》，後改名《聖壽堂御覽》。……是（八）月，
《聖壽堂御覽》成，敕付史閣，後改爲《修文殿御覽》。」是此書最後作《修文
殿御覽》，則其書名凡再變矣。

北堂書鈔一百六十卷

《北堂書鈔》一百六十卷，館臣案：《文獻通考》作一百七十三卷。 廣棪案：盧校注：
「〈宋志〉卷數同。晁〈志〉作一百七十三卷，又云家一百二十卷。」**唐秘書監餘姚虞世
南伯施撰。其書成於隋世。**

廣棪案：《隋書》卷三十四〈志〉第二十九〈經籍〉三〈子‧雜家〉著錄：「《書
鈔》一百七十四卷。」應即此書，惟卷數不同。《舊唐書》卷四十七〈志〉第二
十七〈經籍〉下〈類事〉著錄：「《北堂書抄》一百七十三卷，虞世南撰。」《新
唐書》卷五十九〈志〉第四十九〈藝文〉三〈類書類〉著錄卷數同〈舊唐志〉。
《郡齋讀書志》卷第十四〈類書類〉著錄：「《北堂書鈔》一百七十三卷。右唐
虞世南撰。世南仕隋爲秘書郎時，鈔經史百家之事以備用。分八十部，八百一
類。北堂者，省中虞世南鈔書之所也。家一百二十卷。」《玉海》卷第五十四〈藝
文‧類書〉「唐《北堂書鈔》」條載：「〈志〉：『虞世南一百七十三卷。』《崇文目》
同。《中興書目》：『一百六十卷，虞世南於省後堂集群書中事可爲文用者，號《北

堂書鈔》，分一百六十門。』晁氏〈志〉云：『一百七十三卷，分八十部、八百一類。又世南《兔園策》十卷，纂古今事為四十八門，皆偶儷之語。』三館舊闕虞世南《北堂書鈔》，惟趙安仁家有本，眞宗命內侍取之，嘉其好古，于詔褒美。」《四庫全書總目》卷一百三十五〈子部〉四十五〈類書類〉一著錄：「《北堂書鈔》一百六十卷，內府藏本。唐虞世南撰。世南字伯施，餘姚人。官至銀青光祿大夫、宏文館學士，諡文懿。事蹟具《唐書》本傳。北堂者，秘書省之後堂。此書蓋世南在隋爲秘書郎時所作。劉禹錫《嘉話錄》曰：『虞公之爲秘書，於省後堂集群書中事可爲文用者，號爲《北堂書鈔》。今北堂猶存，而《書鈔》盛行於世』云云，是其事也。分八十卷，八百一類。〈唐志〉作一百七十三卷，晁公武《讀書志》因之。《中興書目》作一百六十卷，《宋史‧藝文志》因之。今本卷帙與《中興書目》同。其〈地部〉至『泥沙石』而畢，度非完帙。豈原書在宋已有亡佚耶？王應麟《玉海》云：『三館舊闕《書鈔》，惟趙安仁家有本，眞宗命內侍取之，手詔褒美。』蓋已甚珍其書矣。」足供參證。世南，《舊唐書》卷七十三〈列傳〉第二十二、《新唐書》卷一百二〈列傳〉第二十七均有傳。

藝文類聚一百卷

《藝文類聚》一百卷，唐弘文館學士長沙歐陽詢信本撰。案：〈唐志〉令狐德棻、趙弘智等同修。其所載詩文賦頌之屬，多今世所無之文集。

廣棪案：《舊唐書》卷四十七〈志〉第二十七〈經籍〉下〈類事〉著錄：「《藝文類聚》一百卷，歐陽詢等撰。」《新唐書》卷五十九〈志〉第四十九〈藝文〉三〈類書類〉著錄：「歐陽詢《藝文類聚》一百卷，令狐德棻、袁朗、趙弘智等同脩。」《郡齋讀書志》卷第十四〈類書類〉著錄：「《藝文類聚》一百卷。右唐歐陽詢等撰。分門類事，兼采前世詩賦銘頌文章，附於逐目之後。按〈唐志〉，詢與令狐德棻、袁朗、趙弘智同修。」《玉海》卷第五十四〈藝文‧類書〉「唐《藝文類聚》」條載：「〈志〉：『歐陽詢《藝文類聚》一百卷，令狐德棻、袁朗、趙弘智等同修。』〈歐陽詢傳〉：『武德七年，詔與裴矩、陳叔達撰《藝文類聚》一百卷，奏之，賜帛二百段。』《會要》：『武德七年九月十七日，給事中歐陽詢奉敕撰《藝文類聚》成，上之。』《中興書目》：『一百卷，分門類事，附見前世詩、賦、贊、頌、牋、啓之作。』〈序〉曰：『《流別》、《文選》，專取其文；《皇覽》、《遍略》，直書其事。』」是同修此書者尚有裴矩、陳叔達等。《四庫全書總目》卷一百三十五〈子部〉四十五〈類書類〉一著錄：「《藝

文類聚》一百卷，內府藏本。唐歐陽詢撰。詢字信本。潭州臨湘人。仕隋爲太常博士。入唐，官至太子率更令、宏文館學士。事蹟具《唐書》本傳。是書據其〈自序〉，蓋亦奉詔所作。《唐書‧藝文志》註：『令狐德棻、袁朗、趙宏智同修。』《唐書》詢本傳又稱：『武德七年，詔與裴矩、陳叔達同修。』殆以詢董其成，故相傳但署詢名歟？葉大慶《考古質疑》論其正月十五日有蘇味道〈夜遊詩〉，〈洛水門〉有李嶠〈游洛詩〉，〈寒食門〉有沈佺期、宋之問詩，四子皆後人，歐陽安得預編之。則傳寫又有所竄亂，非盡詢等之舊也。〈序〉稱：『《流別》、《文選》，專取其文；《皇覽》、《遍略》，直書其事。文義既殊，尋檢難一。』是書比類相從，事居於前，文列於後，俾覽者易爲功，作者資其用。於諸類書中，體例最善。凡爲類四十有八，其中門目，頗有繁簡失宜，分合未當。如〈山水部〉五岳存三，四瀆闕一。〈帝王部〉三國不錄蜀漢，北朝惟載高齊。〈儲宮部〉公主附太子，而諸王別入〈職官〉。〈雜文部〉附紙、筆、硯，而〈武部〉外又別出刀、匕首等爲〈軍器〉一門。道路宜入〈地部〉，壇宜入〈禮部〉，而列之〈居處〉。鍼宜入〈器物〉，錢宜入〈寶玉〉，而列之〈產業〉。案、几、杖、扇、塵尾、如意之類宜入〈器物〉，而列之〈服飾〉。疾病宜入〈人部〉，而列之〈方術〉。夢、魂魄亦宜入〈人部〉，而列之〈靈異〉。以及茱萸、黃連入〈木部〉，芙蓉、菱、藤入〈草部〉、鴻之外又別出鴈，蚌之外又別出蛤，鶴之外別出黃鶴，馬之外別出駒騄。如斯之類，皆不免叢脞少緒。唐觀〈延州筆記〉嘗摘其所載徐陵〈玉臺新詠序〉，謂：『以誄德爲累德，傳訛自此書始。』考劉熙《釋名》：『誄者，累也，累其德行而述之也。』則詢書不誤，誤乃在觀。至王楙《野客叢書》摘其以《漢書》『長陵一抔土』事，誤抔爲杯，收入〈杯門〉。又摘其〈蒲柳門〉中收趙高束蒲爲脯事，云出《史記》。《史記》無此文。彭叔夏《文苑英華辨證》亦摘其引梁君射白鴈事，云出《莊子》。《莊子》無其語，則皆中其失。然隋以前遺文秘籍，迄今十九不存。得此一書，尚略資考證。宋周必大校《文苑英華》，多引是集。而近代馮惟訥《詩紀》、梅鼎祚《文紀》、張溥《百三家集》，從此採出者尤多。亦所謂殘膏賸馥，沾漑百代者矣。」足供參考。詢，《舊唐書》卷一百八十九上〈列傳〉第一百三十九上〈儒學〉上、《新唐書》卷一百九十八〈列傳〉第一百二十三有傳。《舊唐書》本傳載：「歐陽詢，潭州臨湘人。……武德七年，詔與裴矩、陳叔達撰《藝文類聚》一百卷，奏之，賜帛二百段。貞觀初，官至太子率更令、弘文館學士，封渤海縣男。年八十餘卒。」是詢曾官弘文館學士。

初學記三十卷

《初學記》三十卷，唐集賢院學士長城徐堅元固撰。

廣棪案：《新唐書》卷五十九〈志〉第四十九〈藝文〉三〈類書類〉著錄：「《玄宗事類》一百三十卷，又《初學記》三十卷，張說類集要事以教諸王，徐堅、韋述、余欽、施敬本、張烜、李銳、孫季良等分撰。」考《郡齋讀書志》卷第十四〈類書類〉著錄：「《初學記》三十卷。右唐徐堅等撰。初，張說類集事要以教諸王。開元中，詔堅與韋述、余欽、施敬本、張烜、李銳、孫季良分門撰次。」與〈新唐志〉所記同。是此書不止堅一人所撰。堅，《舊唐書》卷一百二〈列傳〉第五十二、《新唐書》卷一百九十九〈列傳〉第一百二十四〈儒學〉有傳。《新唐書》本傳載：「玄宗改麗正書院為集賢院，以堅充學士，副張說知院事。帝大酺集賢，幔舍在百司上，說令揭大榜以侈其寵，堅見，遽令撤之，曰：『君子烏取多尚人！』」是堅曾充集賢院學士之證。

六帖三十卷

《六帖》三十卷，唐太子少傅太原白居易撰。〈唐志〉作《白氏經史事類》，一名《六帖》。廣棪案：盧校本此解題至「一名《六帖》」止。校注曰：「館本此下語屬重複，元本及《通考》皆無之。」〈醉吟先生墓誌〉云：「又著《事類集要》三十部，時人目為《白氏六帖》。」

廣棪案：《新唐書》卷五十九〈志〉第四十九〈藝文〉三〈類書類〉著錄：「《白氏經史事類》三十卷，白居易。一名《六帖》。」《郡齋讀書志》卷第十四〈類書類〉著錄：「《六帖》三十卷。右唐白居易撰。以天地事物分門類為聲偶，而不載所出書。曾祖父秘閣公為之注，行於世。世傳居易作《六帖》，以陶家瓶數千，各題名目，置齋中，命諸生采集其事類，投瓶內。倒取之，鈔錄成書，故所記時代多無次序云。」程大昌《演繁露》卷之二「《六帖》」條云：「白樂天作類書名《六帖》。《通典·選舉門》載：『唐制曰：開元中，舉行課試之法，帖經者以所習經掩其兩端，中間惟開一行，裁紙為帖。凡帖三字，隨時增損，可否不一，或得四、得五、得六者為通，此六帖之名所從起也。』六帖云者，取中帖之數以名其書，期於必遂中選也。」可資參證。居易，《舊唐書》卷一百六十六〈列傳〉第一百一十六、《新唐書》卷一百一十九〈列傳〉第四十四有傳。《舊唐書》本傳載：「白居易字樂天，太原人。……開成元年，除同州刺史，辭疾不拜。尋

授太子少傅，進封馮翊縣開國侯。」是居易於唐文宗開成間曾任太子少傅。

金鑰二卷

《金鑰》二卷，唐太學博士河內李商隱義山撰。分四部，曰〈帝室〉、〈職官〉、〈歲時〉、〈州府〉。大略為牋啟應用之備。

　　廣棪案：《玉海》卷第五十五〈藝文・著書雜著〉「唐《金鑰》」條載：「《書目》：『二卷，太學博士李商隱以〈帝室〉、〈職官〉、〈歲時〉、〈州府〉四部，分門類編。』」〈宋史〉卷二百七〈志〉第一百六十〈藝文〉六〈類事類〉著錄：「李商隱《金鑰》二卷。」足資參證。李商隱，《舊唐書》卷一百九十下〈列傳〉第一百四十下〈文苑〉下、《新唐書》卷二百三〈列傳〉第一百二十八〈藝文〉下有傳。

玉屑十五卷

《玉屑》十五卷，無名氏。

　　廣棪案：《類書流別・存佚》第六〈存疑〉載：「《玉屑》二卷，《書錄解題》，十五卷。佚。」惟此書，《文獻通考》卷二百二十八〈經籍考〉五十五〈子・類書〉著錄亦作十五卷。《類書流別》作二卷，未知何據？恐誤。

蒙求三卷

《蒙求》三卷，唐李翰廣棪案：盧校本「翰」作「瀚」，改「翰」。校注曰：「館本作『翰』，〈宋志〉同。晁又作『瀚』，《通考》同。」撰。本無義例，信手肆意雜襲成章，取其韻語易於訓誦而已。遂至舉世誦之，以為小學發蒙之首，事有甚不可曉者。

　　廣棪案：《郡齋讀書志》卷第十四〈類書類〉著錄：「《蒙求》三卷。右唐李瀚撰。纂經傳善惡事實類者，兩兩相比為韻語，取〈蒙卦〉『童蒙求我』之義名其書，蓋以教學童云。」《宋史》卷二百七〈志〉第一百六十〈藝文〉六〈類事類〉著錄：「李翰《蒙求》三卷。」李翰，《舊唐書》卷一百九十下〈列傳〉第一百四十下〈文苑〉下附〈蕭穎士〉、《新唐書》卷二百三〈列傳〉第一百二十八〈文藝〉下附〈李華〉。《舊唐書》載：「華宗人翰，亦以進士知名。天寶中，寓居陽翟。為文精密，用思苦澀，常從陽翟令皇甫曾求音樂，每思涸則奏樂，神逸則

著文。祿山之亂，從友人張巡客宋州。巡率州人守城，賊攻圍經年，食盡矢窮方陷。當時薄巡者言其降賊，翰乃序巡守城事迹，撰〈張巡姚誾等傳〉兩卷上之，肅宗方明巡之忠義，士友稱之。上元中爲衛縣尉，入朝爲侍御史。」是《郡齋讀書志》撰人姓名作李瀚誤。

余家諸子在褓，未嘗令誦此也。

案：直齋有子名造，字周士。周密《齊東野語》卷九「陳周士」條載：「陳周士造，直齋侍郎振孫之長子，登第，爲嘉禾倅，攝郡。」是周士爲長子，疑直齋尚有其他子息。故此處謂「諸子」，惜無可考。

戚苑纂要十卷

《戚苑纂要》十卷，館臣案：原本作「戚晼」，《文獻通考》作「戚英」，俱誤。今據《唐書・藝文志》改正。　廣棪案：《通考》仍作「戚苑」，館臣誤。**唐劉揚名撰。皆集內外宗族姻親故事。**

廣棪案：《新唐書》卷五十九〈志〉第四十九〈藝文〉三〈類書類〉著錄：「劉揚名《戚苑纂要》十卷。」《玉海》卷第五十五〈藝文・著書雜著〉「唐《戚晼纂要》」條載：「〈志・類書類〉：『劉揚名《戚晼纂要》十卷。』《書目》：『《戚晼纂要》，劉揚名纂。傳記宗族親姻事，分內、外篇次之。』」足資參證。揚名，兩《唐書》無傳。《新唐書》卷七十一上〈表〉第十一上〈宰相世系〉一上載揚名爲子翼孫，褘之子。子翼字小心，著作郎、弘文館學士。褘之，相武后。林寶《元和姓纂》卷五〈十八尤・劉〉載：「臨淮，漢光武子廣陵思王荊子孫，居臨淮。唐著作佐郎子翼代居晉陵，云本自臨淮徙焉。生懿之，給事中；褘之，鳳閣侍郎，平章事，生揚名。與《新唐書》所載同。

戚苑英華十卷

《戚苑英華》十卷，唐仙居令袁悅撰。〈唐志〉云重修，蓋因揚名之舊而廣之。

廣棪案：《新唐書》卷五十九〈志〉第四十九〈藝文〉三〈類書類〉著錄：「《戚苑英華》十卷，袁說重脩。」《崇文總目》卷三〈類書類〉下著錄：「《戚苑英華》十卷。原釋：劉揚名撰，袁說重修，說摭采他書以增綴之。見《玉海・藝文類》。侗按：《書錄解題》作袁銳撰。」錢東垣輯釋本。《郡齋讀書志》卷第十四〈類書

類〉著錄：「《戚苑英華》十卷。右唐袁悅重修。本揚名所著，悅掇其要，類為語對，以他說附益之。」《玉海》卷第五十五〈藝文・著書雜著〉「唐《戚畹纂要》」條載：「〈志・類書類〉：『劉揚名《戚畹英華》十卷。〈表〉：「說重修。」』《書目》：「《戚苑英華》。《崇文目》：『劉揚名撰，袁說重修。說撝采他書以增綴之。』」足供參證。說，生平事迹多不可考。錢侗按語謂「《書錄解題》作袁銳撰」，誤。

太平御覽一千卷

《太平御覽》一千卷，翰林學士李昉、扈蒙等撰。以前代《修文御覽》、《藝文類聚》、《文思博要》及諸書，廣棪案：盧校本「書」作「家」。校注曰：「館本作『書』，《通攷》同。」參詳條次修纂。本號《太平總類》。太平興國二年受詔，八年書成，改名《御覽》。或言國初古書多未亡，以《御覽》所引用書名故也，其實不然，特因前諸家類書之舊爾。以《三朝國史》攷之，館閣及禁中書總三萬六千餘卷，而《御覽》所引書多不著錄，蓋可見矣。

廣棪案：《郡齋讀書志》卷第十四〈類書類〉著錄：「《太平總類》一千卷。右皇朝李昉等撰。太平興國中，昉被詔輯經史故事分門。《春明退朝錄》云：『書成，帝日覽三卷，一年而讀周，賜名《太平御覽》。』」《玉海》卷第五十四〈藝文・類書〉「太平興國《太平御覽》」條載：「《實錄》：『太平興國二年三月戊寅，詔翰林學士李昉、扈蒙、左補闕知制誥李穆、太子少詹事湯悅、太子率更令徐鉉、太子中允張泊、左補闕李克勤、右拾遺宋白、太子中允陳鄂、光祿寺丞徐用賓、太府寺丞吳淑、國子寺丞舒雅、少府監丞呂文仲、阮思道等，十四人。同以前代《修文御覽》、《藝文類聚》、《文思博要》及諸書，分門編為一千卷。又以野史、傳記、小說，雜編為五百卷。八年十一月庚辰，詔史館所修《太平總類》一千卷，宣令日進三卷，朕當親覽焉。自十二月一日為始，宰相宋琪等言曰：『天寒景短，日閱三卷，恐聖躬疲倦。』上曰：『朕性喜讀書，頗得其趣，開卷有益，豈徒然也。因知好學者讀萬卷書，非虛語耳。』十二月庚子，書成。凡五十四門，《書目》云：『雜采經史、傳記、小說，自天地、事物，迄皇帝、王霸，分類編次。』詔曰『史館新纂《太平總類》一千卷，包括群書，指掌千古，頗資乙夜之覽。何止名山之藏，用錫嘉稱，以傳來裔，可改名《太平御覽》。』《四庫全書總目》卷一百三十五〈子部〉四十五〈類書類〉一著錄：「《太平御覽》一千卷，侍講張燾家藏本。宋李昉等奉敕撰。以太平興國二年受詔，至八年書成。初名《太平

編類》，後改爲《太平御覽》。宋敏求《春明退朝錄》謂：『書成之後，太宗日覽
三卷，一歲而讀周，故賜是名也。』凡分五十五門，徵引至爲浩博。故洪邁《容
齋隨筆》稱：『太平興國中編次《御覽》，引用書一千六百九十種。其綱目並載
於首卷，案此則今本前列舊目，乃宋時官本之舊。而雜書、古詩賦又不能具錄。』
以今考之，不傳者十之七八。胡應麟《經籍會通》則以爲『是編所引，大抵採
自類書，非其書宋初尚存』。力駁邁說之誤，所言良是。然考陳振孫《書錄解題》
曰：『或言國初古書多未亡，以《御覽》所引用書名故也；其實不然，特因諸家
類書之舊耳。以《三朝國史》考之，館閣及禁中書總三萬六千餘卷，而《御覽》
所引書多不著錄，蓋可見矣。』是邁所云云，振孫已先駁之矣。應麟特勦襲其
說耳。」均足供參證。李昉、扈蒙，《宋史》皆有傳。

鹿門家鈔詩詠五十卷

《鹿門家鈔詩詠》五十卷，鴻臚少卿襄陽皮文璨撰。以群書分類事爲詩而注
釋之。其祖日休，有書名《鹿門家鈔》，故今述其名。

　　廣棪案：《宋史》卷二百七〈志〉第一百六十〈藝文〉六〈類書類〉著錄：「皮
　　文粲《鹿門家鈔籍詠》五十卷。」與此應同屬一書。《類書流別·存帙》第六〈存
　　疑〉著錄：「《鹿門家鈔詩詠》五十卷，皮文燦撰。〈宋志〉詩作籍。《通志》題《鹿
　　門家鈔》九十卷，注云：『皮日休編，作五言詩類事。』」足供參證。皮文璨，其名
　　或作粲。《宋史》無傳，生平無可考。

冊府元龜一千卷

《冊府元龜》一千卷，景德二年，命資政殿學士王欽若、知制誥楊億修歷代
君臣事迹，八年而成。總五十部，部有〈總序〉；一千一百四門，館臣案：《文
獻通考》作一千二百四門。門有〈小序〉。賜名製〈序〉。所采正經史之外，惟取
《戰國策》、《國語》、《韓詩外傳》、《呂氏春秋》、《管》、《晏》、《韓子》、《孟
子》、《淮南子》及《修文殿御覽》。每門具進，上親覽，摘其舛誤，多出手書，
或詔對，指示商略。

　　廣棪案：《郡齋讀書志》卷第十四〈類書類〉著錄：「《冊府元龜》一千卷。右
　　皇朝景德二年，詔王欽若、楊億修君臣事迹，惟取《六經》、子史，不錄小說、
　　雜書。至祥符六年，書成上之。凡三十一部，有〈總序〉，千一百四門，有〈小

序〉。同修者十五人：錢惟演、杜鎬、刁衎、李維、戚綸、王希哲、陳彭年、姜嶼、宋貽序、陳越、陳從易、劉筠、查道、王曙、夏竦。初撰篇序，諸儒皆作。帝以體制不一，遂擇李維、錢惟演、陳彭年、劉筠、夏竦等，付楊億竄定。賜今名，爲〈序〉冠其首。其音釋，又命孫奭爲之。」《玉海》卷第五十四〈藝文・類書〉「景德《冊府元龜》」條載：「景德二年九月丁卯，命資政殿學士王欽若、知制誥楊億修《歷代君臣事迹》。欽若等奏請直秘閣錢惟演、刁衎，龍圖閣待制杜鎬、戚綸，直集賢院李維，直史館王希逸、陳彭年、姜嶼、陳越，太子右贊善大夫宋貽序同編修。初令惟演等各撰篇目，送欽若暨億參詳。欽若等又自撰集上，用欽若等所撰爲定，有未盡者奉旨增之。又令內臣劉承珪、劉崇超典其事，編修官供帳飲饌皆異常等。俄又令秘書丞陳從易、校理劉筠同編修。又直館查道、太常博士王曉，未成；又增直集賢院夏竦、職方員外郎孫奭注撰音義。三年四月丙子，四年八月壬寅，車駕再幸編修之所，再閱門類，楊億悉以條對，編次未及倫理者改正之。帝曰：『朕編此書，蓋取著歷代君臣德美之事，爲將來取法。至於開卷覽古，亦頗資於學者。』皆命從官坐，賜編修官器幣。王欽若以《南》、《北史》有索虜、島夷之號，欲改去。王旦曰：『舊史文不可改。』趙安仁曰：『杜預注《春秋》，以《長曆》推甲子多誤，亦不敢改，但注云日月必有誤。』乃詔欲改者注釋其下，凡所錄以經籍爲先。億又以群書中如《西京雜記》、《明皇雜錄》之類，皆繁碎不可與經史並行，今並不取，止以《國語》、《戰國策》、《管》、《孟》、《韓子》、《淮南子》、《晏子春秋》、《呂氏春秋》、《韓詩外傳》與經史俱編，歷代類書《修文殿御覽》之類，采摭銓擇。凡三十一部，部有〈總序〉，千二百四門，門有〈小序〉。初撰篇序，諸儒皆作，帝以體例不一，祥符元年二月丙午，遂擇李維等六人撰訖，付楊億竄定。五月甲申手札，詔凡悖惡之事，及不足爲訓者，悉刪去之，日進草三卷，帝親覽之，摘其舛誤，多出手書詰問，或召對，指示商略。三月丁卯，詔或有增改事，標記覆閱之。二年十月丁未札，令欽若等書名其增損悉書之。凡八年而成之。六年八月十三日壬申，欽若等以獻，進〈表〉曰：『推明凡例，分別部居，皆仰稟於宸謨，惟奉遵於成憲。刊除非當，隱括無遺，每煩乙夜之覽觀，率自清衷而裁定。昔甘露石渠，止於議奏；開元麗正，徒有使名。矧《皇覽》、《博要》之言，《玉鑑》、《珠英》之作，但詞林之見采，非治本之宜先。洪惟上聖之能，獨出百王之首。』崇政殿進呈。凡千卷，《目錄》十卷，《音義》十卷，詔題曰《冊府元龜》。御製〈序〉。〈序〉曰：『太宗皇帝始則編小說而成《廣記》，纂百氏而著《御覽》，集章句而製〈文

苑〉，聚方書而譔《神醫》，次復刊廣疏於九經，校闕疑於三史，修古學於篆籀，總妙言於釋老，洪猷丕顯，能事畢陳。朕遹遵先志，肇振斯文，載命羣儒，共司綴緝。粵自正統，至于閏位，君臣善迹，邦家美政，禮樂沿革，法命寬猛，官師論議，多士名行，靡不具載，用存典刑；凡勒成一千一百四門，門有〈小序〉，述其指歸；分爲三十一部，部有〈總序〉，言其經制，凡一千卷。』_{祥符八年十二月乙丑，欽若等上版本，宴編修官。上作詩一章，賜命屬和。}一本云：景德四年九月戊辰，上謂輔臣曰：『所編《君臣事迹》，蓋欲垂爲典法，異端小說，咸所不取。觀所著篇序，援據經史，頗盡體要，而誠勸之理有所未盡也。』欽若等曰：『自續集此書，發凡起例，類事分門，皆上稟聖意，授之羣官。間有凝滯，皆答陳論。今蒙宣諭，動以懲勸爲本，垂世之急務也。』十月癸亥，上謂輔臣曰：『朕每因暇日，閱《君臣事迹》草本，遇事簡則從容省覽，事多或至夜漏二鼓乃終卷。』編修官自王欽若、陳彭年，至劉筠十一人。_{景德二年奉敕，編修楊億至宋貽序七人。}」《四庫全書總目》卷一百三十五〈子部〉四十五〈類書類〉一著錄：「《冊府元龜》一千卷，_{內府藏本。}宋王欽若、楊億等奉敕撰。眞宗景德二年，詔編修歷代君臣事蹟，以欽若提總，同修者十五人。至祥符六年書成，賜名製〈序〉。周必大〈文苑英華跋〉、王明清《揮麈錄》並稱太宗太平興國中修者，誤也。其書分三十一部，部有〈總序〉。又子目一千一百四門，門有〈小序〉。皆撰自李維等六人，而竄定於楊億。又命孫奭爲之音釋。其間義例，多出眞宗親定。惟取六經、子史，不錄小說。於悖逆非禮之事，亦多所刊削，裁斷極爲精審。考洪邁《容齋隨筆》謂：『其時編修官上言，凡臣僚自述，及子孫追敘家世，如〈鄶侯傳〉之類，並不採取。遺棄既多，故亦不能賅備。』袁氏《楓窗小牘》亦謂：『開卷皆目所常見，無罕觀異聞，不爲藝林所重。』夫典籍至繁，勢不能遍爲掇拾；去誣存實，未可概以挂漏相繩。況纂輯諸臣，皆一時淹貫之士。雖卷帙繁富，難免牴牾。而考訂明晰，亦多可資覽古之助。張耒《明道雜志》稱：『楊億修《冊府元龜》，數卷成，輒奏之。每進本到，眞宗即降付陳彭年。彭年博洽，不可欺毫髮，故謬誤處皆簽貼。有小差誤必見，至有數十簽。億心頗自愧，乃盛薦彭年文字，請與同修。』其言雖不可盡信，然亦足見當時校核討論，務臻詳愼。故能甄綜貫串，使數千年事無不條理秩然也。據《玉海》所載，此書凡《目錄》十卷，《音義》十卷。今有《目錄》而無《音義》，蓋傳寫者久佚之矣。」均足資參證。王欽若、楊億，《宋史》有傳。

天和殿御覽四十卷

《天和殿御覽》四十卷，侍讀學士臨川晏殊等天聖中受詔，取《冊府元龜》，掇其要者，分類為二百十五門。館臣案：《文獻通考》作一百十五門。天和者，禁中便殿也。

廣棪案：《崇文總目》卷三〈類書類〉上著錄：「《天和殿御覽》四十卷，晏殊等撰。侗按：《玉海》引《崇文目》同。舊本脫『殿』字，今校增。《遂初堂書目》作天平殿，誤也。」錢東垣輯釋本。《玉海》卷第五十四〈藝文・類書〉「乾興《天和殿御覽》」條載：「乾興初，命翰林侍讀學士晏殊等於《冊府元龜》中掇其善美事，得其要者四十卷，為二百一十五門，《書目》：『天聖中撰。』《崇文目》：『四十卷。』名曰《天和殿御覽》。天和殿，禁中藏書之所，因為名。仁宗嘗謂輔臣曰：『《天和殿御覽》，可命校定模本刊行之。』因言：『朕聽政之暇，於舊史無所不觀，思考歷代治亂事迹，以為監戒。』晏殊〈序〉曰：『上稽雅誥，下采信書，削糟粕之繁，撮丹青之要。』《實錄》：『天聖二年五月甲寅，內出《天和殿御覽》四十卷、《隋書》八十五卷，下秘閣鏤板。』」足供參證。晏殊字同叔，撫州臨川人。《宋史》卷三百一十一〈列傳〉第七十有傳。仁宗即位時，遷右諫議大夫兼侍讀學士。

類要七十六卷

《類要》七十六卷，廣棪案：《文獻通考》作六十五卷。晏殊撰。曾鞏為〈序〉。案：《中興書目》七十七卷，比曾〈序〉七十四篇多三篇。今此本七十六卷，豈併〈目錄〉為七十七耶？

廣棪案：《郡齋讀書志》卷第十四〈類書類〉著錄：「《類說》六十五卷。右皇朝晏殊纂。分門輯經史子集事實，以備修文之用。」《玉海》卷第五十四〈藝文・類書〉「《國朝類要》」條載：「晏殊《類要》七十四篇，開禧二年正月，晏表上之，勒成一百卷，列為二千六十一門。《書目》：『七十七卷，曾鞏〈序〉云七十四篇，今多三篇。』《崇文目》十五卷。」《宋史》卷二百七〈志〉第一百六十〈藝文〉六〈類事類〉著錄：「晏殊《類要》七十七卷。」均足供參證。惟各書著錄此書卷數多不相同。《文獻通考》卷二百二十八〈經籍考〉五十五〈子類書〉著錄此條，下引南豐曾氏〈序〉略曰：『公所為《類要》上、中、下帙，總七十四門，凡若干門，皆公所手抄，於六藝、太史、百家之書，騷人墨客之文章，至

於地志、族譜、佛老、方伎之眾說，旁及九州之外，蠻夷荒忽詭變奇跡之序錄，皆搜尋細譯，而終於三才，萬物變化情僞、是非興壞之理，隱顯巨細之委曲莫不究。公之得於內者若此，則士不素學，而處從官大臣之列，備文儒道德之任，其能不餒且病乎？」』考曾〈序〉「總七十四門」，其「門」字乃「篇」之誤。《四庫全書總目》卷一百三十七〈子部〉四十七〈類事類存目〉一著錄：「《類要》一百卷，_{浙江范懋柱家天一閣藏本。}宋晏殊撰。殊字同叔，撫州臨川人。景德初，張知白以神童薦，賜同進士出身。擢秘書省正字。官至集賢殿學士，同平章事，兼樞密使。卒諡元獻。事蹟具《宋史》本傳。是編乃所作類事之書，體例略如《北堂書鈔》、《白氏六帖》，而詳贍則過之。葉夢得《避暑錄話》稱：『殊平生未嘗棄一紙，雖封皮亦十百爲沓。每讀書得一故事，則批一封皮，後批門類，命書吏傳寫，即今《類要》也。』故所載皆從原書採掇，不似他類書互相剽竊，輾轉傳訛。然自宋代所傳，名目、卷帙已多互異。歐陽修作殊〈神道碑〉，稱：『類集古今，爲集選二百卷。』曾鞏作〈序〉則稱：『上、中、下帙七十四篇。』惟《宋史》本傳稱一百卷，與今本合。據其四世孫知雅州袤〈進書原表〉，則南渡後已多闕佚，表續加編錄，於開禧二年上進。故今書中有於篇目下題四世孫袤補闕者，皆袤所增，非殊之舊矣。自明以來，傳本甚罕。惟浙江范氏天一閣所藏尚從宋本鈔存，而中閒殘闕至四十三卷。別有兩淮所進本，僅存三十七卷。門類次序，尤多顛倒。且傳寫相沿，訛謬脫落，甚至不可句讀。蓋與《太平御覽》同爲宋代類書之善本，而其不可校正，則較《御覽》爲更甚，故今惟附存其目焉。」可供參考。

事類賦三十卷

《事類賦》三十卷，校理丹陽吳淑正儀撰進并注。

廣棪案：《宋史》卷二百七〈志〉第一百六十〈藝文〉六〈類事類〉著錄：「吳淑《事類賦》三十卷。」與此同。《四庫全書總目》卷一百三十五〈子部〉四十五〈類書類〉一著錄：「《事類賦》三十卷，_{內府藏本。}宋吳淑撰併自註。淑字正儀，丹陽人。仕南唐爲內史。歸宋，薦試學士院，授大理評事。後官至起居舍人、職方員外郎。事蹟具《宋史‧文苑傳》。是編乃所作類事之書。卷首結銜稱博士，蓋其進書時官也。前有淑〈進書狀〉，稱：『先進所著，一字題賦百首。退惟蕪累，方積兢憂。遽奉訓詞，俾加詮釋。』又稱：『前所進二十卷，加以註解，卷帙差大。今廣爲三十卷，目之曰《事類賦》。』云云。是淑初進此《賦》

二十卷,尚無書名。及奉敕自註,乃增益卷數,定著今稱也。凡〈天部〉三卷,〈歲時部〉二卷,〈地部〉三卷,〈寶貨部〉二卷,〈樂部〉一卷,〈服用部〉三卷,〈什物部〉二卷,〈飲食部〉一卷,〈禽部〉二卷,〈獸部〉四卷,〈草木部〉、〈果部〉、〈鱗介部〉各二卷,〈蟲部〉一卷。分子目一百,與〈進狀〉數合。類書始於《皇覽》。六朝以前舊笈,據《隋書·經籍志》所載,有朱澹《遠語對》十卷,又有《對要》三卷、《群書事對》三卷,是爲偶句隸事之始。然今盡不傳,不能知其體例。高士奇所刻《編珠》,稱隋杜公瞻撰者,僞書也。今所見者,唐以來諸本駢青妃白,排比對偶者,自徐堅《初學記》始。鎔鑄故實,諧以聲律者,自李嶠《單題詩》始。其聯而爲賦者,則自淑始。嶠詩一卷今尚存,然已佚其註。如〈桂詩〉中『俠客』條爲馬仙人、葉作舟之類,古書散亡,今皆不知爲何語,故世不行用。淑本徐鉉之婿,學有淵源,又預修《太平御覽》、《文苑英華》兩大書,見聞尤博。故《賦》既工雅,又註,與《賦》出自一手,事無舛誤,故傳誦至今。觀其〈進書狀〉稱『凡讖緯之書及謝承《後漢書》、張璠《漢記》、《續漢書》、《帝系譜》,徐整《長歷》、《元中記》、《物理論》,皆今所遺逸,而著述之家相承爲用,不忍棄去,亦復存之。』云云。則自此逸書數種外,皆采自本書,非輾轉掇捃者比。其精審益爲可貴,不得以習見忽之矣。」足供參考。

韻類題選一百卷

《韻類題選》一百卷,朝奉大夫知處州鄞袁轂容直撰。以韻類事纂集,頗精要。世所行《書林韻會》,蓋依倣而附益之者也。轂,嘉祐六年進士。

廣棪案:《通志》卷六十九〈藝文略〉第七〈類書類〉第十一著錄:「《韻類題選》一百卷。」惟不著撰人。考袁轂,《宋史》無傳。《宋元學案》卷六〈士劉諸儒學案·西湖門人〉「朝奉袁公濟先生轂」條載:「袁轂,字容直,一字公濟,鄞縣人。嘗一試于開封,兩試于鄉,皆第一。嘉祐六年登第。博貫群書,擅名詞藻。歷知邵武軍,通判杭州。其爲開封舉首也,蘇文忠實爲之亞。及貳郡,而文忠爲守,相得益驩,唱酬篇什甚富。移知處州,終朝奉大夫。」《宋元學案補遺》卷六〈士劉諸儒學案補遺·樓氏門人〉「朝奉袁公濟先生轂」條載:「梓材謹案:『眞西山狀袁絜齋行實,言先生博極群書,袁氏世學源流於此。又案樓攻媿跋先生〈與東坡同官事迹〉云:『正議教授四明,一時名公皆在席下。秋賦之年,舒試於鄉,袁試於開,羅試於丹邱。三人皆在魁選。舒以〈舜琴歌南風〉,

袁以〈易更三聖賦〉名於時。而袁之著述，傳世者有《韻類題選》百卷，後學賴之。」足供參證。

東坡守杭時為倅，「風月平分」之詞，為轂作也。其後累世登科。

案：樓鑰《攻媿集》卷七十七〈題跋〉有〈跋袁光祿轂與東坡同官事迹〉一文，曰：「慶曆詔郡國立學，而置教官者纔數處。多延致鄉里之有文學行誼者為之師。我高祖正議先生教授四明，前後三十餘年，一時名公皆在席下。是時赴鄉舉者纔百餘人，解額六人試于譙樓。秋賦之年，先生謂舒公亶、袁公轂、羅公適曰：『二三子學業既成，不應有妨里人薦名。』于是舒試于鄉，袁試于開封，羅試于丹丘，三人皆在魁選，實為一時之盛。舒以〈舜琴歌南風〉，袁以〈易更三聖賦〉名于時。而袁之著述，傳于世者有《韻類題選》百卷，後學賴之。元祐五年倅杭州，東坡為郡守，相得歡甚，有〈迓新啟事〉。坡書〈龍泉何氏留槎閣記〉、〈介亭唱和詩〉，坡次韻二詩，一謝芎椒，一為除夜。如『別乘一來，風月平分破』之詞，最為膾炙，正為公而作；則其賓主之間，風流可想而知也。抑嘗聞坡一日謂公曰：『素知博洽，試徵轶事。』公一夕錄數十百項，坡曰：『可謂博矣。』又從而增之，前輩之不倦于學如此。尚書豐公稷，亦正議之高弟，誌公之墓。當崇寧中，方諱言蘇氏，但言為守者，至不言坡之姓字，鑰隨侍括蒼，於郡齋而見公作守時十詩石刻，摹遺其家，此外罕見公之遺文。自少學賦，最重《韻類》之書，竊以為古今類書第一。蓋類書必須分門，雖多出名公，而事多重疊，又必有雜門。惟此書以韻別之，讀者隨字徑取，一索而獲，每一目之下，必有賦題，故以《題選》為名。況公編纂精確，諸經注疏，搜括無遺。蜀有《書林》，號為該博，止取《白氏六帖》散于此書之間，其實反成猥釀，殊失本意，世鮮知者。公之五世孫樞，錄公與東坡同官事迹及豐公所為〈銘〉，謂鑰書于後，因誦所聞併書之。兩家子弟衰門既幸未墜，而公之後，儒風有興。有孫字質甫，好古篤學，教子有聞于時。覺名鄉書，變以吏部知九江，樞以特科為丞。變之子肅甫，一孫字叔平，又有名，方亦以特科進。其子洽與肅俱收世科，其興殆未艾也。羅公亦為杭之貳車，與坡同時，有啟云：『談笑風雲，咳唾珠玉。弟兄射策，有機雲慷慨之風；父子談經，無歆向異同之論。是故名動四海，號稱三蘇。』亦為坡所深知，意與公適相先後，因附見云。」足供參證。

絜齋變，其四世孫也。

案：《解題》卷十八〈別集類〉下著錄：「《潔齋集》二十六卷、《後集》十三卷，

禮部侍郎四明袁爕和叔撰。」爕，《宋史》卷四百〈列傳〉第一百五十九有傳。
謂：「袁爕字和叔，慶元府鄞縣人。……學者稱之曰絜齋先生。」

本朝蒙求三卷

《本朝蒙求》三卷，館臣案：《文獻通考》作二卷。 廣棪案：盧校本與《通考》同。
端明殿學士成都范鎮景仁撰。

廣棪案：《宋史》卷二百七〈志〉第一百六十〈藝文〉六〈類事類〉著錄：「范
鎮《本朝蒙求》二卷。」疑此書應作二卷，《解題》誤。范鎮，《宋史》卷三百
三十七〈列傳〉第九十六有傳。《宋人傳記資料索引》載：「范鎮（1008－1088），
字景仁，華陽人。寶元元年會試第一。仁宗時知諫院，嘗請建儲，面陳懇切，
至泣下，帝曰：『朕知卿忠，當俟之。』前後章十九上，待命百餘日，鬚髮爲白。
後爲翰林學士，論新法，與王安石不合，遂致仕。蘇軾往賀曰：『公雖退，而名
益重矣。』鎮慨然曰：『使天下受其害，而吾享其名，吾何心哉！』哲宗即位，
起爲端明殿學士，固辭不拜，累封蜀郡公。元祐三年卒，年八十一，諡忠文，
贈右金紫光祿大夫。有《文集》一百卷、《諫垣集》十卷、《內制集》三十卷、《外
制集》十卷、《正言》三卷、《樂書》三卷、《國朝韻對》三卷、《國朝事始》一
卷、《東齋記事》十卷、《刀筆》八卷，又嘗與修《實錄》等書。鎮生平與司馬
光相得甚懽，議論如出一口。其學本《六經》，終身不道佛、老、申、韓之說。
少時賦〈長嘯卻胡騎〉，晚使遼，遼人目曰：『此長嘯公也。』足供參考。然未
著錄此書。

十七史蒙求一卷

《十七史蒙求》一卷，館臣案：《文獻通考》作二卷。題王先生，不著名氏，或云
王令也。

廣棪案：王令，《宋史翼》卷二十六〈列傳〉第二十六〈文苑〉一有傳。《宋人
傳記資料索引》載：「王令（1032－1059）字逢原，廣陵人，乙姪孫。少不檢，
既而折節力學，王安石奇其才，妻以夫人之女弟。令詩學韓、孟，識度高遠。
嘉祐四年卒，年二十八。有《廣陵集》二十卷、《論語注》十卷、《孟子講義》
五卷。」而未著錄此書。

書敘指南二十卷

《書敘指南》二十卷，任廣撰。　　館臣案：《文獻通考》作任浚。　　廣棪案：盧校注：「晁〈志〉作任浚撰。〈宋志〉亦作任廣。」崇寧中人。皆經傳四字語，備尺牘應用者也。

> 廣棪案：《郡齋讀書志》卷第十四〈類書類〉著錄：「《書敘指南》二十卷。右皇朝任浚撰。纂集古今文章碎語，分門編次之，凡二百餘類。」《郡齋讀書志》撰人作任浚，實誤。《宋史》卷二百七〈志〉第一百六十〈藝文〉六〈類事類〉著錄：「任廣《書籍指南》二十卷。」〈宋志〉著錄書名「敘」字誤作「籍」。《四庫全書總目》卷一百三十五〈子部〉四十五〈類書類〉一著錄：「《書敘指南》二十卷，兩淮鹽政採進本。宋任廣撰。廣字德儉，浚儀人。今本《文獻通考》作任廣浚，蓋傳刻訛脫，以人名、地名誤連爲一也。尤袤《遂初堂書目》載有此書，然袤《書目》無註文，無由考其始末。惟據陳振孫《書錄解題》，知爲崇寧中人耳。其書初刊於靖康中，版旋被燬。有俞氏者攜舊本南渡，其後輾轉傳寫，多非完帙。至國朝康熙初，金犖得韓氏所藏本。繕錄未竟而犖沒，反併原本第十卷佚之。雍正三年，金匯得不全宋本，適尚存第十卷，乃重爲鈔補刊刻，而此書復完。蓋若隱若顯幾五六百年，其不亡者幸也。其書皆採錄經傳成語，以備尺牘之用，故以《書敘》爲名。明浦南金嘗取是書與《爾雅》、《左腴》、《漢雋》合爲一編，改題曰《修辭指南》。瞀亂糅雜，殊不足取。此本猶金氏原刻，尚不失其舊。其閒徵引既繁，複冗蓋所不免。然每句標註出處，猶從原書採掇而來，終較南宋書肆俗本爲有根據，固未可與《啓箚青錢》之類一例視之矣。」足供參考。任廣，《宋史》無傳。

實賓錄三十卷、後集三十卷

《實賓錄》三十卷、《後集》三十卷，廣棪案：此條據盧校本補。高郵馬永易明叟撰，蜀人句龍材校正，文彪增廣。其三十卷者，本書也。義取「名者實之賓」為名。

> 廣棪案：《郡齋讀書志》卷第十四〈類書類〉著錄：「《異號錄》二十卷。右皇朝馬永易明叟編。古今殊異名號，如銅馬帝，無愁天子之類。頃嘗見近世人增廣其書，名曰《實賓錄》，亦殊該博。」《宋史》卷二百七〈志〉第一百六十〈藝文〉六〈類事類〉著錄：「馬永易《實賓錄》三十卷、《異號錄》三十卷。」疑

此書初名《異號錄》，後增廣其書，改名《實賓錄》，〈宋志〉不辨，兩載之。《四庫全書總目》卷一百三十五〈子部〉四十五〈類書類〉一著錄：「《實賓錄》十四卷，《永樂大典》本。宋馬永易撰。永易字明叟，揚州人。徽宗時嘗官池州石埭尉。其事蹟無可考見。惟《文獻通考》、《宋史·藝文志》載所著有《唐職林》、《元和朋黨錄》、《壽春雜志》諸書。蓋亦博洽之士也。是書見於晁公武《讀書志》者，稱《異號錄》二十卷。而陳振孫《書錄解題》作《實賓錄》，謂永易所撰，蜀人句龍材校正、文彪增廣。凡本書三十卷、《後集》三十卷。《宋史·藝文志》又分《實賓錄》、《異號錄》各三十卷，皆題永易所撰。諸家紀載頗舛錯不合，今以其說互相參證，疑陳氏所稱本書，乃永易原撰本名《異號錄》，陳氏所稱《後集》，即文彪所續，始取名爲實賓之義，併本書亦改題今名，〈宋志〉蓋誤分爲兩書。而晁公武所見則爲未經增廣之本，故尚題爲《異號錄》也。自元以來，其書久佚。陶宗儀收入《說郛》者，僅寥寥數條。近浙江所進范氏天一閣藏本，亦即從《說郛》鈔出，一字不殊。今從《永樂大典》蒐輯，共得六百餘條，皆《說郛》之所未載。惟原帙既湮，其體例已無可考。即永易原本與文彪所增，亦錯雜不可復辨。謹裒輯編綴，芟除重複，訂正舛訛，各以類相從，釐爲一十四卷，仍從《書錄解題》統標曰《實賓錄》，以存宋時傳本之舊。其書皆取古人殊名別號，以廣見聞。領異標新，頗資採綴。至於搜羅既廣，偶涉舛訛。如『沈傳師之推爲顏子，乃比擬之空言』；『劉長卿之五言長城，乃品題之泛論』。皆非標目，不應闌入其間。又如『吉茂言侍中執虎子，語本詼諧』；『白居易賦新豐折臂翁，詞由徵實』。凡此之類，尤與稱謂無關，一概濫收，殊失別擇。是則嗜異貪多，爲千古著書之通病，不獨永易爲然，固不以累其全書矣。」可供參證。

史韻四十九卷

《史韻》四十九卷，嘉禾錢諷正初撰。附韻類事，頗便檢閱。

　　廣棪案：《宋史》卷二百七〈志〉第一百六十〈藝文〉六〈類事類〉著錄：「錢諷《史韻》四十二卷。」《揅經室外集》卷一〈四庫未收書提要〉著錄：「《回溪史韻》二十三卷，宋錢諷撰。諷字正初，本錢塘人，爲吳越王之裔，後卜居於嘉禾之回溪，故自號回溪。其書爲近時著錄家所罕見。惟宋趙希弁《讀書附志》以爲依《唐韻》分四聲，以《十七史》之句注於下。而陳振孫《書錄解題》亦云其附韻類事，頗便檢閱。蓋宋人兔園冊，類摘雙字，編四聲以便尋檢，而回

溪獨采成語，多至三、四句，未嘗割裂原文，洵著書之良法也。秀水朱彝尊跋
此云：『予嘗見宋時錄本於京師，僅存七冊，嫌其殘缺，未之錄也。歸田後，始
大悔之。從琴川毛氏、長洲何氏訪其所藏，合之才十七卷，亟寫而存之笥。天
不之寶，離者會有合時，安知後來所求，不適少此十七卷耶？』茲從影宋本傳
錄。卷首祇存『慶元五年四月既望郡人鄭僑』一〈序〉。而《讀書志》所云錢文
子〈序〉，已無從復得。據《明成祖實錄》，纂《永樂大典》時，諭解縉等稱：『嘗
觀《韻府》、《回溪》二書，事雖有統，而採摘不廣，紀載太略。爾等其如朕意，
凡書契以來，經史子集百家之書，備輯爲一書，無厭浩繁。』則此在明時曾入
秘府。今書平韻自一東至四江、七之至十一模共五卷，上聲一董至三十六養共
八卷，去聲十四泰至五十九鑑共六卷，入聲十二昔至三十四乏共四卷，通計二
十三卷，較彝尊見時已多五卷。安知後日不更有多於此者，是可以寶也。」可
供參證。是此書《解題》作四十九卷，〈宋志〉作四十二卷，已略有散佚；至朱
彝尊所得者十七卷，阮元得二十三卷，則又較〈宋志〉爲少矣。

後六帖三十卷

《後六帖》三十卷，知撫州孔傳世文撰。以續白氏之後也。傳襲封衍聖公。

　　廣棪案：《宋元學案補遺》卷三〈高平學案補遺・孔氏家學〉「孔先生傳」條載：
　　「孔傳原名若古，字世文，道輔孫。博極群書，尤精〈易〉學，操行介潔，不
　　爲利誘勢怵。宋建炎中，隨宗子端友南渡，居于衢。紹興二年知邳州，鋤強扶
　　貧，民咸畏服。移知陝州，以平鼎澧寇功，進秩改撫州。會建昌卒闕，先生單
　　車馳至，諭以禍福，一軍帖然。進《續白氏六帖》文，樞要記書送秘省。晚號
　　杉溪，有《杉溪集》及《孔子編年》、《東家雜記》等書。官至中散大夫，贈中
　　大夫，年七十五卒。《闕里文獻考》。」可供參證。

海錄碎事三十三卷

《海錄碎事》三十三卷，廣棪案：盧校本作《海錄碎事》三十卷，改三十三卷。校注
曰：「從館本，《通考》同。」知泉州建安葉廷珪撰。

　　廣棪案：《宋史》卷二百七〈志〉第一百六十〈藝文〉六〈類事類〉著錄：「葉
　　庭珪《海錄碎事》二十三卷。」《四庫全書總目》卷一百三十五〈子部〉四十五
　　〈類書類〉一著錄：「《海錄碎事》二十二卷，內府藏本。宋葉廷珪撰。廷珪字

嗣忠，崇安人。政和五年進士，出知德興縣。紹興中爲太常寺丞，與秦檜忤，以左朝請大夫出知泉州軍州事。王之望《漢濱集》有所作〈廷珪除官制〉，頗稱其學問之富。蓋當時亦以博洽著也。是編乃其類事之書，《閩書》稱：『廷珪性喜讀書，每聞士大夫家有異書，無不借讀，讀即無不終卷。常恨無貲，不能盡寫。因作數十大冊，擇其可用者手鈔之，名曰《海錄》。既知泉州，公餘無事，因取類之。爲門七十五，爲卷二十有二。事多新奇，未經前人引用。』即指此本。然廷珪〈自序〉稱百七十五門，與《閩書》所言已不合。檢其書，實爲部十六，爲門五百八十四，與〈自序〉亦不合。又《宋史・藝文志》載此書作二十三卷，《文獻通考》又作三十三卷，卷數亦有異同。或後人有所竄故，非其舊本歟？其書每條僅標三數字，其註亦不過三數語。蓋義存約取，故以『碎事』爲名。其中如分〈守令〉、〈縣令〉爲兩門，而太守事實乃入〈留守門〉。又如韓偓稱玉山樵人，賀知章稱四明狂客，張志和稱元眞子之類，皆其自號，而載入〈私謚門〉。趙至〈與嵇茂齊書〉所云『雞鳴戒旦，飄爾晨征；日薄西山，馬首靡託』者，乃自敘行役之詞，而入於〈軍旅門〉。於分隸多爲未協。蓋隨筆記錄，不免編次偶疏。然其簡而有要，終較他本爲善也。」可供參考。葉廷珪，《宋史翼》卷二十七〈列傳〉第二十七〈文苑〉二有傳。

皇朝事實類苑二十六卷

《皇朝事實類苑》二十六卷，知吉州江少虞撰。紹興中人。其書亦可入〈小說類〉。

廣棪案：《玉海》卷第五十五〈藝文・著書雜著〉「紹興《皇朝事實類苑》」條載：「紹興中，江少虞撰次，一十六卷。祖宗聖訓、名臣事迹，及藝術、仙釋、神怪、夷狄、風俗，釐爲二十六門。」《宋史》卷二百三〈志〉第一百五十六〈藝文〉二〈故事類〉著錄：「江少虞《皇朝事實類苑》二十六卷。」同書卷二百七〈志〉第一百六十〈藝文〉六〈類事類〉著錄同。《四庫全書總目》卷一百二十三〈子部〉三十三〈雜家類〉七著錄：「《事實類苑》六十三卷，兩淮馬裕家藏本。宋江少虞撰。少虞始末未詳。據〈序〉首自題，稱『左朝請大夫，權發遣吉州軍州事』。而《江西通志》亦未載其履貫，蓋已不可考矣。其書成於紹興十五年，以宋代朝野事迹見於諸家記錄者甚多，而畔散不屬，難於稽考，因爲選擇類次之，分二十二門，各以四字標題。曰〈祖宗聖訓〉、〈君臣知遇〉、〈名臣事蹟〉、〈德量智識〉、〈顧問奏對〉、〈忠言讜論〉、〈典禮音律〉、〈官政治績〉、〈衣冠盛

事〉、〈官職儀制〉、〈詞翰書籍〉、〈典故沿革〉、〈詩賦歌詠〉、〈文章四六〉、〈曠達隱逸〉、〈仙釋僧道〉、〈休祥夢兆〉、〈占相醫藥〉、〈書畫技藝〉、〈忠孝節義〉、〈將相才略〉、〈知人薦舉〉、〈廣智博識〉、〈風俗雜記〉。〈自序〉作二十八門，蓋傳錄之訛也。所引之書，悉以類相從，全錄原文，不加增損。各以書名註條下，共六十餘家，凡十四年而後成，故徵採極為浩博。其中雜摭成編，有一事為兩書所載而先後並存者。又如邊鎬稱邊和尚等事，及諸家詩話所摘唐人詩句與宋朝事實無所關者，亦概錄之，未免疏於簡汰。然北宋一代遺文逸事，略具於斯。王士禎《居易錄》稱為『宋人說部之宏構，而有裨於史者』，良非誣也。其間若《國朝事始》、《三朝聖政錄》、《三朝訓鑒》、《蓬山志》、《忠言讜論》、《元豐聖訓》、《傅商公佳話》、《兩朝寶訓》、《熙寧奏對》、《劉眞之詩話》、《李學士叢談》等書，今皆久佚，藉此尚考見一二，是尤說家之總彙矣。王士禎載此書作四十卷，今本實六十三卷，檢勘諸本皆同，疑為士禎筆誤，或一時所見偶非完帙歟？』可供參證。少虞，《宋史》無傳。《宋元學案補遺》卷六〈士劉諸儒學案補遺·少卿家學〉「知州江先生少虞」條載：「江少虞字虞仲，常山人。少卿緯之從子，政和進士，調天台學官，歷建、饒、吉三州守，治狀皆第一。《姓譜》。雲濠謹案：王阮亭《居易錄》載《宋事實類苑》四十卷，左朝請大夫，權發遣吉州軍事江少虞撰。謂此書蓋合宋人載錄傳記數十家薈萃成之，宋人説部之宏備，而有裨於史者。」可供參考。

兩漢蒙求十卷

《兩漢蒙求》十卷，樞密吳興劉玤希范撰。紹聖中所序。

廣棪案：《郡齋讀書志》卷第十四〈類書類〉著錄：「《兩漢蒙求》五卷、《唐史屬辭》五卷、《南北史蒙求》十卷，右未詳撰人，皆效李瀚也。」惟此書《宋史》卷二百七〈志〉第一百六十〈藝文〉六〈類事類〉亦著錄：「劉玤《兩漢蒙求》十卷。」與《解題》著錄卷數同。劉玤，《宋史》卷三百七十八〈列傳〉第一百三十七有傳，謂：「隆祐太后奉神主如江西，詔玤為端明殿學士、權同知三省樞密院事從行。」直齋稱玤為樞密，殆以此。《四庫全書總目》卷一百三十七〈子部〉四十七〈類書類存目〉一著錄：「《兩漢蒙求》十一卷，《永樂大典》本。宋劉班撰。班字希范，吳興人。仕至同知三省樞密院事。是書仿唐李瀚《蒙求》之體，取兩漢之事，以韻語括之。取便鄉塾之誦習，於史學無所發明。」可供參證。《四庫全書總目》姓名作「劉班」，誤也。

補注蒙求八卷

《補注蒙求》八卷，徐子光撰。以李翰《蒙求》句為之注。本句之外，兼及其人他事。

> 廣棪案：《宋史》卷二百七〈志〉第一百六十〈藝文〉六〈類事類〉著錄：「徐子光《補注蒙求》四卷，又《補注蒙求》八卷。」是此書又一本作四卷。徐子光，《宋史》無傳。《四庫全書總目》卷一百三十七〈子部〉四十七〈類事類存目〉一著錄：「《標題補註蒙求》三卷，浙江鮑士恭家藏本。晉李瀚撰。宋徐子光註。《書錄解題》、《宋史‧藝文志》皆作八卷。今所行者凡二本，一本二卷，乃子光之原註，已著於錄。此本又分三卷，凡子光註中陳振孫所謂兼及他人事者，皆為刪去，而每句之下俱有評識二字，如好賢、循吏、孝義、廉介之類，即所謂標題。蓋坊刻改竄之本，不足取也。」可供參證。

群書類句十四卷

《群書類句》廣棪案：《文獻通考》作「《郡書類句》」，誤。十四卷，三山葉鳳廣棪案：盧校本「葉鳳」作「葉儀鳳」。撰。以《群書新語》廣棪案：《文獻通考》作《郡書新語》，誤。增廣。自五字以至九字，為七百五十一門，各以平仄聲為偶對。

> 廣棪案：《玉海》卷第五十五〈藝文‧著書雜著〉「天聖《群書新語》」條載：「《書目》：『十一卷。天聖中，方龜年采《六經》、傳記、百家之言，以字句分門別類。』」《宋史》卷二百七〈志〉第一百六十〈藝文〉六〈類事類〉著錄：「方龜年《群書新語》十一卷。」是《群書新語》乃龜年撰，其書不作《郡書新語》，《通考》誤。此書乃據《群書新語》增廣，撰人葉鳳應作葉儀鳳，《宋史》無傳。《宋詩紀事補遺》卷之四十三載：「葉儀鳳字子儀，侯官人。紹興十五年進士，歷漳州軍教授。若有《左氏連珠》八卷，見袁本《讀書志》。」惟闕此書。考《讀書附志》卷上〈經類〉著錄：「《左氏聯璧》八卷，右三山葉儀鳳子儀撰，乃對偶之書也。」是《左氏連珠》與《左氏聯璧》應同屬一書，或《宋詩紀事補遺》有所誤記也。

書林韻會一百卷

《書林韻會》一百卷，無名氏。蜀書坊所刻，規模《韻類題選》而加詳焉。

廣棪案:《郡齋讀書志》卷第十四〈類書類〉著錄:「《書林韻海》一百卷。右不題撰人。分門依韻纂經史雜事,以備尋閱。或云皇朝許冠所編。」此與《解題》著錄之《書林韻會》應同屬一書。考《宋史》卷二百二〈志〉第一百五十五〈藝文〉一〈小學類〉著錄:「許冠《韻海》五十卷。」疑〈宋志〉著錄應同爲一書,惟卷數誤,或後有所散佚也。又孫猛《郡齋讀書志校證》曰:「《祕續目·類書類》、〈宋志〉卷一〈小學類〉、《通志·藝文略》卷七〈類書類〉下有許冠《韻海》五十卷。《書錄解題》卷十四有《書林韻會》一百卷,云:『無名氏,蜀書坊所刻,規模《韻類題選》而加詳焉。』《韻類題選》,《書錄解題》同卷收錄,題《韻類題撰》一百卷,云:『朝奉大夫知處州鄞袁轂容直撰。以韻類事,纂集頗精要,世所行《書林韻會》,蓋依倣而附益之者也。』《讀書志》所收,蓋即此《書林韻會》。又,《國史經籍志》卷四下〈類家〉有《書林韻海》一百卷,許冠撰,未知所據。」可供參考。許冠,生平不可考。

幼學須知五卷

《幼學須知》廣棪案:盧校本「《幼學須知》」作「《初學須知》」。五卷,餘姚孫應符仲潛撰次。此書本書坊所爲,以教小學。應符從而增廣之。

廣棪案:《宋史》卷二百七〈志〉第一百六十〈藝文〉六〈類事類〉著錄:「孫應符《初學須知》五卷。」《四庫全書總目》卷一百六十一〈集部〉十四〈別集類〉十四著錄:「《燭湖集》二十卷、《附編》二卷,《永樂大典》本。宋孫應時撰。應時字季和,自號燭湖居士,餘姚人。登淳熙乙未進士。……以卷帙繁重,分二十卷。仍附編其父介及其兄應求、應符詩,並錄應時父子誌傳、行狀,子祖開補官省箚諸篇,爲上、下二卷。應求字伯起,嘗登鄉薦。應符字伯潛,所著有《歷代帝王纂要》二卷、《初學須知》五卷,載於陳振孫《書錄解題》,今並未見云。」是此書應名《初學須知》。又衡以應求字伯起,應時字季和,則應符應字仲潛,《四庫全書總目》作字伯潛,實誤。應符,《宋史》無傳。《宋元學案》卷三十五〈陳鄒諸儒學案補遺·孫氏家學〉「鄉貢孫先生應求、孫先生應符合傳」條載:「孫應求字伯起,餘姚人,雪齋先生之長子也,鄉貢進士。仲弟應符字仲潛,讀韓文公〈齪齪詩〉,因借其韻爲〈咄咄篇〉以自警。雪齋作〈欣欣篇〉以次之,先生亦次韻作〈皦皦篇〉以見志。雪齋〈序〉曰:『予生三子,自昔嚴訓,幼者方效一官,長、仲分寓他館,所學均日進,心以爲喜云。』《孫燭湖集·附編》」足供參考。

兩漢博聞二十卷

《兩漢博聞》二十卷，無名氏。或云楊侃。

廣棪案：《郡齋讀書志》卷第七〈史評類〉著錄：「《兩漢博聞》十二卷。右皇朝楊侃纂。景德中，侃讀兩《漢書》，取其中名數前儒解釋爲此書，以資涉獵者。侃嘗編《職林》矣，此亦其類也。」《玉海》卷第四十九〈藝文·論史〉「景祐《漢書刊誤》」條載：「《書目》：『《兩漢博聞》十二卷，楊侃撰。取名數解釋爲此書。』」《宋史》卷二百三〈志〉第一百五十六〈藝文〉二〈史鈔類〉著錄：「楊侃《兩漢博聞》十二卷。」是此書乃楊侃撰，而卷數爲十二卷，《解題》作二十卷者，蓋倒乙也。楊侃即楊大雅，避眞宗藩邸諱改名。《宋史》卷三百〈列傳〉第五十九有傳。其〈傳〉曰：「楊大雅字子正，唐靖恭諸楊虞卿之後。……大雅朴學自信，無所阿附，直集賢院二十五年不遷，有出其後者，往往致榮顯。或笑其違世自守，大雅嘆曰：『吾不學乎世，而學乎聖人，由是以至此。吾之所有，不敢以薦於人，而嘗自獻乎天子矣。』天禧中，使淮南，循江按部，過金陵境上，遇風覆舟，得傍卒拯之，及岸，冠服盡喪。時丁謂鎭金陵，遣人遺衣一襲，大雅辭不受，謂以爲憾。宰相王欽若亦不悅之。晚與陳從易並命知制誥。大雅嘗因轉對，上《原治》十七篇。所著《大隱集》三十卷、《西垣集》五卷、《職林》二十卷、《兩漢傳聞》十二卷。」可知其爲人。《四庫全書總目》卷六十五〈史部〉二十一〈史鈔類〉著錄：「《兩漢博聞》十二卷，兩淮鹽政採進本。明嘉靖中黃魯曾刊本。不著撰人名氏。案晁公武《讀書志》，乃宋楊侃所編也。侃，錢塘人。端拱中進士，官至集賢院學士，晚爲知制誥。避眞宗舊諱，更名大雅。是編摘錄〈前〉、《後漢書》，不依篇第，不分門類。惟簡擇其字句故事，列爲標目，而節取顏師古及章懷太子註列於其下。凡《前漢書》七卷、《後漢書》五卷。雖於史學無關，然較他類書採摭雜說者，究爲雅馴。《後漢書》中間有引及《前漢書》者，必標顏師古字。而所引梁劉昭《續漢志註》，乃與章懷《註》無別。體例未免少疏。至所列紀傳篇目，亦往往多有訛舛。然如『四皓』條下，引顏師古註曰：『四皓稱號，本起於此，更無姓名可稱，蓋隱居之人，匿蹟遠害。不自標顯，祕其氏族，故史傳無得而詳。至於皇甫謐罔稱之徒及諸地理書說，竟爲四人安姓字，自相錯互，語又不經。班氏不載於書，諸家皆臆說。今並棄略，一無取焉。』云云。明監本《漢書註》竟佚此條，惟賴此書幸存，則亦非無資考證者矣。」足供參考。

班左誨蒙三卷

《班左誨蒙》三卷，程俱致道撰。

　　廣校案：《玉海》卷第四十九〈藝文・論史〉「景祐《漢書刊誤》」條載：「程俱《班左誨蒙》三卷。」《宋史》卷二百七〈志〉第一百六十〈藝文〉六〈類事類〉著錄同。俱字致道，衢州開化人，《宋史》卷四百四十五〈列傳〉第二百四〈文苑〉七有傳。

左氏摘奇十三卷

《左氏摘奇》十三卷，館臣案：《文獻通考》作十二卷。　廣校案：盧校本同。**給事中吳郡胡元質長文撰。**

　　廣校案：《宋史》卷二百二〈志〉第一百五十五〈藝文〉一〈春秋類〉著錄：「《左氏摘奇》十二卷，並不知作者。」阮元《揅經室外集》卷一〈四庫未收書目提要〉著錄：「《左氏摘奇》十二卷，宋胡元質撰。元質字長文，吳郡人，官給書中。考《宋史・藝文志》於〈史部〉下載《西漢字類》五卷，注胡元質撰，而於〈經部・春秋類〉下載《左氏摘奇》十二卷，則注不知作者。此疑當日或傳刻者失之。惟陳振孫《直齋書錄解題》中載此稍爲詳悉。其姓氏爵里，實與今本相合。此本從吳中藏書家影宋鈔錄，卷後有元質自記一條云：『《左氏摘奇》皆手所約，鋟木於當塗道院，與同志者共之。乾道癸巳元日書。』當係原刊所識。書中摘錄經傳一、二字，必兼採杜預《集解》。其謹嚴處視林鉞《漢雋》、蘇易簡《文選雙字類要》爲勝。《宋史・志》入之〈經類〉，似不爲過。至《文獻通考》竟列於〈類書〉之中，猶未盡此書之要也。」足供參證。元質，《宋史》無傳。《宋詩紀事補遺》卷之四十三載：「胡元質，字長文，長洲人，紹興十八年進士。歷秘書省正字、給事中，出守當塗、建業、成都，皆有政迹。以正奉大夫、敷文閣學士致仕。《吳郡志》。」可略悉其生平及宦歷。

諸史提要十五卷

《諸史提要》十五卷，參政吳越錢端禮處和撰。泛然鈔錄，廣校案：盧校本「鈔錄」後空一字。校注曰：「本空一字，館本連。」**無義類。**

　　廣校案：《宋史》卷二百七〈志〉第一百六十〈藝文〉六〈類事類〉著錄：「錢

端禮《諸史提要》十五卷。」《四庫全書總目》卷六十五〈史部〉二十一〈史鈔類〉著錄:「《諸史提要》十五卷,內府藏本。宋錢端禮撰。端禮字處和,臨安人。吳越王俶六世孫,榮國公忱之子。少以恩廕入仕,累官至參知政事,兼權知樞密院事。以莊文太子妃父罷爲資政殿大學士,再知寧國,移紹興,復以觀文殿學士提舉洞霄宮。卒諡忠肅。事蹟具《宋史》本傳。是書乃取諸史之文可資詞藻者,按部採摘,彙集成編。各以一二語標題,而分註其首尾於下。凡《史記》一卷、《前漢書》二卷、《後漢書》二卷、《三國志》一卷、《晉書》二卷、《南史》一卷、《北史》一卷、《新唐書》三卷、《五代史》一卷。其著錄於《宋史・藝文志》者,與此本卷目相同。前有其門人劉孝韙〈序〉,不著年月。詳其詞意,蓋端禮爲參政時所刊行也。其體例頗與洪邁《史漢法語》、《諸史精語》相近。陳振孫《書錄解題》嘗譏其泛然錄抄,毫無義例。蓋南宋最尚詞科,以妃青儷白相高,故當時有此鈔書之學也。」可供參證。端禮,《宋史》卷三百八十五〈列傳〉第一百四十四有傳。

漢雋十卷

《漢雋》十卷,括蒼林越^{廣棪案:《文獻通考》作「林鉞」。盧校本「越」作「鉞」。校注曰:「館本作『越』;〈宋志〉同;此作『鉞』,《通考》同。」}撰。以《西漢書》分類爲十五篇,^{館臣案:《文獻通考》作五十篇。}皆句字之古雅者。「雋」者,取雋永之義也。

廣棪案:《宋史》卷二百三〈志〉第一百五十六〈藝文〉二〈史鈔類〉著錄:「林鉞《漢雋》十卷。」同書卷二百七〈志〉第一百六十〈藝文〉六〈類事類〉著錄:「林越《漢雋》十卷。」是〈宋志〉著錄姓名,一作林鉞,另一作林越。《四庫全書總目》卷六十五〈史部〉二十一〈史鈔類〉著錄:「《漢雋》十卷,江蘇巡撫採進本。宋林越撰。案陳振孫《書錄解題》載此書,卷數與今相符,而註稱括蒼林鉞。《處州府志》亦載林鉞。此本則皆作林越,未詳孰是也。其書取《漢書》中古雅之字,分類排纂,爲五十篇。每篇即以篇首二字爲名,亦間附原註。前有紹興壬午越〈自序〉,稱『大可以詳其事,次可以玩其詞。』然割裂字句,漫無端緒,而曰可詳其事,其說殊誇。後有延祐庚申袁枘重刻〈跋〉,稱《漢雋》之作,蓋爲習宏博便利。斯爲定論矣。」可供參證。是此書凡十卷、五十篇,《解題》謂「分類爲十五篇」,字倒乙也。

文選雙字類要三卷

《文選雙字類要》三卷，蘇易簡撰。摘取雙字，以類編集。

　　廣校案：《宋史》卷二百七〈志〉第一百六十〈藝文〉六〈類事類〉著錄：「《文選雙字類要》四十卷，並不知作者。」是〈宋志〉著錄卷數與《解題》不同，且云不知作者。惟《四庫全書總目》卷一百三十七〈子部〉四十七〈類書類存目〉一著錄：「《文選雙字類要》三卷，浙江汪啓淑家藏本。舊本題宋蘇易簡撰。易簡有《文房四譜》，已著錄。是編取《文選》中藻麗之語，分類纂輯。其中語出經史，偶爲漢以來詞賦採用者，亦即以採用之篇，註爲出典。易簡名臣，不應荒陋至此。陸游《老學菴筆記》稱：『宋初崇尚《文選》，草必稱王孫，梅必稱驛使，月必稱望舒，山水必稱清暉，方爲合格。』疑其時科舉之徒輯爲此書，託易簡之名以行也。」則與《解題》相合，可供參證。

選腴五卷

《選腴》五卷，天台王若撰。以五聲韻編集《文選》中字，淳熙元年序。

　　廣校案：《類書流別‧存佚》第六〈存疑〉著錄：「《選腴》五卷，王君撰。《直齋書錄解題》作王若。佚。」考王若，《宋史》無傳。《嘉定赤城志》卷三十三載：「王若字若夫，仙居人。紹興三十年進士，歷知歸、道二州，終朝奉大夫、淮東安撫司參議官。」可略悉其宦歷概況。《類書流別》作「王君」，顯誤。又天台即仙居也。

晉史屬辭三卷

《晉史屬辭》三卷，永嘉戴迅簡之撰。用《蒙求》體廣校案：盧校本「體」作「語」。以類晉事，元祐癸酉歲也。

　　廣校案：《宋元學案》著三十二〈周許諸儒學案‧伊川門人胡、周再傳〉「教授戴先生述附弟迅」條載：「戴述字明仲，永嘉人也。孝友直諒，少工于文。嘗試廣文館，趙挺之得其卷，以爲老儒，擢異等，而先生未冠也。先生爲小劉先生妹婿，遂同遊于程門，求爲己之學。居父喪，廬墓盡哀。成元符進士，不樂爲簿、監等官，辭之不得，賦〈歸去來〉，投檄去。起爲臨江教授。居母喪，病于倚廬，或請遷于內，先生不可，六日而卒。周浮沚志其墓曰：『明仲資稟剛明，

少而有立。既從程氏問學，知聖人之道近在吾身，退而隱，于心若有自得。方沈涵充積，日進不已，而年止三十有七，可謂不幸也已！』先生弟迅，字幾仲，私淑洛學于其兄，時稱爲大、小戴先生。門人合其文曰《二戴集》。幾仲別有《晉史屬辭》三卷。」是迅另字幾仲。元祐癸酉，即元祐八年（1093），此書應撰就於此年。

觀史類編六卷

《觀史類編》六卷，呂祖謙撰。初輯此篇為六門，曰〈擇善〉、曰〈儆戒〉、曰〈閫範〉、曰〈治體〉、曰〈論議〉、曰〈處事〉。而〈閫範〉最先成，既別行，今惟五門，而〈論議〉分上、下卷。

廣棪案：《宋史》卷二百七〈志〉第一百六十〈藝文〉六〈類事類〉著錄：「呂祖謙《觀史類編》六卷。」《類書流別・存佚》第六〈宋〉著錄：「《觀史類編》，《書錄解題》六卷，呂祖謙撰。」祖謙，《宋史》卷四百三十四〈列傳〉第一百九十三〈儒林〉四有傳。其〈傳〉曰：「祖謙學以關、洛爲宗，而旁稽載籍，不見涯涘。心平氣和，不立崖異，一時英偉卓犖之士皆歸心焉。少卞急，一日，誦孔子言『躬自厚而薄責於人』，忽覺平時忿懥渙然冰釋。朱熹嘗言：『學如伯恭，方是能變化氣質。』其所講畫，將以開物成務。既臥病，而任重道遠之意不衰。居家之政，皆可爲後世法。修《讀詩記》、《大事記》，皆未成書。考定《古周易》、《書說》、《閫範》、《官箴》、《辨志錄》、《歐陽公本末》，皆行于世。」其中《閫範》一書，即《解題》所謂「最先成」而「別行」者。

帝王經世圖譜十卷

《帝王經世圖譜》十卷，著作佐郎金華唐仲友與正撰。凡天文、地理、禮樂、刑政、陰陽、度數、兵農、王霸，本之經典，兼采傳注，類聚群分。凡百二十二篇。

廣棪案：《文獻通考》卷二百二十八〈經籍考〉五十五〈子類書〉著錄此條，下引周平園〈題辭〉，略曰：「與正於書無不觀，於理無不究。凡天文、地理、禮樂、刑政、陰陽、度數、兵農、王霸，皆本之經典，兼采傳注，類聚群分，旁通畢貫，使事時相參，形聲相配，或推消長之象，或列休咎之證，而於郊廟、學校、畿疆、井野，尤致詳焉。各爲〈總說〉附其後。始終條理，如指諸掌。

每一篇成，門人金式輒繕寫藏弆，積百二十二篇。又得與正猶子燁別本，相與校讎，釐爲十卷，以類相從。會分教盧陵，將鏤板校官，而郡守趙侯善鑲助成之，屬予題辭。夫水之流東，惟海是歸；車之指南，其途不迷。今是書折衷於聖人，示適治之路，故名曰《帝王經世圖譜》，非其他類書比也。昔漢儒專通一經，仍守師說。居家用以修身，涖官取以決事，況乎《六經》旨趣，百世軌範，皆聚於此。學者能因廣記備言，精思博考，守以卓約，則他日見諸行事，豈不要而有功也歟！」《玉海》卷第五十五〈藝文・著書雜著〉「《帝王經世圖譜》」條載：「唐仲友撰。十卷，一百二十二篇。周必大題辭。」同書卷第五十六〈藝文・圖〉「《帝王經世圖譜》」條載：「唐仲友《帝王經世圖譜》，凡天文、地志、禮樂、刑政、陰陽、度數、兵農、王霸，皆本之經典，兼采傳注，類聚群分，旁通午貫，使事時相參，形聲相配，或推消長之象，或列休咎之證，而於郊廟、學校、畿疆、井野，尤致詳焉。各爲〈總說〉附其後。始終條理，如指諸掌。門人金式繕寫，積百二十二篇。又猶子燁校讎，釐爲十卷，以類相從。周必大〈題辭〉云：『《六經》旨趣，百世軌範，皆聚于此。』」足供參證。仲友，《宋史翼》卷十三〈列傳〉第十三有傳。《宋人傳記資料索引》載：「唐仲友（1136－1188），字與政，號說齋，金華人，堯封子。紹興二十一年進士，爲衢州西安簿。三十年再中弘詞科，通判建康府，上書萬言論時政。後擢江西提刑，爲朱熹所劾罷，益肆力於經制之學。淳熙十五年卒，年五十三。有《六經解》一百五十卷、《諸史精義》一百卷、《帝王經世圖譜》十卷、《孝經解》一卷、《九經發題》一卷、《陸宣公奏議解》十卷、《經史難答》一卷、《乾道秘府群書新錄》八十三卷、《天文詳辯》三卷、《地理詳辯》三卷、《愚書》一卷、《說齋文集》四十卷。」足供參考。

經子法語二十四卷、左傳法語六卷、史記法語十八卷、西漢法語二十卷、後漢精語十六卷、三國精語六卷、晉書精語五卷、南史精語十卷

《經子法語》二十四卷、《左傳法語》六卷、《史記法語》十八卷、《西漢法語》二十卷、《後漢精語》十六卷、《三國精語》六卷、《晉書精語》五卷、《南史精語》十卷，洪邁撰。自《博聞》、《誨蒙》、《漢雋》、《摘奇》、《提要》及此《法語》諸書，皆所以備遺忘。而洪氏多取句法，《漢雋》類例有倫，餘皆隨筆信意鈔錄者也。

廣棪案:《宋史》卷二百七〈志〉第一百六十〈藝文〉六〈類事類〉著錄:「洪邁《經子法語》二十四卷、《春秋左氏傳法語》六卷、《史記法言》八卷、《前漢法語》二十卷、《後漢精語》十六卷、《三國志精語》六卷、《晉書精語》五卷、《南史精語》六卷、《唐書精語》一卷。」〈宋志〉著錄《史記法語》僅八卷,與《解題》異,疑《解題》衍「十」字。又《解題》著錄闕《唐書精語》一卷。考《四庫全書總目》卷六十五〈史部〉二十一〈史鈔類〉著錄:「《史記法語》八卷,浙江巡撫採進本。宋洪邁編。邁字景廬,鄱陽人。紹興乙丑中博學鴻詞科,官至端明殿學士。諡文敏,事蹟具《宋史》本傳。是編於《史記》百三十篇內,自二字以上,句法古雋者,依次標出,亦間錄舊註,蓋與《經子法語》等編同,以備修詞之用。《書錄解題》載之〈類書類〉,稱十八卷。此本乃止八卷,似非完書。然卷末有〈題識〉一行云:『淳熙十二年二月刊於婺州。』是當時刊本實止八卷,《書錄解題》所載,衍一『十』字明矣。」又著錄:「《南朝史精語》十卷,浙江汪啓淑家藏本。宋洪邁撰。邁於諸書多有節本,其所纂輯,自《經子》至《前漢》皆曰《法語》,自《後漢》至《唐書》皆曰《精語》。此所摘宋、齊、梁、陳四朝史中之語也。凡《宋書》四卷、《齊書》三卷、《梁書》二卷、《陳書》一卷,其去取多不可解。即以卷首〈宋本紀〉考之,如桓元〈與劉邁書〉有云:『北府人情云何,近見劉云何所道。』乃獨摘『北府人情云何』句。〈宋順帝反正詔〉曰:『故順聲一唱,二溟卷波;英風振路,宸居清翳。』乃獨摘『二溟卷波』句。高祖北討,加領征將軍,司、豫二州刺史,以世子爲徐、兗二州刺史,下書有云:『今當奉辭西旆,有事關中;弱嗣叨蒙,復忝今授。』乃獨摘『復忝今授』四字。又如〈加高祖九錫策文〉,駢詞麗句,疊出不窮,乃獨摘『出藩入輔,鋒無前對』二句。蓋南宋最重詞科,士大夫多節錄古書,以備遣用。其排比成編者,則有王應麟《玉海》、章俊卿《山堂考索》之流。巾箱祕本,本非著書,不幸而爲人所傳者,則有如此類。後人以其名重存之,實非其志也。以流傳已久,姑存其目,實則無可採錄。惟其中所錄《宋書》,〈本紀〉第一,〈列傳〉第二、第三,〈志〉第四,〈志〉反在〈列傳〉之後。考劉知幾《史通》曰:『舊史以表、志之帙,分於紀、傳之間。降及蔚宗,肇加釐革。沈、魏繼作,相與因循。』今北監版〈魏書〉,〈志〉在〈列傳〉後,是其顯證,與《史通》合。而《宋書》則移其次第,列於〈紀〉、〈傳〉之間。觀邁所序,猶從古本,知幾之言不妄,是則可資考證之一端。十卷之中,惟此一節足取耳。」同書卷一百三十一〈子部〉四十一〈雜家類存目〉八著錄:「《經子法語》二十四卷,浙江巡撫採進本。

宋洪邁撰。邁有《史記法語》，已著錄。邁兄弟並以詞科起家。此書蓋即摘經、子新穎字句以備程試之用者。凡〈易〉一卷，《書》二卷，《詩》三卷，《周禮》二卷，《禮記》四卷，《儀禮》、《公羊傳》、《穀梁傳》、《孟子》、《荀子》、《列子》、《國語》、《太元經》各一卷，《莊子》四卷。體例略如類書，但不分門目，與經義絕不相涉。朱彝尊以《易法語》一卷、《詩法語》一卷之類，散入《經義考》各門之中，題曰未見，未免失考矣。」足供參證。

遷史刪改古書異辭十二卷

《遷史刪改古書異辭》十二卷，倪思撰。以遷史多易經語，更簡嚴為平易體，當然也。然易辭而失其義，書事而與經異者多，不可以無攷，故為是編。經之外與他書異者，亦并載焉。<small>館臣案：原本「更」字以下俱闕，注云：「元本闕。」今據《文獻通考》補入。</small>

廣棪案：此書不可考。倪思字正甫，湖州歸安人。《宋史》卷三百九十八〈列傳〉第一百五十七有傳。《宋人傳記資料索引》載：「倪思（1174－1220），字正父（甫），號齊齋，歸安人，稱子。乾道二年進士，淳熙五年中博學弘詞科，光宗時累官禮部侍郎。時帝久不過重華宮，思疏十上。會召嘉王，思言：『上皇欲見陛下，亦猶陛下之於嘉王也。』帝為動容。寧宗時，為言者論去，復召還，試禮部侍郎，論諫多切直，以忤韓侂胄，予祠。侂胄誅，復召。歷禮部尚書，又以忤史彌遠，出知鎮江府。尋鐫職。嘉定十三年十月卒，年七十四。諡文節。有《齊山甲乙稿》、《兼山集》、《經鉏堂雜志》。」惟無著錄此書。

馬班異辭三十五卷

《馬班異辭》<small>廣棪案：盧校本「《馬班異辭》」作「《班馬異辭》」。</small>三十五卷，倪思撰。以班史仍《史記》之舊而多刪改，大抵務趨簡嚴，然或刪而遺其事實，或改而失其本意。因其異，則可以知其筆力之優劣，而又知作史述史之法矣。

廣棪案：《四庫全書總目》卷四十五〈史部〉一〈正史類〉一著錄：「《班馬異同》三十五卷，<small>浙江汪汝瑮家藏本。</small>舊本或題宋倪思撰，或題劉辰翁撰。楊士奇〈跋〉：『《班馬異同》三十五卷，相傳作於須溪。觀其評泊批點，臻極精妙，信非須溪不能。而《文獻通考》載為倪思所撰，豈作於倪而評泊出於須溪耶？』其語亦兩持不決。案《通考》之載是書，實據《直齋書錄解題》。使果出於辰翁，則陳

振孫持何得先爲著錄,是固可不辨而明矣。是編大旨,以班固《漢書》多因《史記》之舊而增損其文,乃考其字句異同以參觀得失。其例以《史記》本文大書,凡《史記》無而《漢書》所加者,則以細字書之;《史記》有而《漢書》所刪者,則以墨筆勒字旁。或《漢書》移其先後者,則注曰《漢書》上連某文,下連某文。或《漢書》移入別篇者,則注曰《漢書》見某傳。二書互勘,長短較然,於史學頗爲有功。昔歐陽棐編《集古錄跋尾》,以眞跡與集本並存,使讀者尋刪改之意,以見前人之用心。思撰是書,蓋即此意。特棐所列者一人之異同,思所列者兩人之異同,遂爲創例耳。其中如戮力作勠力,沈船作湛船,由是作繇是,無狀作亡狀,鈇質作斧質,數却作數卻之類,特今古異文。半菽作芋菽,蛟龍作交龍之類,特傳寫訛舛。至於秦軍作秦卒,人言作人謂,三兩人作兩三人之類,尤無關文義。皆非有意竄改。思一一贅列,似未免稍傷繁瑣。然既以異同名書,則隻字單詞,皆不容略。失之過密,終勝於失之過疏也。至〈英布〉、〈陳涉〉諸傳,軼而未錄,明許相卿作《史漢方駕》始補入之,則誠千慮之一失矣。思字正甫,湖州歸安人。乾道二年進士,歷官寶文閣學士,諡文節。事蹟具《宋史》本傳。」足供參證。是《馬班異辭》、《班馬異辭》、《班馬異同》三者,乃同書而異名。

杜詩六帖十八卷

《杜詩六帖》十八卷,建安陳應行季陵撰。用《白氏》門類,編類杜詩語。

 廣棪案:《類書流別·存佚》第六〈宋〉著錄:「《杜詩六帖》,《書錄解題》十八卷,陳應行撰。」考《宋史》卷二百三〈志〉第一百五十六〈藝文〉二〈史鈔類〉著錄:「陳應行《讀史明辨》二十四卷,又《讀史明辨續集》五卷。」而未著錄此書。應行,生平不可考。

錦繡萬花谷四十卷、續四十卷

《錦繡萬花谷》四十卷、《續》四十卷。

 廣棪案:《宋史藝文志補·子部·類書類》著錄:「《錦繡萬花谷前集》四十卷、《後集》四十卷、《續集》四十卷、〈別集〉三十卷,以下失名。」直齋所藏闕《後集》四十卷,〈別集〉三十卷。

〈序〉稱淳熙十五年作，而不著名氏。門類無倫理，〈序〉文亦拙。

案：此書有〈序〉，曰：「余爲童時，適當胡馬蹂踐之間；又居窮鄉，無業儒者，余獨背馳而爲之。文籍最爲難得，苟可以假鬻，亦未嘗戞戞以盡其誠。以余有書之癖，每讀一篇章，如小兒之於飴劑有加而不能自止。當其劇時，雖夜分漏盡，不之覺也。所患性魯，無彊記之敏誦，久亦漫漶而不牢。先人既老，又獨應門出入乎衡陽胥伍之中，而喔咿於籧篨俯仰之際。如是者數年，索諸故吾，孑然矣。其後家益貧，奔走於四方，爲饑寒計，幸焉一溫，亦若隔世人。夫以窮鄉亂後假鬻之難，而居衡陽奔走之中，加以魯性易失，則不存也固宜，尚何咎哉！然土炭之嗜不變，於是始爲晚歲之謀。凡書有當存乎吾心者，輒稍招還其舊而聚其旅。二三年間，抄益多，然而鎖碎而無統，又多除舍於人，不得以盡隨。故爲風雨蟲鼠之所蝕，或爲人之所廋，或爲醫瓿之所敗，不得成焉。又數年，抄不輟，如司馬子長、班、范、歐陽之書，抄已而四五矣。晚益困，無以自娛，復留意於科舉之外，凡古人文集、佛老異書，至于百家傳記、醫技稗官、齊諧小說、荒錄怪志，聞必求，求必覽焉。久之，浩浩如也。乃略有敘，又附之以唐人及國家諸公之詩。自九華之歸，編粗成，爲三集。每集析爲四十卷，古今之事物、天下之可聞可見者，粲乎其有條矣。夫窮達無異趣，文章無異體，將以經綸乎國家，規恢乎功名，雕繪萬物而吟詠性情，若取之懷袖中，彼得焉失焉有命，此則不可一日缺也。先是烏江蕭恭父、河南胡恪聞其大概，爲余命名曰《錦繡萬花谷》，今從其名。嗟夫！余之困於時也，我知之矣，而不敢懟。雖懟而甘於此，人雖我非，而我自信而不輟。故夫是書獨可以自娛，而不可傳人。蓋天下之書不可盡，而余之心亦不可足；以不可足之心，而讀不可盡之書，其抄無既，其事無窮，望睪如憤如而後止，故於其類之間，白其行者有差，所以容其方來也。他日子孫或能有書，亦足以見吾之艱難如此。淳熙十五年十月一日敘。」此〈序〉文辭尤沓，頗拙劣也。《四庫全書總目》卷一百三十五〈子部〉四十五〈類書類〉一著錄：「《錦繡萬花谷前集》四十卷、《後集》四十卷、《續集》四十卷，兩江總督採進本。不著撰人名氏。前有〈自序〉，題淳熙十五年十月一日，蓋宋孝宗時人。陳振孫《書錄解題》載此書，作《錦繡萬花谷》四十卷、《續》四十卷，而無《後集》。黃虞稷《千頃堂書目》所載，則《前集》、《後集》、《續集》外，又有〈別集〉三十卷。今案〈序〉中明言自九華之歸，粗編成爲三集，每集析爲四十卷。可知《後集》爲陳氏偶遺，〈別集〉爲後人所續增，不在原編之數。故明人刊本，亦祇三集也。〈序〉中稱命名者爲烏江蕭恭父、案尤侗《明藝文志註》此書爲蕭恭父作，蓋因此語而誤。河南胡恪，

皆不知何許人。《前集》之末,獨附載〈衢州盧襄西征記〉一篇,於體例殊不相類。或撰此書者亦衢人,故附載其鄉先輩之書歟?又其書既成於淳熙中,而〈紀年類〉載理宗紹定、端平年號,〈帝后誕節類〉載寧宗瑞慶節、理宗天基節諸名,並稱理宗爲今上。是當時書肆已有所附益,並非淳熙原本之舊矣。《前集》凡二百四十二類。《後集》凡三百二十六類。《續集》自一卷至十四卷,凡四十六類;自十五卷至四十卷,則皆〈類姓〉也。所錄大抵瑣屑叢碎,參錯失倫,故頗爲陳振孫所譏。其〈地理〉一門,止列偏安州郡。〈類姓〉一門,徵事僅及數條。而古人稱號之類,又創立名目,博引繁稱,俱不免榛楛雜陳,有乖體要。特其中久經散佚之書,如《職林》、《郡閣雅談》、《雅言系述》、《雲林異景記》之類,頗賴此以存崖略。又每類後用《藝文類聚》例,附錄詩篇,亦頗多逸章賸什爲他本所不載。略其煩蕪,擷其精粹,未嘗不足爲考證之資也。」可供參證。

趙氏家塾蒙求二十五卷、宗室蒙求三卷

《趙氏家塾蒙求》二十五卷、《宗室蒙求》三卷,趙彥絰撰。

廣棪案:此書及其撰人均不可考。

第六章 結 論

　　余自完成《陳振孫之生平及其著述研究》之博士論文後，即立志對陳振孫學術作深入之研究，及對《直齋書錄解題》作全面考證。民國八十三年度向國科會申請專題研究計畫補助，既蒙獲准，乃按部就班進行工作，並於是年度完成《陳振孫之經學及其〈直齋書錄解題〉經錄考證》，以爲成果報告。嗣後並絡繹獲國科會通過申請，繼續進行研究工作。民國八十六年六月，又完成《陳振孫之史學及其〈直齋書錄解題〉史錄考證》。至本年度所進行研究者，乃爲《陳振孫之子學及其〈直齋書錄解題〉子錄考證》，惟以計畫龐大，幾經辛苦經營，而終底完成。是編之撰作仍遵前此經、史二書之體例，凡分六章：首章爲〈緒論〉；次章爲〈陳振孫研治子學之主張〉，三章〈陳振孫之子學〉；四章〈陳振孫之子學目錄學〉；五章〈《直齋書錄解題》子錄考證〉；末章爲〈結論〉。余撰作此書，其用力之處全在二、三、四、五章，自信頗多創獲，且可突破前人。茲謹作結語，略申述研究成績如左：

　　有關振孫研治子學之主張，自宋迄清均未見有就此問題撰作專篇以探討之者。迄於民國，陳樂素先生所撰〈《直齋書錄解題》作者陳振孫〉一文，[註1] 則於此事略有觸及。陳文四〈言行〉項下曰：

　　　　直齋重儒，不喜釋、道，目爲異端，二氏之書，雖頗著錄，殆如卷十
　　一《洞冥記》條所云：「凡若是者，藏書之家備名數而已。」卷十九《魚
　　玄機集》條云：「嘗謂婦女從釋入道，有司不禁，亂禮法，敗風俗之尤者。」
　　以《顏氏家訓》崇尚釋氏，不列於儒，降從雜家。卷十二《群仙珠玉集》
　　條言及白玉蟾：云爲：「奸妄流也」，「此輩何可使及吾門」！甚至卷十六

〔註 1〕陳樂素〈《直齋書錄解題》作者陳振孫〉，初刊於民國 35 年 11 月 20 日《大公報·文
　　　　史週刊》；後收入《求是集》第二集，廣東：人文出版社出版，1984 年 9 月第一次印
　　　　刷。

《梁補闕集》條以梁肅爲名儒，遂不信其師從釋氏；斯則未免用情，事實
固不因人之好惡而變易也。然亦可見其排擯二氏，鉏鋙難入也。」
是樂素此文固嘗觸及振孫治子之主張，認爲「直齋重儒，不喜釋、道」也。〔註2〕

余撰〈陳振孫研治子學之主張〉，據振孫所撰〈關尹跋〉、〈易林跋〉及《解題》
子錄所撰之解題，考論出振孫治子主張約有以下五端：

（1）崇儒學而抑各家；

（2）治子學必須重源流而反對假託妄誕；

（3）考明眞僞，辨正訛謬；

（4）子學著述須內容富贍可觀，論議詳盡曲當而有發明；

（5）讀子書須兼事校讎，著子書須有義例。

其中第一項，略與樂素所述同，惟振孫不惟不喜釋、道，以其既崇儒學，故於
其他各家亦多所貶抑。是以樂素言振孫所不喜者僅及釋、道，似猶未可得稱全面也。

至振孫治子學，力主考明眞僞，辨證訛謬，陳樂素先生則未嘗論及。喬琯衍先
生撰《陳振孫學記》，〔註3〕其書第五章〈學術思想〉第七節爲〈辨僞學〉，於此節
中，喬氏揭取《解題》辨僞之語，核以梁啓超《古書眞僞及其年代》一書有關古今
辨僞條例，作相互勘證。喬氏互勘結果，認爲振孫辨僞之法，於「梁氏各例，多已
見用，足徵其周備」，是知喬氏於振孫辨僞學，固甚爲揚譽。惟喬氏所論，亦僅此而
己，則未盡博洽。余異於喬氏，乃直接采用〈子錄〉相關材料，以考論振孫子學辨
僞學。大抵振孫之辨僞，有質正其書眞僞雜揉者，如評《賈子》一書是也；有指正
其書及撰人非眞者，如評《子華子》一書是也；有批評著者不辨采用材料之眞僞，
致令眞贋雜糅者，如《法帖刊誤》條所論是也。至振孫主張治子學須辨證訛謬，其
說則見於蘇鶚《蘇氏演義》一書。且振孫亦強調治子學須多聞闕疑者。楊簡撰《先
聖大訓》，竟以「百氏所託」，「凡稱孔子」之「淺陋依託」之言，亦視爲孔子「大訓」，
振孫認爲楊氏如此處理，不惟有失考究，且以僞作眞，殊違多聞闕疑之旨，故頗嚴
斥之。綜上所述，則振孫之辨僞學自有其原則與體系，而余此章所撰，於研究方法
上亦與喬氏大異其趣。

至振孫治子書而兼事校讎，陳樂素先生於此事未遑論及。喬衍琯先生《陳振孫
學記》第二章〈藏書〉第二節〈校讎〉，則考論稍詳，足資參考。余就《解題》〈子
錄〉，揭取《易林》、《鬻子》、《鬻予注》、《京氏參同契律曆志》諸條爲例，從中考見

〔註2〕陳文此處所引《魚玄機集》、《梁補闕集》二條乃屬集部書，其徵引目的亦欲證胡直
　　　齋「不喜釋、道」耳。

〔註3〕喬衍琯《陳振孫學記》一書，台灣：文史哲出版社出版，民國69年6月印行。

振孫讀子書重校讎之習性，並推見振孫治子書均廣求別本、校本以相參校，並參證史志以考一書古今篇章異同。大抵余所考論，庶可補喬氏論振孫校讎學所未及。

有關振孫之子學，民國以前則未有人作系統之研究。陳樂素先生〈《直齋書錄解題》作者陳振孫〉四〈言行〉項，及喬衍琯先生《陳振孫學記》第五章〈學術思想〉第八節〈思想〉雖曾稍論及之，惟未見深入。余於〈陳振孫之子學〉一章中，先考論振孫現存之二篇子學論文〈易林跋〉與〈關尹子跋〉之成就及其影響，下且分十八項列舉例證以遍考振孫對儒家、道家、法家、名家、墨家、縱橫家、農家、雜家、小說家、神仙、釋氏、兵家、曆象、陰陽家、卜筮、形法、醫書、音樂、雜藝、類書等之批評。且於振孫對各類子書褒貶中，以探究其研治子學之真知灼見。自信考論所得，遠較陳、喬二氏為賅備。

有關振孫之子學目錄學，前人及陳、喬二氏均未考論及之。余於第四章中，首先探究《解題・子錄》之分類，並求取其與《隋書・經籍志》、《舊唐書・經籍志》、《新唐書・藝文志》、《崇文總目》及《郡齋讀書志》五書傳承之迹，又考論及《解題・子錄》分類有異於五書，並揭示其獨到之處；繼詳考《解題・子錄》著錄書名之方式，最後則詳考及《解題・子錄》撰寫解題之義例。上述各類考論，皆一一舉例以資說明，力求全面揭示振孫子學目錄學之底蘊。喬衍琯《陳振孫學記》第五章〈學術思想〉第四節為〈目錄學〉，然夷考其內容，實與振孫子學目錄學毫不相涉，故余撰作此章，因須獨闢蹊徑，力期創新，殊未能借鑒於喬氏著書者也。

有關《直齋書錄解題・子錄》之考證，前人及陳、喬二氏均未及為。余仍沿用前此考證《解題》經、史二錄之體例，於充分掌握資料基礎上，對《解題・子錄》各條均進行深入而全面之考證。《解題・子錄》凡八百二十三條，余所作之考證亦共八百二十三篇，庶幾於《解題・子錄》之立論根據，及振孫有關之議論、見解，皆有較詳盡闡發與疏證。至於振孫書中容有之錯舛或闕失，余亦一一細加辨證，指點得失，冀有以作直齋之諍臣。一年以來，余用於考證《解題・子錄》之日月為獨多，而所費心力亦至巨，自信所獲致之成績，亦以此章最為豐碩。

綜上所述，余於本年度中既深入研究陳振孫之子學及其相關問題，又對《直齋書錄解題・子錄》作全面考證，自信頗具成績，並對學術研究有一定之貢獻。

參考文獻

按文中出現先後次序排列編號

1. 《陳振孫之生平及其著述研究》　民國，何廣棪撰。
2. 《陳振孫之經學及其〈直齋書錄解題〉經錄考證》　民國，何廣棪撰。
3. 《陳振孫之史學及其〈直齋書錄解題〉史錄考證》　民國，何廣棪撰。
4. 《直齋書錄解題》　宋，陳振孫撰。
5. 《白文公年譜》　宋，陳振孫撰。
6. 《志雅堂雜鈔》　宋，周密撰。
7. 〈關尹子跋〉宋，陳振孫撰。
8. 《偽書通考》　民國，張心澂撰。
9. 《文憲集》　明，宋濂撰。
10. 《諸子辨》　明，宋濂撰。
11. 《後村大全集》　宋，劉克莊撰。
12. 《平齋文集》　宋，洪咨夔撰。
13. 〈華勝寺碑記〉　宋，陳振孫撰。
14. 〈《直齋書錄解題》作者陳振孫〉民國，陳樂素撰。
15. 《四庫全書總目》　清，紀昀撰。
16. 〈易林跋〉　宋，陳振孫撰。
17. 《經義考》　清，朱彝尊撰。
18. 《郡齋讀書志》　宋，晁公武撰。
19. 《補元史藝文志》　清，錢大昕撰。
20. 《隋書》　唐，魏徵撰。
21. 《舊唐書》　後晉，劉昫撰。
22. 《新唐書》　宋，歐陽修、宋祁撰。
23. 《崇文總目》　宋，王堯臣等編次；清，錢東垣輯釋。

24. 《漢書》　漢，班固撰；唐，顏師古注。

25. 《文獻通考》　元，馬端臨撰。

26. 《通志》　宋，鄭樵撰。

27. 《郡齋讀書志校證》　民國，孫猛撰。

28. 《古今偽書考》　清，姚際恆撰。

29. 《漢書藝文志通釋》　民國，張舜徽撰。

30. 《三國志》　晉，陳壽撰；南朝宋，裴松之注。

31. 《子略》　宋，高似孫撰。

32. 《鄭堂讀書記》　清，周中孚撰。

33. 《史記》　漢，司馬遷撰；南朝宋，裴駰集解；唐，司馬貞索引；唐，張守節正義。

34. 《荀子注》　唐，楊倞撰。

35. 《四庫提要辨證》　民國，余嘉錫撰。

36. 《別錄‧孫卿書錄》　漢，劉向撰。

37. 《荀子版本源流通考》　民國，高正撰。

38. 《宋人傳記資料索引》　民國，昌彼得等撰。

39. 《漢藝文志考證》　宋，王應麟撰。

40. 《朱子語錄》　宋，朱熹撰。

41. 《鹽鐵論》　漢，桓寬撰。

42. 《漢書藝文志講疏》　民國，顧實撰。

43. 《別錄‧戰國策書錄》　漢，劉向撰。

44. 《別錄‧管子書錄》　漢，劉向撰。

45. 《別錄‧晏子書錄》　漢，劉向撰。

46. 〈新序目錄序〉　，宋，曾鞏撰。

47. 《說苑敘錄》　漢，劉向撰。

48. 〈說苑序〉　，宋，曾鞏撰。

49. 《法言》　漢，揚雄撰；宋，宋咸廣注。

50. 《鄭堂讀書記補逸》　清，周中孚撰。

51. 〈溫公集注法言序〉　宋，司馬光撰。

52. 《藏園群書題記》　民國，傅增湘撰。

53. 《思適齋集》　清，顧廣圻撰。

54. 《玉海》　宋，王應麟編。

55. 《祕書省續編到四庫闕書目》　宋，紹興中改定；清，葉德輝考證。

56. 《宋史》 元，脫脫撰。

57. 《景迂生集》 宋，晁說之撰。

58. 《讀書附志》 宋，趙希弁撰。

59. 《申鑒》 漢，荀悅撰。

60. 〈孔叢子注序〉 宋，宋咸撰。

61. 《容齋三筆》 宋，洪邁撰。

62. 〈孔叢子序〉 明，李濂撰。

63. 《帝範》 唐，唐太宗撰。

64. 〈中說序〉 宋，阮逸撰。

65. 《宋史翼》 清，陸心源撰。

66. 〈帝學跋〉 宋，齊礪撰。

67. 〈帝學序〉 清，清高宗撰。

68. 《中國古今地名大辭典》 民國，臧勵龢等編撰。

69. 《水心集》 宋，葉夢得撰。

70. 《宋元學案》 清，黃宗羲輯，全祖望修定。

71. 《遂初堂書目》 宋，尤袤撰。

72. 〈程氏遺書跋〉 宋，朱熹撰。

73. 〈二程先生遺書附錄跋〉 宋，朱熹撰。

74. 〈程氏外書跋〉 宋，朱熹撰。

75. 《論語》 春秋，孔子弟子輯。

76. 〈近思錄集解序〉 宋，葉采撰。

77. 〈龜山墓誌〉 宋，胡安國撰。

78. 《說文解字注》 漢，許慎撰；清，段玉裁注。

79. 〈童蒙訓跋〉 宋，樓昉撰。

80. 《莊子》 戰國，莊周撰。

81. 《宋元學案補遺》 清，王梓材、馮雲豪輯。

82. 《周文忠公集》 宋，周必大撰。

83. 《禮記》 漢，戴聖輯。

84. 《先聖大訓》 宋，楊簡撰。

85. 《鶴山大全集》 宋，魏了翁撰。

86. 《史記會注考證》 日本，瀧川資言撰。

87. 《惜抱軒詩文集》 清，姚鼐撰。

88. 《讀書雜志》 清，王念孫撰。

89. 〈王弼老子注跋〉　宋，晁說之撰。

90. 《韓非子》　戰國，韓非撰。

91. 《別錄・列子書錄》　漢，劉向撰。

92. 《晉書》　唐，房玄齡撰。

93. 〈辯列子〉　唐，柳宗元撰。

94. 《列子注》　晉，張湛撰。

95. 《經典釋文》　唐，陸德明撰。

96. 《別錄・關尹子書錄》　漢，劉向撰。

97. 《全上古三代秦漢三國六朝文》　清，嚴可均輯。

98. 〈關尹子後序〉　晉，葛洪撰。

99. 〈辨文子〉　唐，柳宗元撰。

100. 〈讀鶡冠子〉　唐，韓愈撰。

101. 〈辨鶡冠子〉　唐，柳宗元撰。

102. 《抱朴子》　晉，葛洪撰。

103. 《春秋左氏傳》　春秋，左丘明撰。

104. 《列子》　春秋，列禦寇撰。

105. 《荀子》　戰國，荀況撰。

106. 《中興館閣書目輯考》　民國，趙士煒撰。

107. 《孟子》　戰國，孟軻撰。

108. 〈讀墨子〉　唐，韓愈撰。

109. 《魏書》　北齊，魏收撰。

110. 《齊民要術》　後魏，賈思勰撰。

111. 《淮海集》　宋，秦觀撰。

112. 《困學紀聞》　宋，王應麟撰。

113. 《淮海集箋注》　民國，徐培均箋注。

114. 《中國農學書錄》　民國，王毓瑚撰。

115. 《四庫闕書目》　宋，紹興中官撰；清，徐松輯。

116. 《清正公存稿》　宋，徐鹿卿撰。

117. 《東坡全集》　宋，蘇軾撰。

118. 《劍南詩稿》　宋，陸游撰。

119. 《攻媿集》　宋，樓鑰撰。

120. 《新續高僧傳》　民國，喻昧庵撰。

121. 《宋詩紀事》　清，厲鶚撰。

122. 《世善堂藏書目錄》　明，陳第撰。

123. 《新安志》　宋，羅願撰。

124. 《淳熙三山志》　宋，梁克家撰。

125. 《桐譜》　宋，陳翥撰。

126. 《李文公集》　唐，李翶撰。

127. 《端明集》　宋，蔡襄撰。

128. 《紹興十八年同年小錄》　宋，佚名撰。

129. 《呂氏春秋》　秦，呂不韋撰；漢，高誘注。

130. 《呂氏春秋校釋》　民國，陳奇猷撰。

131. 《淮南鴻烈解》　漢，劉安撰，高誘注。

132. 《後漢書》　南朝宋，范曄撰；唐，李賢注。

133. 〈天台山賦〉　晉，孫綽撰。

134. 《梁書》　唐，姚思廉撰。

135. 《南史》　唐，李延壽撰。

136. 《金樓子》　南朝梁，梁元帝撰。

137. 《唐會要》　宋，王溥撰。

138. 《渭南文集》　宋，陸游撰。

139. 《梁谿遺稿》　宋，尤袤撰。

140. 《宋詩紀事補遺》　清，陸心源輯。

141. 《唐史餘瀋》　民國，岑仲勉撰。

142. 《登科記考》　清，徐松撰。

143. 《伸蒙子》　唐，林慎思撰。

144. 《舊五代史》　宋，薛居正等撰。

145. 《新五代史》　宋，歐陽修撰。

146. 《揅經室外集》　清，阮元撰。

147. 《詠懷詩》　三國魏，阮籍撰。

148. 《宋代蜀人著作存佚錄》　民國，許肇鼎撰。

149. 《葉夢得年譜》　民國，王兆鵬撰。

150. 《愛日精盧藏書志》　清，張金吾撰。

151. 《蕘圃藏書題識》　清，黃丕烈撰。

152. 《鐵琴銅劍樓藏書目錄》　清，瞿鏞撰。

153. 《四部正譌》　明，胡應麟撰。

154. 《世說新語箋疏》　民國，余嘉錫箋疏。

155. 《世說新語題識》　宋，董弅撰。

156. 〈書陸善經事〉　民國，向宗魯撰。

157. 《昭明文選雜述及選講》　民國，屈守元撰。

158. 〈唐陸善經行歷索隱〉　民國，虞萬里撰。

159. 《榆枋齋學術論集》　民國，虞萬里撰。

160. 《隋唐嘉話》　唐，劉餗撰；民國，程毅中點校。

161. 《魯巖所學集》　清，張宗泰撰。

162. 《唐尚書省郎官石柱題名考》　清，勞格、趙鉞撰。

163. 《全唐文》　清，董誥等編。

164. 《儀禮注》　漢，鄭玄撰。

165. 《唐才子傳》　元，辛文房撰。

166. 《唐才子傳校正》　民國，周本淳校正。

167. 《唐詩紀事》　宋，計有功撰。

168. 《宋人軼事彙編》　民國，丁傳靖編。

169. 《齊東野語》　宋，周密撰。

170. 《異聞集考》　民國，程毅中撰。

171. 《十國春秋》　清，吳任臣撰。

172. 《古小說簡目》　民國，程毅中撰。

173. 《范文正公集》　宋，范仲淹撰。

174. 《北宋經撫年表》　民國，吳廷燮撰。

175. 《嘉定府志》　清，宋鳴琦修、陳一泃纂。

176. 《河南邵氏聞見後錄》　宋，邵博撰。

177. 《避暑錄話》　宋，葉夢得撰。

178. 《清波雜志》　宋，周煇撰。

179. 《遯齋閒覽》　宋，陳正敏撰。

180. 《說郛》　元，陶宗儀撰。

181. 《歷代笑話集》　民國，王利器撰。

182. 《國史經籍志》　明，焦竑撰。

183. 《能改齋漫錄》　宋，吳曾撰。

184. 《學齋佔畢》　宋，史繩祖撰。

185. 《北京圖書館古籍善本書目》　北京圖書館編。

186. 〈重刊玉瀾雜書序〉　清，葉德輝撰。

187. 《東牟集》　宋，王洋撰。

188. 《澹庵集》　宋，胡銓撰。

189. 《續資治通鑑》　清，畢沅撰。

190. 《宋人詩話外編》　民國，程毅中編。

191. 《越縵堂讀書記》　清，李慈銘撰；民國，由雲龍輯。

192. 《宋史藝文志補》　清，黃虞稷、倪燦撰。

193. 《周易注》　魏，王弼撰。

194. 《唐宋叢書》　明，鍾人傑、張遂辰輯。

195. 《桐江集》　元，方回撰。

196. 《全宋詞》　民國，唐圭璋輯。

197. 《苕溪集》　宋，劉一止撰。

198. 《春渚紀聞》　宋，何薳撰。

199. 《斯坦因劫經錄》　民國，劉銘恕撰。

200. 《北史》　唐，李延壽撰。

201. 《無爲集》　宋，楊傑撰。

202. 《道藏提要》　民國，任繼愈、鍾肇鵬撰。

203. 《集仙傳》　宋，曾慥撰。

204. 《國立中央圖書館善本序跋集錄》　民國，國立中央圖書館編。

205. 〈鍾呂傳道記序〉　明，高時明撰。

206. 《文恭集》　宋，胡宿撰。

207. 《蘇魏公文集》　宋，蘇頌撰。

208. 《東坡外制集》　宋，蘇軾撰。

209. 〈進日月元樞論表〉　唐，劉知古撰。

210. 《出三藏記集》　南朝梁，釋僧祐撰。

211. 《紫微集》　宋，張嵲撰。

212. 《佛典精解》　民國，陳士強撰。

213. 〈敫國公功德銘〉　唐，楊承和撰。

214. 《宋高僧傳》　宋，釋贊寧撰。

215. 〈書楞嚴經後〉　宋，蘇轍撰。

216. 《書小史》　宋，陳思撰。

217. 《范文正別集》　宋，范仲淹撰。

218. 〈十六羅漢因果識見頌序〉　宋，范仲淹撰。

219. 《松隱集》　宋，曹勛撰。

220. 〈天竺薦福寺懺主遵式敕賜師號塔銘記〉　宋，曹勛撰。

221. 《中國佛教史籍概論》　民國，陳垣撰。

222. 〈普燈錄序〉　宋，陸游撰。

223. 〈續貞元釋教錄〉　南唐，釋恆安撰。

224. 《平津館叢書》　清，孫星衍輯。

225. 《敦煌古籍敍錄》　民國，王重民撰。

226. 《中國兵書總目》　民國，劉申寧編。

227. 《金史》　元，脫脫撰。

228. 《十駕齋養新錄》　清，錢大昕撰。

229. 〈大易通變序〉　唐，王俞撰。

230. 《經義考》　清，朱彝尊撰。

231. 《易學書目》　民國，山東圖書館編。

232. 《開有益齋讀書志》　清，朱緒曾撰。

233. 〈京氏易式序〉　宋，晁說之撰。

234. 《宋詩紀事小傳補正》　清，陸心源撰。

235. 《敝帚稿略》　宋，包恢撰。

236. 〈脈要新括序〉　宋，通眞子撰。

237. 《中國醫籍考》　日本，丹波元胤編。

238. 〈中藏經序〉　三國魏，鄧處中撰。

239. 《內閣藏書目錄》　明，孫能傳編。

240. 〈肘後百一方序〉　南朝梁，陶弘景撰。

241. 〈千金方序〉　唐，孫思邈撰。

242. 〈千金方序〉　宋，林億撰。

243. 〈千金翼方序〉　唐，孫思邈撰。

244. 〈外臺秘要序〉　唐，王燾撰。

245. 〈太平聖惠方序〉　宋，宋太宗撰。

246. 〈藥準序〉　宋，文彥博撰。

247. 《河南邵氏聞見前錄》　宋，邵博撰。

248. 《黃豫章集》　宋，黃庭堅撰。

249. 〈龐安常傷寒論後序〉　宋，黃庭堅撰。

250. 〈小兒班疹論序〉　宋，董汲撰。

251. 〈小兒班疹論後序〉　宋，錢乙撰。

252. 〈小兒班疹論序〉　宋，孫準撰。

253. 〈南陽活人書序〉　宋，張蕆撰。

254. 〈產育保慶集序〉　宋，李師聖撰。

255. 〈本事方序〉　宋，許叔微撰。

256. 〈楊氏方序〉　宋，楊倓撰。

257. 《江湖長翁集》　宋，陳造撰。

258. 《題本草單方》　宋，陳造撰。

259. 〈是齋日一選方序〉　宋，陳造撰。

260. 〈是齋日一選方序〉　宋，章楫撰。

261. 《曝書亭集》　清，朱彝尊撰。

262. 〈書是齋百一選方後〉　清，朱彝尊撰。

263. 〈三因極一方序〉　宋，陳言撰。

264. 〈幼幼新書跋〉　宋，樓璹撰。

265. 〈葉氏方跋〉　宋，葉大廉撰。

266. 〈葉氏方跋〉　宋，李景和撰。

267. 〈上太平惠民和劑局方表〉　宋，陳師文撰。

268. 〈易簡方序〉　宋，王碩撰。

269. 〈李氏集驗背疽方序〉　宋，李迅撰。

270. 〈皇祐新樂圖記題識〉　宋，陳振孫撰。

271. 《宋會要輯稿》　清，徐松輯。

272. 《書畫書錄解題》　民國，余紹宋撰。

273. 《全五代人物傳記資料綜合索引》　民國，傅璇琮等編。

274. 〈唐朝名畫錄序〉　唐，朱景元撰。

275. 〈畫山水賦〉　唐，荊浩撰。

276. 〈圖畫見聞志序〉　宋，郭若虛撰。

277. 《太倉稊米集》　宋，周紫芝撰。

278. 〈書洪駒父香譜後〉　宋，周紫芝撰。

279. 〈送越帥程公闢詩〉　宋，趙汝礪撰。

280. 〈泉志序〉　宋，洪遵撰。

281. 〈五木經跋〉　明，羅浮外史顧起經撰。

282. 〈讀李清照《打馬賦》等三篇札迻〉　民國，何廣棪撰。

283. 〈譜雙序〉　宋，洪遵撰。

284. 《賓退錄》　宋，趙與旹撰。

285. 《類書流別》　民國，張滌華撰。

286. 《北齊書》　唐，李百藥撰。

287. 《演繁露》　宋，程大昌撰。

288. 〈跋袁光祿轂與東坡同官事迹〉　宋，樓鑰撰。

289. 《嘉定赤城志》　宋，黃喾、齊碩修、陳耆卿纂。

290. 〈錦繡萬花谷序〉　宋，不著人撰。

291. 《景定建康志》　宋，周應合撰。

292. 《陳振孫學記》　民國，喬衍琯撰。

《直齋書錄解題子錄考證》書名索引

說　明

（一）本索引收錄本書第五章〈直齋書錄解題子錄考證〉中列條之書名。各書名稱
　　　一律按原目著錄。

（二）各書所附續集、後集、外集、別集或年譜、拾遺等，均附於正集之後，不另
　　　列條。

（三）異書同名者，於書名後加注著者姓名爲別。

（四）本索引採用四角號碼檢字法編排。

《直齋書錄解題子錄考證》著者索引

說　明

（一）本索引收錄本書第五章〈直齋書錄解題子錄考證〉中署稱之編、撰、述、注、譯、監修等人名。無編著者姓名而僅有鈔錄、刊刻者姓名，以鈔錄、刊刻者姓名編入索引。

（二）本索引一般僅錄編、撰、鈔、刊者之姓名（以字行者則爲姓字），如原目下僅署字號別稱，而在本書他處亦未出現姓名者，按原目下所用稱謂編列；如一人著書多種，原目或用姓名，或用字號別稱，則以其姓名爲正條，而列他稱爲參見條。凡僅於書目中出現之作者姓名，不予收入。

（三）同人異名者，分別列條，在人名後注明時代或籍貫。

（四）頁碼後以圓括弧注之「編」、「撰」、「注」、「修」等字樣，俱依本書著錄，本書無著錄而爲編製索引時所注者，加六角括號以示區別。原題中託名或存疑之作者，括弧中分別以「託名」或「？」等表示。

（五）本索引採用四角號碼檢字法編排。